U0114377

傣族敍事詩研究

鹿憶鹿 著

臺灣學生書局印行

序

　　記得那是1987年的暑假，鹿憶鹿爲了作博士論文，隨她的指導老師王孝廉教授到雲南邊陲西雙版納和德宏地區的傣族居住地進行田野調查，回台北的途中，經過北京，到我家來，我們便認識了。我知道她選擇了傣族敘事詩研究作爲她的研究課題，既感到驚訝，又感到高興。驚訝的是，一個台灣的學者要作大陸少數民族的敘事詩的題目，難免會遇到不少困難（諸如語言的障礙和資料的難得），她幹麼要捨近求遠？高興的是，傣族擁有五百多部長篇敘事詩，已經翻譯成漢文出版和發表的也有百多部，即使在大陸學者中也還研究得很不夠，台灣學者參與進來，併肩携手研究，在眼界和方法上，有比大陸學者優長的地方，大有用武之地。此後，她每年來一趟大陸，多數情況下是去雲南作學術考察，雲南似乎成了她的第二個故鄉，她在那裡結識了許多朋友，得到許多朋友的熱情幫助，使她的這項研究計劃進行得相當順利。同時，這也就給了我們機會，對一些共同感興趣的問題交換意見。

　　鹿憶鹿原來研究中國文學，又能寫一手漂亮的散文。可是這次她却嚴格遵循文化人類學的方法，從親手作田野調查作起，一點一滴積累原始資料，經過五年的辛勤耕作，克服了種種意想不到的困難，她終於完成了這部長達27萬字的《傣族敘事詩研究》

的寫作。現在這部書就要出版了，我由衷地為她感到高興，祝賀
她的成功。她為遙遠的雲南邊疆的傣族同胞和中華民族文化做了
一件富有開拓意義的工作。

傣族是一個受佛教影響極深，又保留着較完整的古老百越文
化傳統的民族。就所擁有的民間敘事詩數量之多，民間敘事詩對
人們思維方式和生活方法的影響而言，傣族無疑是一個十分典型
的民族。作者選擇這樣一個民族的敘事詩成為自己的研究課題，
對於中國文學史的重新認識是有積極意義的。自胡適先生在《故
事詩的起來》裡說"古代的中國民族是一種樸實而不富於想像力
的民族"，只有風謠與祀神歌而"沒有長篇的故事詩"以來，不
同意見的文章不絕於縷。70年來在全國各地、特別是一些少數民
族地區發現了大量的長篇敘事詩，使我國有沒有敘事詩的討論，
出現了很多有意思的話題。現在，鹿憶鹿全面地把作為中華民族
一分子的傣族的豐富多彩的敘事詩加以分析和評價，是不是對我
們的文學史研究有所助益呢？我想答案應該是肯定的。

李亦園先生說過，台灣的文化人類學有兩種不成文的規矩。
其一是先選擇一個"異文化"的民族作為實地田野研究的對象，
企圖從異文化的體會中了解文化的基本法則，然後再回來研究自
己的文化，或從事更廣泛的文化比較研究。鹿憶鹿的實踐，結果
恰恰暗合了李先生所總結的這個學術潮流。她在自己的研究中，
沒有局限於純文學的研究，而是把文化人類學的研究納入到了文
學研究的範疇中去，把傣族的敘事詩放在中華文化（特別是中原
文化）的大背景上，放在與其它相關的異質文化（包括印度乃至
古希臘羅馬、古埃及等世界不同地域的文化）交叉影響的大背景

上，在廣泛的文化比較中，論述它的文化傳統和異質因素。她在論述傣族的敘事詩時，並沒有局限於敘事詩這一樣式，而是着眼於廣泛的敘事傳統，主要對象是傣族的神話體系，也涉及到阿鑾（英雄）故事。鹿憶鹿的主要功勞在於把傣族的敘事傳統納入到了文化比較研究的普遍格局中去，分析和論定了它所處的地位，并且時時顯示出某些新穎獨到的見解。特別值得重視的是她經過條分縷析，發掘傣族敘事傳統中哪些屬於自己的文化傳統，描繪出這種傳統的發展衍變的線索，哪些屬於在發展中吸收融合的異質文化。

　　本世紀八十年代中期，大陸地區傣族文化的搜集與研究曾出現過一個小小的高潮，取得了可觀的成就。進入九十年代，似乎不再像八十年代那樣顯示着此起彼伏的熱鬧景象，學者們更深沉了。鹿憶鹿的著作廣泛吸收和採用了八十年代各種相關著作的成就，以其深度使傣族文化的研究上了一個台階。這部著作，在目前相對寂靜學術態勢下問世，無疑將會以它的獨有風采推動中華傳統文化的研究。

　　謹爲序。

劉錫誠

1995年9月13日於北京

傣族敘事詩研究　　目　錄

前 言

　　一九八八年的夏天，和我的老師王孝廉先生從南京搭一路顛簸、拋錨的破舊公車到淮陰，見到心儀已久的神話學學者蕭兵先生，正在大修馬路的塵土飛揚城市頓時清亮起來。於是，我決定放棄早已著手的清代民歌研究計畫，寫有關傣族敘事詩的論文。

　　在蕭先生家，感受了他爲學、作人的熱情，也看了他收藏的豐富神話資料。很驚喜地發現，位於南方的少數民族竟有那麼多膾炙人口的史詩和敘事詩流傳；而傣族的敘事詩更是南方少數民族中最有規模、系統的，因此，本論文乃以傣族敘事詩研究爲題。

　　全書共分五篇十八章，緒論先追溯傣族族源，探討其源於古代越人所表現的共同文化特質，及在歷史文獻中的先民活動狀況。接著分析傣族敘事詩發達的原因，肯定巫師身分的贊哈（歌手）對敘事詩保存有舉足輕重的作用，而佛教經書對敘事詩的流傳也有莫大的影響。

　　第二篇創世史詩，主要以傣族創世史詩《巴塔麻嘎捧尙羅》一書爲核心，論述其中所記宇宙起源、人類形成及文化起源神話。文中特別指出，洪水後兄妹婚生下肉胎並非單純地反映血緣婚或非血緣婚現象，而是強調異於平常人的神聖誕生。另外，對《巴塔麻嘎捧尙羅》一書有《舊約．創世紀》的伊甸園情節提出質疑，推測史詩中的西方神話異質成分應是後來增刪的結果。

第三篇將傣族特有的阿鑾類型敍事詩單獨列出，舉例分析。詳述阿鑾的定義、故事群，其中並有中國民間故事類型"蛇郎型"、"天鵝處女型"、"螺女型"、"蛤蟆兒子型"等關目。接著論述身爲英雄的阿鑾的經歷，包括強調其不平凡出生的感生情節，有天賜寶物（不死藥、不死水或無敵的弓箭、寶刀），而且會有難題求婚的"王權通過儀禮"。難題求婚項目中有傣族獨特的過橋搭橋情節，文中深入地闡釋其象徵涵義。

第四篇介紹傣族幾部長篇的英雄史詩，首章爲國王英雄，依序論述英雄的神性血統、有飄流試煉的考驗，才能掌有王權。英雄除了國王的身分外，其實也身兼巫師、祭司等角色。接著是英雄的征戰，英雄通常爲了女人而戰，而史詩中的戰爭具有現實主義的色彩，傣族史詩的象戰可以在歷史文獻中找到詳細的記錄。此外，英雄的神弓是史詩中深具涵義的，除了表現英雄的陽剛力量，也暗示他的性能力，而神弓又常是"生命弓"，是具巫術作用的"生命點"（The point of life）。最後專論英雄史詩《蘭嘎西賀》的印度成分，分析其來自印度史詩《羅摩衍那》的思想情節，並比較兩者相異處。

第五篇結論，分述傣族敍事詩和佛教的關係、傣族敍事詩的異質成分、傣族敍事詩的特色，及敍事詩中展現的世界性的共同文化因子，冀能肯定傣族敍事詩在中國神話學、民族學上的意義、價值。期盼文學研究者能走出中原文學的領域，深入周邊兄弟民族文學，而且進入世界文學核心。

爲了行文方便，在文中引用近代學者意見時，一律冠以先生，而附註裡則全部省略，直書姓名。另外，傣族史詩或敘事詩因為音譯之故，常出現異文，如《蘭戛西賀》或作《蘭嘎西賀》，《章響》或作《粘響》，而香劦王子或寫相劦王子。

本論文撰作期間，大綱的擬定，問題疑難的辨釋、資料的蒐集，甚至多次遠赴雲南傣族地區的調查，都承曾永義老師和王孝廉老師的悉心指導、鼓勵，才能完成，若有任何創見，實是兩位老師的功勞。只是，以傣族敘事詩作為論文研究仍屬創舉，取資無由，疏漏恐怕難免，敢請海內外賢達不吝賜教。

特別要說明的是，承神話學學者蕭兵先生、馬昌儀先生、李子賢先生、傣族學者岩溫扁先生，和好友蘭克、鄭凡、劉序楓諸位先生，或提示大作，或惠寄資料，謹此一併致謝。另外，也要特別感謝吉星福、張振芳忼儷文教基金會的獎助。小妹兒陽一向是我的知己，她曾陪我遠赴雲南邊區，那一段艱辛而新奇的日子有手足之情的甜蜜和紀念。

當然更令人難忘的是傣族朋友岩貫先生，在西雙版納臥病期間，他細心照顧，請我吃他母親做的紫米飯，還帶我到許多傣族村寨去採訪。而傣族村寨中，水傣小女孩有如天使般的容顏，是比傣族敘事詩更吸引人的。

劉錫誠先生在本論文撰述期間提供了很多資料，他願意為本論文寫序，意義非凡。

一九九五年十月

鹿憶鹿　於東吳大學中國文學系

第一篇 緒 論

　　西方的史詩即指敘事詩，都以Epic表示，希臘文寫作Epos，意即“故事”、“敘事”、“陳述”。胡適則將Epic一律解成故事詩。有人認為敘事詩包括史詩和故事詩兩大類，指有人物、情節並以第三人稱進行敘事的韻文或韻散相間的作品。按內容分，敘事詩有創世史詩、英雄史詩、婚姻愛情敘事詩三大類。而以歷史為題材的長篇敘事詩就是史詩，史詩一般分廣狹二義，廣義的史詩包括神話史詩（或稱創世史詩）和英雄史詩，狹義的史詩專指後者。各民族的史詩都以自己民族的重大事件為主要題材，以人們愛戴的英雄為主要人物。除真實的歷史事件外，史詩又常夾雜著這個民族特有的神話傳說，結構宏偉，情節曲折，充滿著幻想和神話色彩❶。

　　創世史詩比較集中在中國南方少數地區，傣族也有創世史詩《巴塔麻嘎捧尚羅》。英雄史詩則比較集中出現歐洲各國或中國北方

---

❶　《民間文學詞典》，段寶林、祁連休主編，河北教育出版社，1988，頁367，
　　頁489。
　　蘇聯.E.M.梅列斯基：《敘事詩》，收入《民間文藝集刊》第五集，魏慶征
　　譯自蘇聯《簡明文學百科全書》第8卷，頁927-933。《中國大百科全書.
　　中國文學》（1）收錄陶立璠所作“敘事詩”定義，中國大百科全書出版社，
　　1986，頁555-556。

一些少數民族地區，以及巴比倫、印度等文明古國，而傣族受印度影響，產生英雄史詩《蘭嘎西賀》，而《相勐》、《章響》、《厘俸》等也被歸爲英雄史詩。然而，傣族最豐富、最特殊的應屬具有英雄故事性質的阿鑾類型敘事詩，因爲阿鑾類型故事大都不具備宏偉篇幅，似乎不太適合歸爲英雄史詩，所以將之稱爲阿鑾類型敘事詩。學者一般又將史詩歸爲長篇敘事詩的一種。❷因此本論文以傣族敘事詩爲題，討論的範圍包括創世史詩、阿鑾類型敘事詩和英雄史詩。傣族也有幾部愛情敘事詩，因其時代較晚，本論文略去不提，留待日後。

---

❷ 潛明茲：《史詩探幽》，中國民間文藝出版社（北京），1986，頁 1-2。

第一章　歷史文獻中的傣族先民

　　傣族是雲南省二十四個少數民族之一，人口大約八十四萬左右❶，分布在滇西和滇南邊疆，與緬甸、老撾、越南接壤，鄰近泰國。傣族大部分聚居在西雙版納傣族自治州、德宏傣族景頗族自治州、孟連傣族拉祜族佤族自治縣、和耿馬傣族佤族自治縣。此外，在景東、景谷、新平、元江、普洱、思茅、騰衝、龍陵、元陽、滄源、江城、瀾滄、河口、西盟等三十幾個縣內，也有少數的傣族分布。不過，在傣族聚居地區，並非只有傣族一個民族，而是同時居住著漢族及其他少數民族。西雙版納的傣族自稱“傣泐”，德宏的傣族自稱“傣那”，瑞麗和耿馬等地的傣族自稱“傣繃”，金平等地的傣族則自稱“傣雅”。“傣”的意思不確定，有人說是高貴、自由，有人以爲是“犁”，引申爲犁田之人。❷

　　傣族源於古代越人，是大部分學者的看法，幾乎已經成爲定論❸。江應樑先生的研究最具代表性，他一直在主張“越人說”，

---

❶　據1982年全國人口普查傣族有八十三萬九千七百九十七人。

❷　江應樑：《傣族史》，四川民族出版社，1983，頁1-16。

❸　《百越民族文化》，蔣炳釗、吳綿吉、辛土成編著，上海學林出版社，1988，頁118-119。
　　王軍：《傣族源流考》，收入《百越史研究》，貴州人民出版社，1987。
　　陳國強、蔣炳釗、吳錦吉、辛土成：《百越民族史》，中國社會科學出版社，1988，頁314-318。
　　徐松石：《泰族僮族粵族考》，香港世界書局，1963。

認為今天壯傣語諸族的先世都源於古代越人（或寫作粵人）。越
人在遠古時期，就分布在從浙江經福建、廣東，廣西到雲南，並
兼及中南半島這一大片地區內。他們有共同的語言越語，有共同
的生活習俗，只不過是各為部落，互不統屬，所以稱為"百越"
❹。關於越人的基本民族特徵，早在《漢書地理志》就有記載：
「粵地，牽牛、織女之分野也。今之蒼梧、鬱林、交趾、九眞、
南海、日南，皆粵分也。其君禹後，帝少康之庶子云。封于會稽，文
身斷髮，以避蛟龍之害。」顏師古注引臣瓚曰：「自交趾至會稽
七八千里，百越雜處，自有種性，不得盡云少康之後也。」顏氏
的注批駁了後來學者以為百越非南方土著，乃從北方移到南方來
的夏族一支的看法❺。當然，既是百越雜處，北方移民和南方土
著應是溶合的。

　　從春秋到秦漢時代，百越出現了各種不同的名稱，常見的有
於越、楊越、駱越、南越、閩越、甌越、山越、夔越、滇越❻。

---

❹　明李思聰：《百夷傳校注》，江應樑，雲南人民出版社，1980，頁 14-15。
❺　羅香林：《百越源流與文化·越族源出於夏民族考》，台北中華叢書委員
　　會，1955。馮漢驥提出反對意見，見《說文月刊》第四卷《禹生石紐辨》
　　一文。
❻　江應樑將古代自浙江到雲南，包括長江流域一帶越人的分布都做了詳細說
　　明。
　　於越　《越絕書》：「句踐之民，號稱於越。」春秋時越國人。
　　楊越　《史記·南越列傳》：「秦時已併天下，略定楊越，置桂林、南海、
　　象郡。」《史記·楚世家》：「熊渠甚得江、漢間民和，乃興兵伐庸、楊
　　粵，至於鄂。」"楊越"又作"揚越"，《史記. 正義》稱：「夏禹九州，
　　本屬揚州，故云揚越。」
　　續次頁

江應樑先生以為，首先是於越在春秋時建立越國，與中原及南方諸侯國爭霸，到秦時便融合於中原民族中。而秦漢時中原人民大量移入廣東，南越與之逐漸融合。其他各地，也由於漢族及其他民族遷移，百越或互相融合，或被隔離成大小不同的集民區，於是形成後來不同的族稱或支系。海南島的黎族，貴州的布依、侗、水、仡佬族，廣西壯族，雲南傣族，都是從遠古時期就分布定居在這些地區的，都是古代百越後裔❼。另外，台灣的高山族也被公認是源於古代百越民族❽。

美國民族學家克羅伯（Kroeber Alfred Louis 1876-1960）說現在的菲律賓、東印度群島、阿薩姆及中南半島等地，還保持

駱越 《史記·趙世家正義》引《輿地志》：「交趾，周時為駱越，秦時曰西甌。」《漢書·賈捐之傳》：「駱越之人，父子同川而浴，相習以鼻飲。」大概粵、桂以至交趾一帶的越人，都稱駱越。

南越 秦末，趙佗據南海郡稱南越王，都番禺，《史記》稱為南越趙佗。南越指廣東境內越人。

閩越 《史記·南越列傳》：「南方卑溼，蠻夷中間，其東，閩越千人眾，號稱王。」指福建境內越人。

甌越 《史記·趙世家》：「夫剪髮文身，錯臂左衽，甌越之民也。」梁釗韜以為甌越本指甌江一帶越人。

山越 《三國志·吳志孫權傳》：「權公布諸將，鎮撫山越，討不從命。」山越當是楚國境內濮人遺裔，後來散居長江中游。

夔越 《國語》：「芊姓夔越，不足命也。」指長江上游越人，原是楚國境內的少數民族。

滇越 《史記·大宛列傳》：「昆明之屬無君長，善盜寇，輒略殺漢使，終莫得通，然聞其西千餘里，有乘象國名滇越。」今人多認為漢代滇越，就是現在雲南德宏的傣族先民。

❼ 同❹，頁17-18。

❽ 凌純聲：《中國邊疆民族與環太平洋文化·古代閩越人與台灣土著族》（上），台北聯經出版公司，1979。

陳國強：《台灣高山族研究·從台灣考古發現探討高山族來源》，上海三聯書店，1988。

著相同的文化特質，例如：刀耕火種、梯田、祭獻用犧牲、嚼檳
榔、高頂草屋、巢居、樹皮衣、種棉、織彩線布、無邊帽、戴梳、鑿
齒、文身、火繩、取火管、獨柄風箱、貴重銅鑼、竹弓、吹箭、
少女房、重祭祀、獵頭、人祭、竹祭壇、祖先崇拜、多靈魂。這
些文化特質組成東南亞古文化，而分布區域，不只在東南亞島嶼，且
遠及大陸。凌純聲先生也認為克羅伯所列東南亞文化的二十六種
文化特質，現在中國西南方和南方的少數民族中大部分都存在著，而
他又加列了二十四種文化特質：銅鼓、龍船、窖箭、毒矢、梭標、長
盾，涅齒、穿耳、穿鼻、鼻飲、口琴、鼻笛、貫頭衣、衣著尾、
坐月、父子連名、犬圖騰、蛇圖騰、長杵、樓居、點蠟印花布、
岩葬、罐葬、石板葬。而這五十種文化特質，在古代百越民族或
其後裔中多可見到。所以現在南洋的印尼土著和中國古代百越民
族系出同源❾。百越民族的幾項重要特質如文身、染齒、銅鼓、
龍船、干欄屋等，現在的傣族幾乎都可見到。更證明雲南傣族源
於古代百越民族是毫無疑問的。

一、魏晉以前的傣族先民

　　傣族歷史悠久，在瀾滄江兩岸發掘出土的新石器文化遺址說
明，傣族的先民在遠古時期就已在這些地方繁衍。歷史文獻上提
及傣族先民的最早記載見於《史記·大宛列傳》：「昆明之屬無
君長，善盜寇，輒殺略漢使。然聞其西千餘里，有乘象國，曰滇
越。」江應樑先生說《史記》中所謂"昆明"並非現在雲南省昆

---

❾　凌純聲：《中國邊疆民族與環太平洋文化·南洋土著與中國古代百越民族》。

明市，而是指昆明族，屬於羌人系統，秦漢時的分布地在金沙江
兩岸到洱海、滇池一帶。他並且引文肯定又名乘象國的滇越是傣
族先民，因爲只有百越地區才產象，而"滇越"既稱"越"，自
應是百越族屬，另外德宏州及附近地，自古就是傣族分布區域，
即百越地，滇越是傣族先民並非毫無根據。❿

　　先秦典籍中就常出現古代越人的記載，而其形象幾乎相當一
致，不是剪髮文身，就是雕題黑齒。

> 　越王勾踐，其先禹之苗裔，而夏后帝少康之庶子也。
> 封會稽，以奉守禹之祀，文身斷髮，披草萊而邑焉。
> 《史記．越世家》
> 魂兮歸來，南方不可以止些！雕題黑齒，得人肉以祀，
> 以其骨爲醢些！　《楚辭．招魂》
> 夫剪髮文身，錯臂左衽，甌越之民也；黑齒雕題，鯷
> 冠秫縫，大吳之國也。《戰國策．趙策》（亦見《史記．趙世
> 家》）
> 越人斷髮文身。《莊子．逍遙遊》
> 越王勾踐，剪髮文身。《墨子．公孟篇》
> 剠肌膚，鑱皮革，被創流血，至難也，然越爲之以求
> 榮也。《淮南子．泰族訓》
> 九疑之南，陸事寡而水事眾，於是人民被髮文身以像
> 鱗蟲。《淮南子．原道訓》
> 吳越之俗，斷髮文身。《論衡．四諱篇》

---

❿　同❷，頁91-93。

（越人)剪髮文身，爛然成章，以像龍子，將避水神。

《說苑．奉使》

而《小戴記．王制》也記載：「東方曰夷，披髮文身，南方曰蠻，雕題文趾。」《正義》曰：「以丹青雕刻其額，非惟雕題，亦文身也。」《山海經·海內南經》有雕題國，郭璞說「黥涅其面，畫體爲鱗采，即鮫人也。」《山海經·海外東經》又有黑齒國，「黑齒國在其北，爲人黑齒，食稻啖蛇，一赤一青蛇，在其旁。」郭璞注：「《東夷傳》曰：倭國東四十餘里，有裸國，裸國東南有黑齒國，船行一年可至也。《異物志》云：西屠染齒，亦以放此人。」又《文選．吳都賦》劉逵注引《異物志》云：「西屠以草染齒，染白作黑。」

魏晉時期，"濮"、"越"、"僚"的族稱一併出現。晉常璩《華陽國志·南中志》：「南中，在昔蓋夷越之地，滇濮、句町、夜郎、葉榆、桐師、雟唐、侯王國以十數。」或以爲"滇濮"可能就是記載的"滇越"。兩晉時，滇中、滇西、滇黔接壤地帶，金沙江沿岸，都有越人、濮人、僚人分布❶。《南中志》特別提到永昌郡有「穿胸、儋耳種、閩越濮、鳩僚、閩濮、票越、裸濮、身毒之民。」濮、越、僚常同時出現，或以爲俱是百越部落。

汪寧生先生有不同的意見，認爲越濮並不同源。第一，各有自己的分布範圍，百越集中分布在我國東南和南部，百濮分布在

<hr />

❶ 同❷，頁6。

西南；而且越人居住在海拔比較低的溼熱地區，一般是濱河而居，濮人則喜歡居住在海拔較高的涼爽山區；第二點，古代文獻都強調濮人形貌粗黑，而言越人時只談其斷髮文身。第三，越人很早即種水稻，善馴象，是造船和駕船能手，濮人沒有這些現象。另外，未曾提及越人鑿齒，卻常指明濮人及其有關的族屬僚人有鑿齒習俗。**⓬** 汪先生的看法值得參考，鑿齒、染齒似乎是兩回事，文獻中每每稱越人染齒，卻罕見鑿齒的說法。

二、唐宋的傣族先民

唐代，傣族先民被稱爲"黑齒蠻"、"金齒蠻"、"銀齒蠻"、"繡面蠻"、"繡腳蠻"、"雕題"。段成式《酉陽雜俎》說：「今南中繡面佬子，蓋雕題之遺俗也。」樊綽《蠻書》記載更是詳細：

> 黑齒蠻、金齒蠻、銀齒蠻、繡腳蠻、繡面蠻，並永昌開南，雜類種也。黑齒蠻以漆漆其齒，金齒蠻以金鏤片裹其齒，銀齒蠻以銀（下有脫文）有事出見人則以此爲飾，寢食則去之。皆當頂爲一髻，以青布爲通身褲，又斜披青布條。繡腳蠻則於踝上腓下，周匝刻其膚爲文彩，衣以緋布，以青色爲飾。繡面蠻初生後出月，以針刺面上，以青黛傅之。

⓬　汪寧生：《中國西南民族的歷史與文化·試論越濮不同源》，雲南民族出版社，1989。

自尋傳‧祁鮮已往，悉有瘴毒，地平如砥，冬草木不
枯，日從草際沒。諸城鎮官，懼瘴癘，或越在他處，
不親親事。南詔特於摩零山上築城，置心腹，理尋傳、
長傍、摩零、金彌城等五道事云。凡管金齒、漆齒、
繡腳、繡面、雕題、僧耆等十餘部落。

　　唐代傣族先民除了有金齒蠻、銀齒蠻、繡面蠻、雕題、黑齒
等稱呼外，又有稱作茫蠻的。《蠻書》上記載：

茫蠻部落，並是開南雜種也。茫是其居之號，蠻呼茫
詔。從永昌城南，先過唐封，以至鳳蘭苴，以次茫天
連，以次茫吐薅。又有大賧、茫昌、茫盛恐、茫鮓、
茫施，皆其類也。樓居，無城郭，或漆齒。皆衣青布
褲，藤篾纏腰，紅繒布纏髻，出其餘垂後爲飾。婦人
披五色娑羅籠。孔雀巢人家樹上、象大如水牛，土俗
養象以耕田，仍燒其冀。

　　江應樑先生說，從語言上看，唐代的茫蠻，應該是現在傣族
的先民，因爲《蠻書》將"孟"、"勐"、"曼"三個不同概念
的詞，都音譯作"茫"。據《泰國文學辭典》解釋，傣語"勐"
（mbm$_2$）是「對王侯的尊稱，王族爵銜分級」的意思，傣族對"
召片領"的直系親屬，都稱爲"勐"。"勐"（mry$_2$)意爲地方、
壩子。"曼"（ban$_2$）意爲寨子或村。所稱"茫"是其君之號，
蠻呼茫詔，其實應作"詔茫"。《蠻書》作者不知傣語是倒裝語

法，所以把"茫"、"詔"兩音顛倒了，正確寫應是"詔孟"、
"詔勐"、"詔曼"。❶❸茫蠻所居地正是元代所謂金齒地區，也
是現在的傣族聚集地。另外所謂"樓居"正是傣族傳統的干欄式
建築，"漆齒"是傣族習俗，而"養象"也正是百越諸族特有的。茫
蠻和金齒蠻、銀齒蠻、繡面蠻同是唐代傣族先民的稱呼應是可以
成立的。

　　另外，文獻上還以"白衣"當族名，見於《新唐書·南詔傳》記
載：

> 開成、會昌間再至大中時，李琢爲安南經略使，苛墨
> 自私，以斗鹽易一牛，夷人不堪，結南詔將段酋遷陷
> 安南都護府，號白衣沒命軍。

　　到了宋代，已能較明顯地看出白衣這個族指的是傣族和壯族
先民了。

> 交趾，古交州。東南薄海，接占城；西通白衣蠻，北
> 抵欽州。宋·趙汝适《諸蕃志·交趾國》交趾，本秦象郡，
> 其國東南皆大海，東有小江過過至欽、廉，西有陸路
> 通白衣蠻。（宋·周去非《嶺外代答》）
> 邕州南江以外，羅殿、自杞等以國名，羅孔、特磨、
> 白衣、九道等以道名。（宋·范成大《桂海虞衡志·志蠻》）

---

❶❸　同❷，頁101。

其外則諸小蕃，羅殿、自杞、特磨、白衣之屬環之。
（宋・張栻《靜江府廳題名》）

　　江應樑先生以爲前兩書所指的地區正是傣族的聚集區，而後兩書指的正是現在壯族分布區，法國漢學家馬伯樂（George Maspero）也肯定了宋代的"白衣蠻"，指的就是現在的傣族和壯族。❶

三、元明清的傣族先民

　　元代傣族先民的稱呼有金齒、白衣、白夷，明初又寫作伯夷、百夷，到了清初則出現擺夷的稱呼。

> 百夷，眉額間塗丹墨爲飾。（元・王惲《中堂事記》）
> 金齒百夷，男子文身，以赤白土傅面，文其身者謂之繡面蠻，繡其足者謂之花腳蠻。（元・李京《雲南志略》）
> 大伯夷，在隴川以西，男子剪髮文身。（明・謝肇淛《滇略》）
> 男子皆黥其下体成文，以別貴賤，部夷黥其腿，目把黥其腰，土官黥其乳。（明・朱孟震《游宦餘談》中收錄《西南夷風土記》）

　　《元史・地理志》中記金齒宣撫司境內的八種土蠻，一曰

---

❶　同❷，頁110–114。

金齒，二日白夷，而元李京《雲南志略》也把白夷列爲一族：「西南之蠻，白夷最盛，北接吐蕃，南抵交趾，風俗大概相同。」李京有時也將白夷寫作百夷。據江應樑先生考證，明代錢古訓、李思聰奉使百夷，歸來後，各寫了一本《百夷傳》，書中記載了五百多年前居住在現在雲南德宏傣族景頗族自治州內的傣族及其他少數民族的歷史、地理、生活習俗等各方面的情況，是一部親見親聞的實錄文獻。書中記載：

> 百夷，在雲南西南數千里，其地方圓萬里。景東在其東，西天古剌在其西，八百媳婦在其南，吐蕃在其北：東南則車里，西南則緬國，東北則哀牢，西北則西蕃、回紇。俗有大百夷、小百夷、漂人、古剌、哈剌、緬人、結些、哈杜、弩人、蒲蠻、阿昌等名，故曰百夷。

《百夷傳》所稱"百夷"或指地區，或指族名，或是各族總稱。然而綜觀《百夷傳》全書，凡是言"百夷"的都是專指傣族一族：

> 百夷……俗有大百夷、小百夷。……小百夷居其境之東北邊，或學阿昌，或學蒲蠻，或學大百夷，其習俗不一。車里亦謂之小百夷，其俗刺顏、黑齒、剪髮，狀如頭陀。

明代有"四夷館"，其中就有一個翻譯傣文的專館叫"百夷

館"。而吏部一本《土官底簿》記錄土司襲職的檔案文件，其中
對雲南元江世襲的傣族土知府那直，就注明"那直·百夷人"。
當時的私人著作如張洪的《南夷書》、張萱的《西園見聞錄》、
嚴從簡的《殊域周咨錄》等，都稱傣族爲"百夷"。

到了清初，百夷即稱擺夷。

> 百夷即麓川平緬宣慰司。案百夷即今擺夷，譯語對音，
> 故無定字。（《四庫全書·總目提要》）
> 麓川即古百夷也，其種類有大百夷、小百夷，以其諸
> 夷雜處，故曰百夷、百濮。今作伯、僰，又俗作擺，
> 皆夷音無正字也。（倪輅《明野史》）
> 僰夷，一名擺夷，又作伯夷，蓋聲近而訛也。（檀萃
> 《滇海虞衡志·志蠻》）

清初的志書中，又有"水擺夷"、"旱擺夷"、"花擺夷"
的說法，不過這似乎都是漢族強加的名稱。

> 旱擺夷，山居，性勤，男子衣及膝，女高髻帕首，綴
> 以五色絲，裳亦然。開化府及普洱府有之。（《雲南通志》）
> 水擺夷，思茅、威遠、寧洱有之。性情柔懦，居多近
> 水，結草棚居之，男女皆浴於河。以春季爲歲首，男
> 女老幼均著新衣，摘取各種山花，并以糯米蒸熟，染
> 成五色齋供，齊赴緬寺，鳴鐘擊鼓，供獻佛前，聽緬
> 僧頌經，名爲賧佛。（《普洱府志》）

花擺夷，性柔軟，嗜辛酸，居臨水，以漁稼。每歲三月，男婦擊鼓採花，堆沙獻佛，以迓吉祥。普洱府屬有之。（《伯麟圖說》）

　　雖然有"旱擺夷"、"水擺夷"、"花擺夷"的說法，卻不見有什麼不同。水擺夷和花擺夷都性柔，居臨水，都採花獻佛。而水擺夷和旱擺夷的不同在於臨水居和山居。關於這一點似也眾說紛紜，《大理縣志》說：「旱擺夷又名漢擺夷。」指受漢化程度較深之擺夷。

　　在西雙版納，一個年輕的傣族英語導遊岩貫將水傣譯成Real Dai，而將漢傣譯成Han Dai。　在傣族人心目中，水傣是純正的、眞正的傣族，而漢傣是受了一點漢化影響的傣族。而在勐海居住三十年之久，曾譯傣族《泐史》的李拂一先生也肯定水傣原意應是純傣族，漢傣是受漢化的傣族。可見清代用山居、臨水來區分旱擺夷、水擺夷是值得商榷的。

　　越人喜歡濱水而居是公認的事實。

　　(越人)陸事寡而水事眾。（《淮南子·原道訓》）
　　越非有城郭邑里也，處溪谷之間，篁竹之中。……地深昧而水多險。（《漢書·嚴助傳》）
　　金齒百夷，……風土下溼上熱，多起竹樓，居瀕江，一日十浴。（李京《雲南志略》）
　　其地……夏秋多雨，……四時皆熱，五六月如水沸湯。……百夷家多臨水。（朱孟震《西南夷風土記》）

一直到現在，雲貴高原的越人後裔仍多選擇溼熱的河谷和平壩地區居住，沿瀾滄江邊居住的傣族正說明了這個事實，他們即使離水遠一些，也習慣住比較溼熱的所謂壩子上。不管是水擺夷、漢擺夷、花擺夷都有臨水而居的民族特性，漢擺夷或許只能說他們和漢族的關係比較深一些而已。據筆者所知，目前的傣族中也只有漢傣有漢族姓氏，水傣通常只有傣族名號，並無姓氏。由此似也可見漢傣受漢化影響一斑。

從文獻上可以看到百越族有剪髮、文身和染齒的特徵。關於剪髮，先秦的記載很多，唐宋時則多言其文身、染齒或飾齒，罕言其剪髮，直到《百夷傳》又見說明「百夷，其首皆髡，脛皆黥，不髡者殺之，不黥者眾笑之，比之婦人。」《淮南子·齊俗訓》：「中國冠笄，越人劗髮。」劗髮即為剪髮，也就是斷髮。學者以為剪髮是一種成人禮的象徵。❶❺然而，因為剪髮的特徵後來少有記載，在此略去不論，只探究傣族的文身、染齒和飾齒情形。

1.文身的習俗

傣族先民稱繡面蠻、繡腳蠻、花腳蠻、雕題都指他的文身習俗而言。

《蠻書》稱所謂繡腳蠻是「於踝上腓下，周匝刻其膚為文彩。」而繡面蠻則「初生後出月，以針刺面上，以青黛傅之。」李京《雲南志略》說「以赤白土傅面，文其面者謂之繡面蠻，繡其足者謂之花腳蠻。」王惲《中堂事記》則稱「眉額間塗丹墨為飾。」所

---

❶❺ 陳華文：《吳越“斷髮”習俗之我見》，《民間文藝季刊》1989年3期。

謂的青黛、赤白土或丹墨，都是指文身的顏料。

　　在百越族後裔的民族中，文身的習俗曾普遍地存在。近代如佤族、高山、基諾、布朗、黎族和傣族等都還喜歡文身。海南黎族在成年禮時即實行紋面儀式，這種紋面，不但作爲成人標誌，也具有部落的標誌作用，人人需施行。❻有人曾作過一個統計，「台灣高山族賽夏、泰雅人的文身，男子爲十四歲至二十歲，女子爲十五、六歲；排灣人，男子爲二十五歲，女子爲十三歲至十八歲之間；魯凱、卑南人，男子爲二十歲左右，女子爲十五歲左右。雲南傣族，男子爲十五至二十歲之間。基諾族爲十五歲。早於此的也有，海南黎族婦女，十三、四歲時即開始涅面部，十六、七歲時出嫁則涅胸部，二十許時爲丈夫所溺愛者，則涅私處。」❼而仍保留文身習俗的少數民族中，傣族是最具有代表性的。

　　清代《騰越縣志》上記載：

> 僰人尚紋身，……胸、背、額際、臂、腋、腹、臍各處，以針刺種種花紋，形象若虎豹鹿蛇，若金塔花卉，亦有刺符咒經文、格言及幾何圖案者，然後涅之以丹青，貴族用赤紅色，平民一槪用青黑色，否則婦女群輩笑之，以故無論老幼，無不身首彰然者。

----

❻　陳華文：《吳越“文身”習俗研究—兼論“文身”的本質》，《中國民間文化》第七集，學林出版社，1992。

❼　徐一青、張鶴仙：《信念的活史：文身世界》，四川人民出版社，1988，頁25。

　　學者認爲傣族文身習俗的流行，與傣族普遍信奉小乘佛教有關。傣族男孩一到八、九歲就要進佛寺當和尙，學習佛理和傳統文化，同時也就開始文身，又叫"夏墨"，即刺墨。不進佛寺不文身的人叫"生人"，被人們認爲沒有成人，要遭恥笑。現在到西雙版納，仍可看到傣族男子在身上刺滿了黑色或藍色的花紋圖案。花紋圖案中有各種珍禽異獸、奇花異草，甚至是老傣文佛經文句的。⓳

　　在雲南西雙版納、德宏、保山、思茅、臨滄以及孟連、瀾滄江等傣族地區明代修築的佛寺中，發現有大量壁畫文身人像。壁畫的文身者多爲佛徒、佛爺、和尙、藝人，常出現在同佛事有關的禮俗場合的顯耀處。⓳

　　而據調查，傣族有許多文身傳說都和佛教有關，如稱和尙將經書文在身上，使經書不致亡佚；又稱龍王好佛，傣族佛徒在自己腿上文龍樣，是爲了崇敬龍王的獻身精神。而傣族的文身師傅多是和尙還俗的"康朗"，文身儀式和拜佛類似，而文身地點有的則在八角亭（藏經亭）。傣族對於文身的說法有些和佛教信仰有關，如「文身死後可以上天堂」，「文身表示當過和尙」。文身的意義則是多方面的，是裝飾，勇武的象徵，爲了向異性示好，博取愛情；傣族並宣稱文身有醫療作用，甚至有避邪、預卜吉凶或巫術的護身意味。⓴在越人後裔中，傣族將流傳已久的文身習俗

⓳　向翔、龔友德：《從遮羞板到漆齒文身—中國少數民族服飾巡禮》，雲南教育出版社，1991，頁185-186。

⓳　同⓱，頁116。

⓴　李子泉：《西雙版納傣族紋身調查》，《傣族社會歷史調查》（西雙版納之十），雲南民族出版社，1987，頁111-126。

發揮淋漓。

2.飾齒的風氣

　　《蠻書》上記載傣族先民也有稱黑齒蠻、金齒蠻、銀齒蠻或漆齒的，並言「黑齒蠻以漆漆其齒，金齒蠻以金鏤片裹其齒。有事出見人，則以此爲飾，寢食則去之。」書中脫銀齒蠻條，如果依常理推斷，金齒蠻以金鏤片裹其齒，則銀齒蠻似應以銀鏤片裹其齒。江應樑先生說，所謂的金飾齒似是一個金屬齒套，可以套於齒上，也可以隨意取下。但《馬可波羅行紀》刺木學本記金齒州人民卻說：「其民皆有薄金嵌齒之習，既嵌之後，永不取下。」又該書沙海昂本稱，以金飾齒之俗，「男子當悉如此，婦女則否。」而刺木學本則說：「女子如同男子，皆有用薄金嵌齒之習。」明代雲南巡撫何孟春在他的《復永昌府治疏》中卻說：「其夷沒後，金箝（鑲‧）二齒而葬。」所講成了裝飾屍體的習俗，而非活人的風氣。江先生以爲西雙版納傣族鑲金牙，近代始有，歷史上並無以金飾齒之俗，金齒當是西部傣族習俗[21]。吳綿吉先生也以爲鑲牙是後起之俗，應是拔牙習俗的象徵和遺風[22]。

　　在百越的分布區域，黑齒當族名出現甚早，《山海經》、《楚辭》、《戰國策》就已出現。

　　江應樑先生在否定西雙版納歷史上以金飾齒之後，另外論及當地女子在行將結婚之時，用一種植物汁液染黑牙齒，表示已經

---

[21]　同[2]，頁100。

[22]　吳綿吉等：《百越民族文化》，上海學林出版社，1988，頁355-358。

成人，可以結婚。㉓染齒似乎由來已久，從先秦到唐的黑齒、漆齒，到明《天啓志》也寫：「僰夷，在越州衛者，號白腳僰夷，男婦具短衣長衫，茜齒文身。」茜爲絳紅色之意，而傣族酷愛嚼檳榔習俗由來已久，不禁讓人懷疑是藉嚼檳榔而達到染齒效果；檳榔汁爲紅色，而常嚼檳榔後齒牙變黑。或以爲染齒是到江邊石縫中採集一種叫"茜咸"的草藥，拌以石榴，煮沸集成黑色，放在芭蕉葉上，晚上敷在牙齒上，一年二次或三、四次，牙齒就會變黑，是婦女成年美的標誌。㉔

　　據宋恩常諸先生調查，傣族青年男女爲保護牙齒，有一種古老的用栗木煙塗牙齒的習慣。方法是先將栗木用火熏出煙，然後再把煙用火炭烘烤在小鐵片上，用手指在鐵片上沾煙擦牙齒。染牙的年齡一般是從十四、五歲開始，栗木和盛栗木煙的小鐵片都由姑娘準備。染牙本是一種保護牙齒的方法，同時在染牙的基礎上，產生審美觀，他們認爲染齒染的愈黑愈美。㉕不管用植物汁液，或者是嚼檳榔、擦栗木煙，目的都是爲了將牙齒染黑，黑得發亮。我們懷疑，傣族將牙齒染得黑亮才被稱爲金齒蠻、銀齒蠻？或者是因牙齒黑亮而被誤爲是飾金、飾銀？

　　染齒是花腰傣婦女的一種古老裝飾美習俗。在雲南新平、元江等紅河谷地的花腰傣村寨中，現在仍可看到這種古老歷史習俗的遺跡。花腰傣婦女到十三、四歲以後，就開始染齒。所用染料

㉓　同❷，頁588。

㉔　《傣族簡史》，雲南人民出版社，1986，頁230。

㉕　《西雙版納傣族婚姻調查》，宋恩常、刀學榮、周光祥、岩教調查，收入《西雙版納傣族社會綜合調查》㈠，雲南民族出版社，1983。

主要是一種叫麻嗎的藤本植物果子和崖硝，配上未成熟的酸石榴等，以舂搗碎爲泥狀，放在兩指寬的芭蕉葉上，每晚睡前包敷牙齒。幾天以後，牙齒即成黑色。接著，用一片鐵塊放在煙囱裡，讓柴煙薰烤，鐵魂就會生一層油狀的漆黑鐵銹。然後，取這種黑鐵銹塗抹已經染黑的齒面，齒面就會變成黑色而熠熠發亮，永不消褪，所以有 “金齒” 的美稱。❷❻漆齒、黑齒似乎有被誤以爲鑲金的可能。

　　江應樑先生以爲鑲金齒當是西部傣族的習俗，應有其可能性。筆者走訪李拂一先生，據他說，西雙版納普遍有染齒之俗，不見鑲金牙、鑲銀牙的情形，傣族以一種叫紫梗的植物染黑牙齒，一方面是美觀、保護牙齒，一方面是和牛馬有所區別，牛馬都白牙，人應和動物不同，黑齒表尊貴。李先生並且說明，西部德宏有以金、銀飾齒之俗，土司鑲金齒，表示地位，接見來訪者時將金齒套上，吃飯、睡覺時則取下；一般平民鑲銀齒套。

　　雲南自古就有產金的記載，因此德宏有鑲金、銀齒的習俗，《蠻書》所記當是德宏地區的情況。

　　有的學者並未將重點放在傣族先民又稱金齒蠻、銀齒蠻上面，而討論古代越人及其先民有鑿齒（拔牙）的習俗，是古代人工改變牙齒方式的一種。嚴文明先生據近年出土的考古資料證實，除了東南地區的古越人外，至少還有東部沿海地區的東夷人，長江中游地區的古荊蠻人，以及雲南邊境大約屬於孟高語族的濮人等及其部分後裔，流行拔牙風俗。而這四族人中，以東夷人拔牙風俗

---

❷❻　《中華風俗大觀》，林新乃編，上海文藝出版社，1991，頁222。

的歷史最早，也最盛行，或者越人拔牙風俗是源於東夷人的影響。**㉗**
除了考古資料外，歷史文獻中也記了鑿齒的風俗。

> 僚子既長，皆各拔去上牙各一，以爲身飾。（晉·張華
> 《博物志》）
> 赤口濮，赭身而折其齒。（《新唐書·南蠻傳》）
> 其僚蠻之類，椎髮跣足，鑿齒穿耳。（宋·樂史《太平寰宇
> 記 》）
> 仡佬妻女年十五六，敲去右邊上一齒。（宋·朱輔《溪蠻
> 叢笑 》）
> （土僚蠻）男子及十四五，則在右擊去兩齒，然後婚娶。
> （元·李京《雲南志略》）

然而，僚卻是前面所提和百濮關係最密切的民族，仡佬族也
被汪寧生先生認爲是濮人族屬。歷史文獻並無明言越人有鑿齒之
風。凌純聲先生以爲鑿齒文化廣佈於南洋群島，據許洛德（H.
Schroder）及金關丈夫等人研究，認爲是東亞的同一文化特質。
㉘屬於百越族的傣族先民是否也有鑿齒風俗頗有疑問。

從文獻中可以約略看出，雕題、繡面、繡腳都說明傣族的文
身習俗，而黑齒、染齒則是染齒風氣；至於金齒、銀齒的飾齒習
俗則只見於德宏的傣族，《蠻書》中所記金齒、銀齒蠻本是永昌
郡少數民族，永昌所屬即雲南西部傣族。飾金、銀齒和西雙版納
傣族應不相干，而鑿齒則是濮人族屬的習俗，和傣族似也不相涉。

㉗ 同㉒。
㉘ 同❾。

第二章 傣族敘事詩發達的原因

　　對於一個有悠久文化傳統的民族來說，有三部五部或八部十部敘事詩是不足為怪的，中國境內的五十幾個少數民族也都有自己的敘事詩，傣族就常自稱有五百部或五百五十部的敘事詩。據《論傣族詩歌》的作者所言：

> 傣族的敘事詩，在我以前一百八十年，《哇雷阿塔乃甘哈傣》（按：譯為《論傣族詩歌的內容》，是一部很有價值的傣族詩論。）作者當時統計，說總共四百五十部，……可以肯定，這「四百五十部」是在我們以前一百八十年的確切數字。因為一百八十年以前的今天，我們的敘事長詩已經確切達到整整五百部了❶。

　　此書中並曾論及傣族敘事詩的特點，最主要的是「以故事為背景，敘述完一件事」，而且每一部敘事長詩裡，都少不了仙和尚、龍王、怪鳥、妖魔，而怪鳥、妖魔總是代表可怕的邪惡。因為有神佛鬼怪，傣族敘事詩才顯出曲折離奇的神話本質，具有敘事詩存在的條件。

---

❶ 祜巴勐：《論傣族詩歌》，岩溫扁譯，中國民間文學出版社，1981，頁61。

　　西雙版納的敘事詩有五百部，而德宏的《阿鑾》長詩也有五百五十部。文革以後，許多傣文手抄本被焚燒銷毀，有的被埋藏了，而在西雙版納和德宏兩地仍然收集到敘事詩的目錄三百六十幾部，和傣文手抄本敘事長詩一百多部。另外一些為人所知的如長達十萬行的《吾沙麻羅》、長達四萬多行的《粘巴西頓》，及最早的悲劇敘事詩《賧納康》還不包括在內❷。

　　為什麼傣族有如此多的敘事詩？

　　張公瑾先生認為傣族敘事詩有三個最明顯的特徵：第一是篇幅長。傣族的敘事詩較短的如《嘎龍》就有上千行，最長的如《蘭嘎西賀》已達數萬行。第二必需是有押韻的詩。第三是情節複雜，有“事”有“敘”。而他也主張傣族敘事詩發達的社會歷史條件，並強調專業的民間歌手和農村公社制度使敘事詩得到充分發展的機會❸。

　　《論傣族詩歌》中曾引史詩《巴塔麻嘎捧尙羅》被刪除的兩個傳說——滴水成音和贊哈的由來。第一個傳說中寫傣族先民由狩獵的游動生活轉入耕種的初期，有一姑娘去打水，她走到泉邊，看到泉水從彎曲坎坷的高處流下來，發出清脆、柔和而婉轉的聲音，在幽靜的山林間淙淙作響，一下激昂，一下深沉，由遠而近，忽高忽低，像是在撥弄琴絃，又像是輕微而甜蜜的呻吟。姑娘忘記了所有的勞累，靜靜地聆聽泉水的流響。日久天長後，姑娘摹

---

❷　王松：〈傣族長詩與傣族贊哈〉，收入《雲南少數民族文學論集》第二集，中國民間文藝出版社，1983。

❸　張公瑾：《傣族文化》，吉林教育出版社，1986，頁76-85。

仿水流聲而哼起優美動聽的曲調。這似乎太刻意強調像唯物論者如馬克斯、恩格斯所謂的文學起源於“勞動說”，說明作者主張詩歌起源於勞動。

而值得注意的是另一個傳說，有個玉嫩姑娘從諾戛蘭托鳥那婉轉的叫聲中得到啓示，她如痴如狂，忘記了吃飯睡覺，天天到森林裡聽這隻鳥的叫聲，摹仿鳥兒唱出自己心中的歌❹。當諾戛蘭托鳥被狠心的王子射死後，玉嫩學鳥兒動人的歌聲，唱出人們的歡樂，於是她成了傣族人愛戴的贊哈，後來西雙版納每一個村莊都出現了一兩個贊哈，用歌聲來讚美眞誠的愛情和美好的願望❺。

有人類勞動才有語言，有了語言才有歌，有了歌才有文字，有了文字才有敘事詩。《論傣族詩歌》認爲：文字的產生，佛教的傳入，對傣族詩歌有了決定性的影響；自從有了文字和經書，原來的零星歌謠變得更加系統起來，被人們用文字刻在竹簡和貝葉上，寫在紙上或布上，敘事長詩就是在這樣的基礎上逐步形成的❻。

元明以後，傣族地區社會安定，經濟繁榮，和異民族接觸日頻，吸收外來文化，提供敘事詩一個好的環境。傣族因爲有文字，可以促進敘事詩的流傳。而贊哈演唱的專業化和印度佛教經書的傳入，更對傣族敘事詩有深遠的影響。

---

❹　同❶，頁26-2。

❺　《傣族民間故事選》，傅光宇等編，上海文藝出版社，1985，頁46。

❻　同❶，頁29。

以下就從幾方面來探討傣族叙事詩發達的原因：

一、社會歷史條件

胡適曾批評漢族沒有叙事詩：

也許是中國古代民族的文學確是僅有風謠與祀神歌，而沒有長篇的故事詩，也許是古代本有故事詩，而因爲文字的困難，不曾有記錄，故不得流傳於後代；所流傳的僅有短篇的抒情詩。這二說之中，我卻傾向前一說。……可見古代的中國民族是一種樸實而不富於想像力的民族，他們生在溫帶與寒帶之間，天然的供給遠沒有南方的豐富，他們須要時時對天然奮鬥，不能像熱帶民族那樣懶洋洋地睡在棕櫚樹下白日見鬼，白晝作夢。所以三百篇裡竟沒有神話的遺跡。

胡適不但認定中國古代民族沒有叙事詩（故事詩），也說明了產生不了叙事詩的民族性因素和自然環境因素。叙事詩必須有神話成分，他尤其強調產生神話的自然環境：「試把周南召南的詩與楚辭比較，我們便可以看出汝漢之間的文學和湘沅之間的文學大不相同，便可以看出疆域越往南，文學越帶有神話的分子與想像的能力。」❼魯迅則相信神話不能全部保存而僅存零星片斷有兩個原因，一是中國先居黃河流域，「其生也勤，頗乏天惠，

---

❼　胡適：《白話文學史》上卷，台北胡適紀念館，1966，頁60-61。

故重實際而黜玄想。」二是孔子「實用爲教」，「不語怪力亂神」，神話不但無法發揚光大，更加速散亡命運。❽李澤厚、劉綱紀先生則說：「北方的神話遠遜於南方，其主要原因由於較早進入階級社會，"巫"更早地被"史"所取代。」❾蕭兵先生也說，神話不發達最重要的原因之一是「北國的巫官過早地史官化，矇聾卜祝不轉變爲歌手、故事家或行吟詩人，卻變爲史官、司儀和早期的哲學家。」❿其實，類似的觀點，茅盾也早就提出，他曾反駁過胡適，認爲地形和氣候只能影響到神話的色彩，卻不能掩沒一個民族在神話時代的創作衝動。茅盾認爲中國北部神話所以早就消歇，原因有二：一是神話的歷史化，二爲當時社會上沒有激動全民族心靈的大事件以誘引"神代詩人"。⓫茅盾還特別強調研究南方少數民族的重要性。

　　綜合學者的意見，傣族的確有產生敘事詩的條件。首先，傣族是公認種植水稻最早的民族之一，犁耕農業、灌溉水利自古就發達，居住的大多是山青水明的壩子，氣候炎熱，土地肥沃，物產富饒，百姓自給自足，適合像胡適所說「懶洋洋地睡在棕櫚樹下白日見鬼，白晝做夢。」也未曾受儒家實用爲教的影響，而在下一節又可以見到巫祝和歌手的結合，這一切都和漢族的情況迥異。

---

❽　魯迅：《中國小說史略》，人民文學出版社，1975，頁12，頁271。

❾　李澤厚、劉綱紀：《中國美學史》卷1，中國社會科學出版社，1984，頁368。

❿　蕭兵：《楚辭文化》，中國社會科學出版社，1990，頁237-244。

⓫　茅盾：《中國神話研究》，上海文藝出版社，1989年影印本，頁12。

　　傣族長久以來偏安西南一隅，十三世紀以後卻有多次反抗外族侵略的戰爭；在明清之交，傣族土司也曾協助李定國組織抗清力量。「許多舉不勝舉的重大事件，雖然對傣族來說是局部性的，但作爲文學的源泉來說，卻具有全民族的普遍意義。」❷這一些局部性的戰亂正如茅盾所說「激動全民族心靈的大事件」。

　　傣族歷史上曾有頻繁的戰亂，因此《召相勐》、《厘俸》、《章響》、《松帕敏與嘎西納》、《葫蘆信》等敘事詩都描寫了勐與勐之間的互相兼併、掠奪情節，是當時社會現象的反映。但從這個民族的全局來看，動蕩的戰亂狀態一般都是局部的性質。據記載，明正統年間三征麓川是傣族歷史上一場延續時間較長、規模較大的戰爭，而這場戰爭主要在德宏一帶進行，並不影響其他地區百姓的生活；又如十六、十七世紀緬甸洞吾王朝的入侵，主要是在隴川一帶或西雙版納地區，而十八世紀末木梳王朝的屢次入侵，大致也是這種局部的情況。「歷史的大變革、大動蕩可以成爲長篇敘事詩的題材，但它不是在大變革的社會動蕩時期產生的，而往往是在大變革後比較安定的若干年間才能創作出來。……從唐宋以來傣族各個地區本範圍的歷史進程來看，社會安定的局面還是多於動蕩局面的。❸」

　　敘事詩必需經過長時間的醞釀萌芽、再經民間口頭流傳、集體加工才能定型，需要一個相對安定的社會環境，傣族地區剛好提供了這樣的環境。

二、有自己的文字，和異文化的接觸

---

❷❸　同❸。

《論傣族詩歌》中曾說：文字的產生對傣族文學的發展有重大貢獻。

傣族在不同地區使用著四種形體不同的拼音文字，在西雙版納及孟連一帶使用傣仂文，在瑞麗、瀾滄一帶使用傣繃文，在德宏傣族景頗族自治州的大部分地區使用傣哪文，在金平則使用傣端文，而這四種傣文都是從印度字母脫化而來的。

四種傣文的創制時間，衆說紛紜，但可以確定的是，西雙版納的傣仂文歷史最悠久。據說有一本名爲《多拉維梯》的傣文文獻，記載傣仂文始用於傣曆639年（元至元14年，西元1277），而在元《經世大典．招補總錄》中也有一條比較可靠的旁證，說明當時西雙版納已使用傣文❹。

另外，據學者調查，傣語的使用範圍非常廣泛，如西雙版納地區的布朗、拉祜、哈尼、佤、瑤等族及克木人等，德宏地區的德昂、阿昌、景頗等族，男子一般都兼通傣語，布朗族、德昂族且使用傣文，潞西縣遮放曼幫村的德昂族甚至只說傣語。而普洱、新平、元江、彌勒、元陽、文山等縣，傣族由於和漢族或其他民族雜居，一般也通用漢語。❺因爲語言文字的交流，傣族能夠接觸到其他民族的文化，進而吸收廣泛的敘事詩體裁。

傣文不只通行於西雙版納等傣族地區，也使用於泰國的清邁和緬甸的景棟。使用於清邁的稱爲傣允文或蘭那文，使用於景棟的稱爲傣痕文。因爲傣族和印度、泰國、緬甸、老撾等鄰國關係密切，所以很多敘事詩有異質色彩。

---

❹❺　同❸，頁32-40。

三、贊哈演唱

贊哈演唱早已成爲西雙版納傣族生活的一部分，在傣族文學史上佔有舉足輕重的地位。贊哈就是唱歌的行家，民間歌手的意思。"贊"在字面上是會、能、善長的意思，傣族中許多職業的行家都冠有"贊"字，如鐵匠稱"贊列克"，"列克"是鐵；建築師是"贊恨"，"恨"是房屋，畫家是"贊跌姆"，"跌姆"是畫或寫的意思，而跳舞明星則叫"贊粉"，"粉"是跳舞之意，傣語"哈"是唱歌，所以"贊哈"是歌手。德宏、耿馬、孟連、紅河等地也有類似的歌手，德宏地區稱爲"喊半光"，意思是跟著鼓聲唱歌，孟連、景谷地區則稱爲"贊寧"，意思是會唱調子。其他地方的歌手不像西雙版納的贊哈，並未形成一套完整的制度。然而，不論什麼地方的歌手，他們都負擔了傳播文化的任務，也是傣族文學的繼承者、發展者，甚至是傣族敘事詩的創作者❶。

關於贊哈的起源除了前面所提諾戛蘭托鳥的故事外，還有一個值得注意的民間傳說。相傳佛寺裡的帕召（佛主）在講經說法，吸引了傣族的男女老少，可是有一天來了一個不信佛教的帕亞曼，他的歌聲非常美妙動聽，吸引了聽帕召講經的所有群衆。帕召非常憤怒，威脅大家說：「誰如果跟帕亞曼學唱，就會受到懲罰，要讓他一天到晚，唱個不停，而且他的子孫後代一直都要唱下去。同時，活著不准他過富裕的日子，死後不准入地獄也不准上天堂。」然而，學唱歌的人還是很多，大家就尊帕亞曼爲贊哈始祖❶。贊哈

---

❶　同❷。
❶　同❶，頁47-48。

始祖和佛祖鬥過法，似乎意謂著贊哈原也是傣族人民心目中另一個神，祂和後來進入西雙版納傣族社會的佛祖曾爭寵過。贊哈是原始宗教信仰的對象，在佛教剛傳入傣族社會，而社會上並未全民奉佛的初期，贊哈和佛祖是對立的。原始的贊哈應該是一種巫覡的身分。

　　一九五九年雲南省民族民間文學西雙版納調查隊在景洪、勐海等縣召開贊哈座談會，老贊哈講述了一段掌故：宣慰使奢隴法的兄弟召龍，很喜歡絲竹歌舞，終日宴游嬉樂，他召集一批善長歌唱的人爲他表演，誰唱得好，逢迎得周到，就能得到獎賞，民間歌手就這樣進入宮廷做了侍婢。歌手們不但爲宣慰使們歌唱，也歌頌他們的功德。後來，宣慰府裡還專門設置了管理贊哈的官員。贊哈原先是在群衆中演唱，誰唱得好，記的歌詞較多，就被公認爲是贊哈。自從宣慰府設置管理贊哈的官以後，只要是在群衆中博得聲譽的贊哈，必能立刻獲得一紙“委任狀”**⓲**。贊哈制度應是在這樣的情況下慢慢形成的。

　　贊哈被納入宣慰府管轄以後，宣慰使還規定了贊哈必須要背熟一套必讀的書：首先是背熟《招滿貢召》，即頌揚領主的歌詞；二是背熟《招滿貢混》，即頌揚封寨頭人的唱詞；三是背熟《哄丟拉》，即祈求鬼神賜福保佑的禱詞；此外是蓋新房、結婚、升和尚之類的祝福。一般的贊哈只要會唱這一套規定的書就夠了，但要成爲等級最高的“贊哈勐”，還必須要會唱全勐的事、會唱開天闢地的故事、長篇敘事詩、寓言等等**⓳**。如此看來，贊哈不但

⓲⓳⓴　全荃：〈談贊哈的產生及發展〉，收入《雲南少數民族文學論集》第一集，中國民間文藝出版社，1982。

是民間的表演者，也是受尊重的一種職業。而贊哈制度的定型，據西雙版納橄欖壩一位老人說，大約在十八世紀以前❷。

傣族贊哈也有女的，但卻以男贊哈爲主。因爲後來的贊哈基本上是以還俗的和尙或康朗（小和尙升爲大和尙再升爲佛爺、大佛爺後還俗的，才能稱爲康朗。）爲主，而等級最高的贊哈勐差不多都是由康朗擔任的，他們是知識分子，不僅精通傣文，而且受過佛教思想的陶冶，具有廣博的知識，贊哈促成傣族文學的發達當然順理成章的。傣族流傳一段話說：「唱歌使人快樂，唱歌使人歡喜。沒有贊哈的歌聲，在我們的生活中，就像吃菜沒有鹽巴，吃飯沒有糯米。」糯米是傣族主糧，是生存所必需，可見贊哈在傣族生活中的重要性，而前兩句話正說明了贊哈帶給傣族人民多少的快樂。贊哈常演唱歡樂的歌詞，間接透露了傣族敘事詩很少悲劇的原因。

贊哈原先應該是原始宗教信仰的巫覡身分，和佛教是對立的，後來卻和佛教結合。由贊哈差不多是還俗的和尙或康朗擔任這件事，可以證明贊哈和佛教的結合，而在佛教成爲全民所信仰的宗教以後，統治者也奉佛，將贊哈納入宣慰府管轄，贊哈的制度就在結合宗教和政權下，對傣族社會有了舉足輕重的影響。到底贊哈在傣族文化上扮演什麼角色？

㈠ **農閒時爲群衆唱敘事詩**

在西雙版納的小村寨裡，農人終年辛勞，有時農忙過後，寂寞的村寨裡沒有一點娛樂，男女老幼就會圍著一個贊哈演唱，聽他唱開天闢地的故事，唱人類如何戰勝自然，如何建寨建勐，也唱堅貞不渝的愛情。

有些贊哈曾經身爲佛寺中的佛爺，後來才還俗，因此對印度

傳入的佛教經書極爲熟悉，在他們傳唱的作品中有印度最著名的
兩大史詩《羅摩衍那》和《摩訶婆羅多》的影子，贊哈們演唱的《蘭
嘎西賀》正是來源於《羅摩衍那》，而《阿鑾》敘事詩求婚比武
的情節也和《摩訶婆羅多》中擇婿的內容近似。贊哈們運用自己
的智慧穿插一些生動曲折的高潮，把幾個作品結合起來，加以改
編傳唱。民間收藏有許多傣族文學書籍，贊哈長年累月演唱，在
村子裡朗讀創世、英雄史詩，宣講故事傳說，聽衆多達幾十人、
幾百人，持續了幾天幾月。

　　不是在喜慶婚喪大事等場合演唱，沒有祈福禳災的目的，只
是爲了引起群衆的興味，因此贊哈們更挖空心思，將原有的故事
加以渲染、擴充，運用豐富的想像力，達到離奇、曲折的效果，
長篇史詩自然而然就產生了。因爲贊哈的演唱，所以漢族有名的
小說《西遊記》、《三國演義》等很早就被介紹到傣族民間裡。

　　贊哈在群衆中演唱敘事詩，造成敘事詩的發展。他們不但演
唱既有的故事題材，吸收外國的、漢族的作品，也不斷地創造新
作品，以便吸引更多的群衆，獲得更多的掌聲。全荃先生以爲，
贊哈們不只自己繼承文學遺產，把優秀的文學作品珍貴地保存起
來。同時由於他們演唱的效果，群衆同樣對文學發生了深厚的感
情，自覺地和贊哈一起保存收藏這些作品。傣族人民一直有個習
慣，家家戶戶的竹樓上，幾乎都收藏著自己心愛的唱本。過去雖
然沒有印刷術，許多用棉紙、用貝葉寫下的長篇敘事詩手鈔本卻
始終流傳在各村寨。許多優秀作品，雖然經過烽火戰亂，還是未
曾失傳，應該歸功於贊哈的繼承和保存㉑。傣族敘事詩的發達，

㉑　全荃：〈贊哈的貢獻〉，收入《傣族文學討論會論文集》，中國民間文藝
　　出版社，1982。

贊哈功不可沒。

㈡ 贊哈在喜慶婚喪大事上演唱

贊哈在傣族一切喜慶婚喪大事和節日中演唱，是由來已久的習俗。

西雙版納贊哈最古老的唱詞就是"賀新房"，這首唱詞到現在還流傳著。第三章有關《干欄神話》那一節將再詳細討論。在西雙版納，傣族住的都是比較簡易的竹樓，每隔兩三年就需要修繕，而四五年就需要重蓋。因此，幾乎每年都有人蓋新房。在住進新房那一天，一定會請贊哈來為房主人祈福，贊美新房，預祝新房帶來風調雨順，人畜平安。同時也歌唱了主人的辛勞，歌唱了整個新房建築的過程，從砍什麼樹，怎麼立柱，到竹樓的落成，都和古老的造屋神話攙雜在一起。如果蓋了新房沒有請贊哈來演唱，不只會使主人感到不體面、不光彩，而且整幢竹樓還會被懷疑有不吉利的兆頭❷。贊哈似乎早就和原始宗教結合，是原始初民敬奉的神祇，如同對巫覡的敬畏一樣。因此傣族在每年農耕前收成後的祭鬼活動，也要請贊哈在儀式中演唱。贊哈和巫覡的身分並無兩樣，娛樂應該只是他的附帶工作，而且是後來有了敘事詩或神話傳說才產生贊哈演唱娛人的事。

另一個有關贊哈的傳說正說明了他如同巫覡的身分。

傳說傣族古代首領桑木底，發現河谷平原比大森林裡的岩洞更好居住，於是率領傣族先民從森林裡走出來，要在河谷兩岸的平壩定居建寨。他們建造第一幢竹樓時，不管砍下來多少木料，

---

❷　同❹。

都始終缺少兩根柱子。他派人在寨邊隨手砍倒兩棵樹，拿來做柱子。誰知，這兩棵樹底下住著兩條蛇，是一對夫妻。它們見到桑木底毀了自己的家，決心要報復。等到桑木底新房落成，準備搬進居住那天，蛇夫妻死死地纏住兩棵柱子不放，嚇得所有人都不敢走進竹樓。桑木底只好去請負責祭祀的摩贊幫忙。摩贊送了鬼、祭了神，蛇夫妻仍然不走開。最後，桑木底只好把歌手請來，叫他用歌聲趕走不吉利的蛇。會唱歌的人唱了一陣歌後，周圍的人發出"水水水"的歡呼聲，蛇夫妻聽了很害怕，悄悄逃走了。從此，這位歌手就成了傣族第一個贊哈，同時人們還認爲贊哈唱歌能消災除難，帶來吉祥幸福，受到人們的愛戴。每次蓋新房都要請贊哈來唱歌❷。故事中顯現的驅蛇儀式似乎是一種巫術的功能，並非如表面所說群眾的歡呼聲嚇走了蛇。祈福禳災，自古以來就是巫覡的職責，贊哈所以被人愛戴，關鍵應該也是在祈福禳災上。

　　傣族結婚要舉行拴線禮，贊哈要在賀客盈門的婚禮上，演唱《樹寬》、《祝酒歌》等婚禮贊歌，表達對新婚夫婦美滿幸福的祝賀和期望。喪葬是人類的大事，傣族的贊哈用歌聲給生者歡樂和鼓舞，也爲死者的安息祈禱，他們唱《安魂歌》、《引路歌》。祭祀時贊哈唱《祭神調》、《撐鬼歌》、《引路歌》；還有爲耕種唱的《播種歌》、《撒種歌》、《割穀歌》，爲新年唱的《新年歌》。傣族的贊哈演唱並非全爲了娛樂目的，最主要是求福禳災的巫術功能。在這種情況下，贊哈的地位益形崇高，對傣族詩歌

---

❷　《傣族文學簡史》，岩峰、岩溫扁、岩林、秦家華，王松編著，雲南民族出版社，1988，頁109。

的發展裨益更大。

因爲贊哈原來的巫覡功能身分，能夠祈福禳災，而他又和佛教有密切關係，唱的不管是婚喪喜慶的歌調，或是長篇史詩，都能引起重視。如果贊哈只是純粹娛樂演唱，他對傣族文學的影響不會這麼大，而傣族叙事詩也不可能如此發達。

朱宜初、李子賢、秦家華、岩林諸先生都以爲贊哈像純粹的藝人，而日本學者馬場雄司就不同意這種觀點，肯定贊哈是由巫師而來❷。光是前文所說祈福禳災一項，就能支持馬場先生的論點是相當正確的。

除傣族之外，許多民族的歌手都有祈福禳災祭鬼的巫師身分。

彝族的歌手稱"甲蘇"，它的歷史相當悠久，世代相傳，彝族逢年過節，婚喪喜慶，起房蓋屋，或男女社交，都有甲蘇的演唱活動，而擔任演唱者的甲蘇都是懂得彝文的"畢摩"（巫師）較多。哈尼族非常喜歡歌唱，他們稱歌唱爲"哈巴"，而一部分最熟悉哈巴歌唱的就是"貝瑪"（巫師），貝瑪是師徒相傳制，平常主持念經驅鬼、開路送魂等重大活動❷。又如景頗族的"摩頭"（歌手)負責在人們房子落成後的演唱活動❷，除了對喜慶歡樂場面的描繪外，演唱的目的也無非爲了祈福驅鬼，和巫術的功能並無二致。原始初民的歌手和巫師身分幾乎是密不可分，娛人的功能應是後來才產生的。

---

❷ 馬場雄司：〈雲南の民族藝能研究〉，《東南アジア─歷史與文化》收錄，No.16，1987。

❷ 《雲南民族民間文學藝術》，雲南人民出版社，1985，頁153-155。

❷ 《少數民族民俗資料》（下），1983，頁249。

　　歌舞娛神驅鬼的巫術功能早在《楚辭・九歌》就出現了。王逸《楚辭章句》：「昔楚國南郢之邑，沅湘之間，其俗信鬼而好祠，其祠必作歌樂、鼓舞以樂諸神。」朱熹《集注》說「其俗信鬼而好祀，其祠必使巫覡作樂，歌舞以娛諸神。」而清陳本禮《屈辭精義》也說：「愚案九歌之樂有男巫歌者，有女巫歌者，有巫覡並舞而歌者，有一巫唱而眾巫和者，激楚陽和，聲音悽楚，所以能動人而感神也。」學者們共同認定，以歌舞娛神驅鬼一直是巫覡的職責，古代的歌者和巫覡是分不開的。蕭兵先生也說，原始的《九辯》、《九歌》應該是用來祈雨祈豐的巫術性樂舞[27]。

　　贊哈由巫覡而來應是不容否認的，所以一直到現在，他在婚喪喜慶上演唱的巫師身分仍然保存，而贊哈制度的形成有助贊哈地位的提高，更具備維護發揚傣族敘事詩的能力。

四、佛教經書的影響

　　佛教經書對傣族文學的影響一向是不爭的事實，傣族敘事詩有關《阿鑾》類型的就是淵源於佛本生故事[28]，而長篇敘事詩《章響》、《千瓣蓮花》、《蘇文》、《召波拉》、《松帕敏與嘎西納》等提及遇到龍王獲得珍寶或寫航海經商故事，都和佛經《入海求珠》情節雷同，《千瓣蓮花》中寫說一句話口中就吐出一朵蓮花的七仙子，也和佛經中六牙白象牙上的七朵蓮花或佛經《蓮

---

[27]　蕭兵：《楚辭新探》，天津古籍出版社，1988，頁4。
[28]　劉守華：《民間故事的比較研究・佛本生的故事與傣族阿鑾故事》，中國民間文藝出版社，1986。

花夫人》「蹈地皆蓮花出」近似。佛經不但在內容情節上影響傣族敘事詩，傣族敘事詩甚至有時連題目都沿襲佛經，《松帕敏與嘎西納》源於《松帕敏本生經》，《召樹屯》據《樹屯本生經》改寫，而《千瓣蓮花》脫胎於《千瓣蓮花經》，《香髮姑娘》根據《香髮女經》等等。討論傣族敘事詩，絕對不能忽略它的佛教經書成分。傣族幾乎全民信奉小乘佛教，小乘佛教到底何時傳入傣族地區呢？

有人認爲小乘佛教傳入西雙版納，早在西元前三、四世紀，因爲傳說釋迦牟尼及弟子曾到西雙版納一帶傳教，而西雙版納的不少地名都是根據佛主週游教化的事績命名的㉙。這種說法過於武斷，似乎並不足採信。也有學者據傣文和漢文典籍，參照東南亞史料，推定佛教傳入傣族地區當在西元六、七世紀時候㉚。有學者則認爲當在八世紀末到九世紀初，或者在十三世紀，佛教才傳入傣族地區，衆說紛紜。

根據勐景洪曼閣的祜巴（比佛爺高二級）口述，在一千多年以前，緬甸有一個酋長叭阿索皈依了佛教，在現在宣慰街和大勐籠各建立了兩座埋葬佛骨的白塔，當時仍無佛寺，所以他被稱作"帕滕"，即山上的和尙。直到傣曆九三一年（西元1569年）宣慰使刀應勐娶了緬甸公主，她才在景洪建立了第一座佛寺（在今宣慰街小學校址㉛）。祜巴的這一段口述見於《泐史》中卷記

㉙　王軍：〈小乘佛教及其對傣族文化的影響〉，收入《傣族文學討論會論文集》，中國民間文藝出版社，1982。

㉚　刀永明：〈傣族文學與佛教〉，收入《傣族文學討論會論文集》。

㉛　《傣族社會歷史調查》（西雙版納之三），雲南民族出版社，1983，頁99。

載。《泐史》上卷並記載叭眞於傣曆五四二年（西元1180年）建立"景隴金殿國"稱"松利帕兵召"（即至尊佛主意），因此大部分學者以1180年為傣族社會全民信教的時間，也有意見以為叭眞被冠上至尊佛主頭銜乃是崇奉佛教的後代子孫為顯赫祖宗使然❸❷。明洪武二十九年（西元1396年）李思聰、錢古訓出使西南地區後，所寫的《百夷傳》中稱西雙版納、德宏地區傣族「民家無祀先奉佛者」。在元朝周達觀寫的《眞臘風土記》（約當西元1296年）中記當時小乘佛教在老撾情形：「僧亦用金銀轎扛傘柄者，國王有政，亦咨訪之。卻無尼姑。……其俗小兒入學者，皆先就僧家教習，暨長而還俗。」至於緬甸，在納拉帕蒂西圖（西元1174－1211年）繼承阿奴律陀統治緬甸的時代，小乘佛教已在民間普遍盛行❸❸。在十二、十三世紀，緬甸、老撾已盛行小乘佛教，而和他們毗鄰的西雙版納地區有叭眞稱為"至尊佛主"應是可以成立的，只是這時的小乘佛教在傣族社會仍非民間熟悉的。《泐史》中寫著奢隴法時代（西元1417－1431年）銧朗法在勐遮最高點建築佛寺佛塔，稱之為"美妙的城"，可見佛教傳入應在此之前，而緬甸公主所建佛寺也非第一座。

小乘佛教在十二、十三世紀傳入傣族地區，何以能夠迅速傳播，佛寺佛塔林立，達到全民奉佛的情況？首要原因當是小乘佛教原是貴族專有，後來成為其鞏固政權的工具，因而廣建佛寺，強令奉佛。二是傣族人民常年處於戰亂之中，惶惶不可終日，需

---

❸❷　《泐史》，李拂一譯，台北復仁書屋，1983年重新訂版。

❸❸　趙櫓：〈略論佛教傳入傣族地區的時代〉，收入《傣族文學討論會論文集》。

要皈依佛法，擺脫世俗痛苦。

小乘佛教是梵文"希那衍那"（Hinayana）的意譯，是佛教兩大教派之一。佛教有大乘、小乘之分，小乘是對大乘而言。西元一、二世紀間，印度佛教中分裂出主張"救度一切衆生"的大乘教派，他們將原來只求自我解脫的原始佛教和部派佛教貶稱爲小乘，意指只能載渡自我從現實世界的此岸到達涅盤的彼岸。後來小乘佛教就成爲佛教教派的專有名詞，不再是帶有貶意。大乘、小乘分途以後，大乘北經中亞傳入中國、韓國、日本、越南等國，稱北傳佛教；小乘則先傳到斯里蘭卡，又傳入緬甸、泰國、老撾、高棉和我國雲南省的傣族、布朗族、德昂族、阿昌族及佤族地區，稱南傳佛教或南傳上座部❸❹。小乘佛教所以在傣族地區盛行，一方面是地理因素使然，另方面可能因爲求自我解脫普渡衆生來得容易，比較符合原始初民素樸的要求。

小乘佛教到底對傣族文學有何影響呢？

(一) **佛寺培養了傣族的知識分子**

傣族的佛寺既是傳教的地方，又是培養人才的場所。小乘佛教認爲家庭是產生煩惱的原因，只有脫離家庭，專修僧侶的清淨生活，才能實踐十戒和具足戒的戒律，因此，男子只有出家當過僧侶才能成爲新人或受教化的人，才擁有結婚建立家庭的權利。傣族男孩年滿六、七歲，就必須到佛寺當一段時間的和尚，成年後才還俗回家。他們在佛寺裡接受教育幾年、十幾年甚至二十幾年，甚至終身。還俗的人，根據他們的學習的成績，分別有"及

---

❸❹　張公瑾：《傣族文化研究·小乘佛教述略》，雲南民族出版社， 1988。

因"（德宏、景谷一帶稱"賀"）、"康朗"、"康朗龍"等職稱。"康朗"、"康朗龍"是知識淵博的高級知識分子，他們有的注釋和翻譯佛教經典、佛經故事，傳播印度文化，有的著書立說、編寫文學作品，有的成爲演唱敘事詩的著名贊哈❸。

　　小乘佛教（南傳佛教）所傳經典稱爲"南典"，主要是巴利語經典。巴利語分經、律、論三類，稱"三藏"。三藏中，特別是經，包含了許多散文體及韻文體的文學作品。佛教僧侶爲了吸引衆多的中下階層百姓皈依佛教，常常採用中下階層最容易接受的故事形式來傳播他們的教義，在枯燥的說教中插入許多有趣的故事和生動的寓言❸。傣族的知識分子還俗後稱"康朗"，他們運用佛寺中學會的文字，根據印度經書中的故事和傣族本身的故事，改編成敘事詩。因此，在傣族的敘事詩中可以看到濃厚的佛教色彩。

㈡　用長篇敘事詩來賧佛

　　傣語具體稱呼所信的小乘佛教爲沙瓦卡（Savka），沙瓦卡本是巴利語，漢文佛教經典曾意譯爲生聞乘（Savaka）。聲聞乘是佛教的正統派別，即最初的教徒依靠聽佛的口頭傳教而接受佛教教義。聲聞乘在教義上主張一切都是空（傣語稱bao），宣揚人空、生空和我空，認爲人生所經歷的生老病死都不外乎是苦（傣語謂dop，　巴利語謂　dhukhi）。在實踐上主張自我解脫和自我拯救的自利觀點，爲了自我解脫的目的，提倡賧（dan），通

---

❸　同❸。
❸　王國祥：〈傣族長篇敘事詩與佛教〉，收入《傣族文學討論會論文集》。

過贖的行動，積個人的善行，修來世，最終達到涅盤❸。

贖佛是傣族人民生活中的大事，也是一項必須履行的義務。在傣族人觀念中，有了佛寺，有了佛祖，就必須贖佛。所謂"贖"就是祭或獻，布施的意思，《集韻》解釋"贖"是「蠻夷人以財贖罪也」，似乎贖佛是少數民族所專有。傣族人認爲贖佛有許多好處：

　　1.贖了死後能升天，不贖死後要受痛苦。

　　2.爲了下一代而贖，贖後能使他們長得更漂亮，活得更幸福。

　　3.贖過佛，父母親死後才能有吃穿。

　　4.凡是傣族必須贖佛，不贖會生病，人就會死亡。有病去贖佛就會好。

　　5.多贖佛，會受人尊敬，代表生活富裕。

那麼，如果不贖佛又如何？有本經書《贖喃》中寫不贖佛則會受下列十種痛苦：

　　1.各地方都要發生戰爭，互相爭殺，血流滿地。

　　2.各勐間要發生戰爭，要死人。

　　3.要發生災荒，會餓死人。

　　4.宣慰對群衆要進行拷打、扣留，要罰收銀錢。

　　5.要發生有路沒人走的現象。

　　6.父母要分開，不得死在一起。

　　7.有房子沒有人住。

---

❸　宋恩常：《雲南少數民族研究文集·傣族的小乘佛教》，雲南人民出版社，1986，頁684。

8.男女老幼會得各種疾病死亡。

9.不相信宗教的人要死在戰爭中，要互相殘死。

10.壩子裡將充滿各種鬼。

賧佛是爲了今生來世的幸福，是一切希望所在，賧佛是傣族日常生活不得不的工作❸。

傣族賧佛的名目繁多，各村寨略有差異。一般來說，一年至少做賧七次，每人幾乎花去三十個工作天。賧佛的東西除了錢財、金銀外，也有稻米、布匹或日用品。在賧佛的過程中影響最大的就是"賧薄"，即佛徒獻書。傣族認爲賧書越多，對積德求福越有幫助，所以幾乎每一家都樂意出錢請人抄自己或父母所喜愛的那一部長篇敘事詩或民間故事等，再拿到佛寺裡去賧。佛寺也認爲佛徒賧書越多，佛門越有光彩。傣族請人抄書賧佛的習俗信仰使佛寺成了保存敘事詩的最佳場所。

有的敘事詩甚至在書後注明賧佛的用途，如《尼罕》（《金岩羊阿鑾》）：

　　這部書寫在依山傍水的寨子，同奘房（佛寺）相靠。寫書人姓景，爲了祈求永久的平安吉祥，特獻上這部經書。這部書名叫《阿鑾尼罕》，相晃奉獻，勐遮放蠻帕鸞，獻給蠻龍養擺，佛寺擺，以便讓所有對佛主虔誠的人，後世能進入寶石之地、金子之地勐歷板❸。

---

❸　同❸，頁105。

❸　《金湖之神》，岩林翻譯，中國民間文藝出版社（雲南），1981，頁169–170。

有寫書人的姓氏，也有獻書人的名字，並且說明了獻書的目的，是爲了祈求平安吉祥，來生能進極樂世界勐歷板。傣族賧佛的敘事詩並不強調有否宣揚佛教思想，如《緬桂花》寫一個窮人家的姑娘愛上一個和尙，經過千辛萬苦，姑娘終於能和還俗的和尙結爲連理，而這本敘事詩被發現的地點也在瑞麗江畔的一間佛寺裡，應該是百姓賧佛所抄而收藏的無疑。

因爲有抄寫長篇敘事詩賧佛而除災祈福的信仰，傣族敘事詩才能流傳保存下來。

贊哈原是原始宗教的巫覡，後來形成一種制度。贊哈和佛教結合後，贊哈就由當和尙還俗的康朗擔任，贊哈演唱敘事詩原有祈福禳災祭鬼的巫術功能，而佛教的賧書信仰更對敘事詩的保存維護有極大的貢獻。不管是贊哈或賧書，祈福禳災的信仰是傣族敘事詩發達的關鍵所在。

第二篇　傣族創世史詩

　　成書於傣曆九七六年（西元1615年）的《論傣族詩歌》❶
曾討論開天闢地經過，而文中提及的唯一經書就是創世史詩《巴
塔麻嘎捧尙羅》，書名《巴塔麻嘎捧尙羅》即"神創世之初"，
也可簡稱爲《巴塔麻嘎》（天地之初）或《捧尙羅》（神創世）
❷。此書有兩種文體，一種是散文體，屬於經書一類；一種是韻
文體，傣語稱"播甘哈"，即唱本，現在能見到的漢譯本子是岩
溫扁先生所譯的韻文體創世史詩。此書分爲十四章七十五小節，
對於開天闢地、萬物起源、人類形成都作了生動而具體的描述，
是目前所見最完整的傣族創世史詩，能見出傣族和漢族及周邊少
數民族關於創世神話的趨同性，更印證了初民對宇宙萬物起源的
思維方式有其一致性。

　　創世神話是各地區、各民族都有的，但並非所有民族都有創
世史詩。在《緒論》中提及漢族的浩瀚文獻中罕見神話題材，也
無創世史詩。而中國東北的少數民族則只有一些短小的創世故事，北
部和西部的少數民族則以英雄史詩著稱，如藏族《格薩爾》、蒙
古族《江格爾》、柯爾克孜族的《瑪納斯》都是聞名中外的著名

---

❶　祜巴勐：《論傣族詩歌》，岩溫扁譯，中國民間文學出版社，1981。

❷　《巴塔麻嘎捧尙羅》，岩溫扁譯，雲南人民出版社，1989。

詩篇，然而獨不見創世史詩流傳。

　　西南地區的少數民族不但有創世神話，且有創世史詩，甚至一個民族有好幾部創世史詩。何以西南少數民族多創世史詩？這或許可以從幾個方面來討論，西南是我國稻作文化的發祥地，比北方較早進入農業社會，這一點在《稻種神話》中會詳細討論。北方的少數民族長期處在游獵生活而產生英雄史詩，常見戰爭場面，而西南少數民族在悠閒的農業生活中較有時間神化一些和農作物生長有關的自然現象，如洪水、射日、稻種等神話。另外，西南少數民族都是屬於古代百越、百濮、氐羌等幾個原始族群，這些族群和楚文化關係密切，難免染有《楚辭·天問》中幻想的神話氣質，因此創世史詩或神話要比中國其他地區豐富。傣族創世史詩《巴塔麻嘎捧尙羅》的產生在西南創世史詩中有他的地位，所以特別加予介紹。

第一章　宇宙起源

　　天地開闢是創世神話的基本主題，中國的五十多個民族幾乎都有開天闢地神話。傣族的創世史詩《巴塔麻嘎》第一章即是開天闢地，講英叭神如何誕生，然後用污垢造神車，又用污垢造了羅宗補（地球），怕地球會搖晃，英叭神又用污垢捏成鎮定天地的西拉神象和四根分辨方向的定天柱，後來天和地隔開，形成了宇宙。洪水後天神桑嘎西夫婦又用污垢補天地，拿出英叭神送的仙葫蘆，將葫蘆籽朝大地拋撒，於是萬物誕生，地球合乎了原始初民的思維要求。

一、渾沌的宇宙觀

　　史詩《巴塔麻嘎》記載傣族開天闢地前的現象：

相傳在遠古時候
太空是白茫茫一片
分不清東西南北
四周也沒有邊沿
它沒有天地
它沒有萬物
沒有日月星辰

沒有鬼怪和神
只有煙霧在滾動
只有氣浪在升騰
只有大風在逞能
只有大水在晃蕩

　　有位美國的學者說：「特別應該要強調的是（如果把盤古神話除外）中國可能是主要的古代文明社會中唯一沒有真正的創世神話的國家❶。」盤古神話見於徐整《三五曆記》，寫天地之子盤古撐開天地，使渾沌世界大放光明。

　　天地渾沌如雞子，盤古生其中。萬八千歲，天地開闢，
　　陽清爲天，陰濁爲地。盤古生其中，一日九變，神於天，
　　聖於地，天日高一丈，地日厚一丈，盤古日長一丈，如
　　此萬八千歲，天數極高，地數極深，盤古極長，後乃有
　　三皇❷。

　　葛洪《枕中書》對此加以解釋說：「昔二儀未分，溟涬鴻濛，未有成形，天地日月未昊，狀如雞子，混沌玄黃，已有盤古真人。」對於開天闢地神話，目前所能見的漢籍文獻也只限此。
　　張福三先生認爲，中國西南各民族原始先民的想像中，開天

---

❶　杰克波德(D.Bodde)　：〈中國的古代神話〉，程薔譯，《民間文藝集刊》
　　第二集收錄。
❷　《三五曆記》已佚，殘存於《藝文類聚》卷一。

闢地以前的宏觀世界是處於一種蒙昧渾沌的狀態❸。如阿昌族創
世史詩《遮帕麻與遮米麻》裡是這樣描寫的：在遠古的時候既沒
有天，也沒有地，只有渾沌，渾沌中無明無暗，無上無下，無邊
無際，虛無飄渺。不知過了多少年，渾沌中忽然閃出一道白光。
有了白光，也就有了黑暗，有了黑暗也就有了陰陽。陰陽誕生了
天公遮帕麻和地母遮米麻❹。布朗族也認為天地原來是渾沌的，
到處是一團團黑沉沉、飄來飄去的雲霧。經過一次大的火山爆炸，天
地分開了。宇宙分為三層：帕雅英住在天空，帕亞捧住在海面，
帕亞那住在海底❺。渾沌的宇宙觀在彝族的神話、史詩中內容更
加生動、具體，史詩《勒俄特依》中說：遠古的時候，上面沒有
天，有天不結星；下面沒有地，有地不生羊；中間無雲過，四周
未形成；地面不刮風，起雲不成雲；散又散不了，說黑又不黑，
說亮又不亮。天的四方黑沉沉，地的四角陰森森。史詩《查姆》
中也記載，遠古的時候天地連成一氣，下面沒有地，上面沒有天；分
不出黑夜，分不出白天，只有雲霧一團團。雲霧裡有天也有地，
時明時暗多變幻。天翻成地，地翻成天，天地渾沌分不清，天地
雲霧難分辨。另外在彝族史詩《梅葛》、《阿細的先基》以及彝
族古代文獻《西南彝志》裡都有關於宇宙渾沌蒙昧狀態的生動描
寫❻。

---

❸　張福三、傅光宇：《原始人心目中的世界》，雲南人民出版社， 1986，頁
　　114。

❹　《遮帕麻與遮米麻》，趙安賢唱，楊葉生譯，藍克、楊智輝整理，雲南人
　　民出版社，1983。

❺　《中國少數民族神話選》，谷德明編，西北民族學院研究所，1983，頁551。

❻　同❸，頁10-27。

　　傣族說宇宙是茫茫一片，分不清東西南北，實際上也是渾沌蒙昧的狀態，模糊不清的意思。

　　西南各民族創世史詩有一個共同的特點：宇宙開初是由渾沌的不透明狀態發展變化到透明的狀態，由渾然一體的渾沌，一分爲清濁(或陰陽）。對於渾沌現象幾乎都在強調其無天無地、無明無暗或一無所有。《遮帕麻與遮米麻》及《西南彝志》中論及陰陽，和漢族陰陽五行說應是互有影響。而傣族的渾沌宇宙觀更需要加以探討，其強調"只有煙霧在滾動，只有氣浪在升騰，只有大風在逞能，只有大水在晃蕩。"氣浪母親和大風父親孕育了創世神英叭，似乎在渾沌蒙昧的一無所有宇宙中隱然有一些什麼存在，在那兒滾動升騰。

　　希臘神話中天地未開闢前唯一的神Chaos，　意思是"渾沌"，其子Erebus義爲"黑暗"，Erebus逐父妻母而生二子Ather　義爲"光"，而Hemera義爲"晝"。這情形不是和英叭由氣浪孕育情形相同？希臘的神乾脆就直接稱"渾沌"。希臘人認爲天地之前是渾沌一團，而且是大混亂的一團，地、水、氣都混在一起，全無分別，地不堅凝，水不流動，氣不透明，是無形、無明、無色的漆黑渾沌的一團（見於Ovid的詩）。北歐人的渾沌宇宙卻是分明的，一邊是從那無窮泉Hvergelmir流來的無盡冰山，另一邊是火燄巨人Surtr　之家的Muspellsheim，而中間是深黑無底又無涯際的大谷（見於Eddas & Sagas）。希臘人設想天地未開闢之前是無可名狀的渾沌一團，而北歐人卻是冰與火兩種勢力的渾沌世界。茅盾認爲這是因爲南北歐自然環境不同所致❼。

---

　　❼　茅盾：《神話研究》，百花文藝出版社，1981，頁97-98。

　　巴比倫、希伯來也有渾沌的觀念，說明宇宙未成形以前的狀態是一片不分上下的汪洋，萬物漸漸由此造化出來。《舊約·創世紀》中記載，太初有道，上帝創造了天地，天地之間本來一片渾沌。上帝說要有光，於是有光。上帝把光明與黑暗分離，於是有了晝和夜。

　　日本開天闢地神話明顯受中國影響。安万侶《古事紀》序說：「夫混元既凝，氣象未效，無名無爲，誰知其形。」《日本書紀》說：「古天地未剖，陰陽不分，渾沌如雞子，溟涬而含牙（芽）。」《舊事本紀·神代本紀》說：「古者元氣渾沌，天地未剖，猶雞卵子，溟涬含牙（芽）。」《日本神代史》記載：「古天地未剖，陰陽不分，渾沌如同雞子。」日本學者直江廣治認爲：「在我國（日本）古代，蛋被視爲生命的原質，故有"宇宙渾沌如雞子（蛋）"之說❽。」

　　蕭兵指出渾沌現象實際上和"宇宙卵"有關，他說：「南方系統神話裡，槃瓠（或盤古）卵生，而又是"身化宇宙"的創世大神兼文化英雄，所以從此又可推導出"卵形宇宙"的開闢觀，或者說回復到"宇宙卵"的母題中來。宇宙卵—卵生英雄—身化宇宙，三者在盤古（槃瓠）神話裡結合最爲緊密❾。」埃及人說宇宙及最初的神是從一顆卵子化生出來的❿，即所謂宇宙卵。

　　蛋是生命的原質，而初民所見的宇宙，山嵐繚繞、煙霧迷濛、水光瀲灧，盡是虛無飄渺，變化莫測，適足和"渾沌的雞子"結合。卵

---

❽❾　蕭兵：《中國文化的精英》，上海文藝出版社，1989，頁67-68。

❿　　黃石：《神話研究》，上海文藝出版社，1988，頁15。

正合乎那種茫茫一片，無上無下，無明無暗，不可明說的狀態，借用做充滿煙霧、山嵐、水光的渾沌模糊宇宙是最恰當不過的了。

漢族所言渾沌一詞早就在《莊子·天地》出現過：「彼假脩渾沌氏之術者也。」又說：「且渾沌氏之術，予與汝何足以識之哉？」而《莊子·應帝王》的渾沌寓言更詳細：

> 南海之帝爲儵，北海之帝爲忽，中央之帝爲渾沌。儵與忽時相與遇於渾沌之地，渾沌待之甚厚。儵與忽謀報渾沌之德曰：人皆有七竅，以視聽食息，此獨無有，嘗試鑿之。日鑿一竅，七日而渾沌死。

後來皆以爲渾沌乃純樸自然或太極初始不能分辨之貌⓫。何新先生也在晉人皇甫謐《帝王世紀》書中得到一個宇宙創生的順序：太陰→太初→太始→太素→太極→天皇→地皇→人皇，太陰就是無形無色的大渾沌，從渾沌中產生陽氣，進入宇宙初始。先有渾沌之神再有天神，後有地神，最後有人神，而天神的名字叫"耀瑰寶"（即太陽）⓬。渾沌是宇宙初始，所有的萬物都由此產生。

⓫　渾沌一詞，又見他書。

　　《淮南子·詮言訓》：洞洞天地，渾沌爲樸。

　　《論衡·自紀》：渾沌難曉，與彼分明。

　　《鶡冠子·泰鴻》：無鈎無繩，渾沌不分。

　　《文選·曹植七啓》：夫太極之初，渾沌未分。

⓬　何新：《諸神的起源》，三聯書店，1986，頁232。

　　漢族的渾沌宇宙觀應是從莊子開始的，莊子是楚人，和對天提出疑問的屈原一樣，有濃厚的楚人氣質。

　　楚和越本有著許多共同的文化因素，在楚國範圍的江漢地區，就能找到許多具有越文化特徵的遺物和遺跡。例如，新石器時期的有段石斧、拔牙人骨，商周時期的印紋硬陶，秦漢以後的銅鼓及類似干欄式的建築。楊權喜先生說，楚與越有一定的淵源關係，他們都是南方蠻夷系統的民族，通常所說的“越文化特徵”實際應就是古代南方文化的共同特徵❸。因此，楚國的文化特徵可能影響到越人甚至傣族史詩的觀念應是可以理解的。姜亮夫先生並且說明造成南方文化特質的因素：

> 南土始終以氏族社會爲基，有此千祺不變之基，其民得於自由者多；北土自宗法興，而人群之間相關連，乃至相煎迫之結構爲多，思想有所羈繫，國以是治其民，父以是教其子，困頓於宗法社會縲紲之中，不能自拔，此其一生。南土氣候溫燠，物產豐贍，而五湖、江漢之沃沃，求生至易，雲夢、洞庭之浩浩，狂想足樂。……北土則河朔風塵，赤地千里，……碌碌一世，逃生且不易，又安得閒餘之日，以樂其風土，故其教在以現實態度，以求無虧於此生❹。

---

❸　楊權喜：〈楚越關係初析〉，收入《百越史研究》，貴州人民版社，1987。
❹　姜亮夫：《楚辭學論文集》，上海古籍出版社，1984，頁115。

在五湖江漢、雲夢洞庭之間的雲霞、煙霧中，原始初民心目中的渾沌宇宙就如行雲致雨的巫山神女一般，在虛無飄渺的模糊狀態中出現，這不能不說是民族性和地理環境使然。在中國北方一望無際的萬里平沙中，這種渾沌的宇宙觀至少在目前爲止還未曾出現在漢籍文獻上。在這樣的背景下，所以莊子有渾沌的觀念，而屈原《天問》中言天體、言天庭，想像了宇宙的生成、天象的隱晦乃至於日月星辰的分布，而屬於百越的傣族先民也不謀而合地有渾沌的宇宙觀，充分發揮了南方民族的豐富想像力。

劉城淮先生也認爲南方神話的幻想奇偉程度是最高的。因爲南方到處是崇山峻嶺，有的地方也濱海，高山大海變化多端，神秘莫測，較能促進人們的想像力。莊子、屈原都是南方的楚人，盤古也是南方神話系統，這絕不是偶然的❺。

晚近發現漢族長篇創世史詩神農架《黑暗傳》就唱了三個渾沌期，第一個渾沌是唱天地萌芽階段；第二個渾沌是唱盤古出生到天地開闢；第三個渾沌是唱洪水泡天。天地之初只是一團氣體，天地二氣不能化生，一直迷漫在一片黑暗之中❻。《黑暗傳》雖是晚近作品，卻可從中發現漢族創世神話的蛛絲馬跡。神農架的西南坡，南臨屈原的故鄉，是楚國的發祥地。《黑暗傳》流傳的範圍很廣，在鄂西及川東一帶，包括巴山、巫山地區，也就是長江中下游的廣袤地帶。劉守華先生即指出《黑暗傳》中的神話傳說，具鮮明的楚文化特徵❼。即使是晚近作品，《黑暗傳》所展現的先

---

❺　劉城淮：〈原生態神話與次生態神話——中國神話與希臘神話的比較研究〉，《民間文藝季刊》1990年二期。

❻❼　《黑暗傳》，中國民間文藝研究會湖北分會編，1986。

民想像空間仍是南方的。或許只能這樣說，中國神話不是不發達，不是沒有創世史詩，而是中國的神話和創世史詩都屬南方系統。

另外，日本學者高木敏雄早在1904年完成的《比較神話學》中就對宇宙卵原型的印度起源問題做了全面論證。他指出，天地之初設想爲卵殼的兩片，用卵的開啓來象徵天地的開闢，決不是太古純樸的思想中可以見到的。早期的希臘哲學家們也都曾把宇宙比做卵。這種卵生創世觀念最早見於印度的《吠陀》詩，因此歐洲神話學界流行說法，認爲世界各地的"雞子"創世故事均起源於古印度❸。傣族文學一向受印度影響極深，它渾沌的宇宙觀也來源於印度應是有可能的。

二、傣族的開天闢地神話

傣族史詩《巴塔麻嘎》第一章中說明遠古時候除氣浪、大風、煙霧外，空無一物，然後英叭誕生。"英"傣語通常指天上的神，"叭"指的是氣浪或光波，"英叭"就是氣浪神或光波神的意思。英叭神的母親是氣浪，父親是大風，他們是遠古時代的神種。英叭是氣浪神，和母親一樣。大風和氣浪成爲渾沌宇宙創世神的父母，初民是否以爲氣浪母親要有大風父親吹襲才有生命？在大風、氣浪的交互作用下，渾沌宇宙有了生氣，創世神誕生了。

英叭神和人一樣，有頭有身，有手腳、嘴臉、眼鼻，書中將天神擬人化，是初民按人的形象造神的結果。神有寂寞會生氣會

---

❸　葉舒憲：《從"盤古之謎"到中國原始創世神話之謎》，《民間文藝季刊》1989年2期。

憤怒，卻天生有神力，他的食物是煙霧，沒有翅膀也會飛，成天來去無蹤，而他的智慧是驚人的，生命是不會終結的。

英叭用污垢捏了有翅膀的飛車，他驅車鑽進雲層，又潛入水裡，想要造天造地，他發現除了水裡有水神魚阿巴嫩外，再沒任何別的動物了。英叭看見水面漂的泡沫和渣滓凝結得像雲塊，想到了可以用污垢來作天和地。泡沫、渣滓和污垢做成污垢果，英叭禱告後，污垢果變大成了地球“羅宗補”。浮在水面的羅宗補會搖晃，於是英叭做了污垢神柱，神柱插入羅宗補，柱尾露水面，柱頭扎進水裡，原以爲地球不晃也不沉，沒想到海水深無底，神柱懸水中，英叭一上去，神柱就要倒。過了十萬年，英叭身上的污垢又長了十萬層，他搓下污垢層捏成四根柱像一個架子，挾住地球使它不搖擺。英叭有神力，污垢架落到水面變成大神象“掌月朗宛”，神象用它四隻粗大的腳緊緊夾住地球，將大地鎮在它的腹部下，然後，英叭從手中拔出污垢神柱插在象背上，神柱隔開了天和地，上方的天空像樹蓬，下方的大地像宗補果。過了十萬年，英叭又用污垢捏了四塊西拉神石，定東西南北方向，捏了四種動物代表四大洲。

英叭造天造地後老了，手指上的神指甲掉落，他將神指甲安在神象四腳底，指甲變大延伸將神象四蹄銜接，把天地分開成爲天地邊緣，指甲是地平線。可是地球羅宗補像團乾泥巴，英叭說要有水，於是他的額頭鼻尖全冒出汗來，汗水變成江河湖海，流向大洋，英叭劃分五大洋，每個海洋有名字。最後英叭將羅宗補地球上的高空劃分十六層，他自己住頂層阿嘎尼塔捧。《巴塔麻嘎》中傣族的開天闢地工作到此告一段落，英叭神仍以煙霧爲食，飲蒸氣當水，天地形成後只有江河湖海，不見一物，傣族的創世初始是相當單純的。

　　傣族史詩的開天闢地神話顯示了極科學文明的宇宙觀，或許是後來改增也未可知。其他西南民族的宇宙起源著墨的是：連合的天地如何被分開，而傣族史詩中首先想到的是用污垢捏揉一個地球羅宗補。西南民族的天地開闢不是英雄身軀化生，就是動物尸解變成，而傣族的天地是英叭的污垢所做成的，「污垢有黏性，軟似黑蜂蠟。揉時又攙水，攙水又拌藥。污垢黏又軟，很易捏成團。」用污垢捏成羅宗補的神話傳說應是在新石器時代陶器製作以後才有，由此也可以了解陶器在傣族歷史上是有相當重要性的，勐海的傣族和景洪曼斗寨傣族至今仍保留了原始的製陶術，後者更是少數民族原始製陶工藝專題調查的典型村寨❶。傣族神話表現的是初民一貫的類比思維方式，腳上所踩大地是土，而人身上會有污垢，這或許造成地球是英叭神身上污垢捏成的觀念。更重要的一點，污垢會長，就是在下節所說的 "息壤" 增殖。英叭將污垢果捏成圓形的麻宗補果子，叫它羅宗補，意思就是像宗補果形狀的世界，即地球。污垢捏成的地球是圓形而非方形平面，這是頗值得探討的問題。傣族初民的思維是否真的合乎科學？史詩第四章《綠蛇與人的傳說》中也有如《舊約·創世紀》的蛇引誘人吃禁果情節，讓人懷疑作品中有些是基督徒傳入傣族地區以後所增添改竄的，這些問題留待後文再討論。

---

❶　徐康寧：〈勐海傣族的製陶術〉、〈景洪曼斗寨傣族的製陶術〉，收入《西雙版納傣族社會綜合調查》㈠，雲南民族出版社，1983。

　　史詩中英叭用污垢捏了鎮定天地的西拉神象名叫“掌月朗宛”，“掌”是大象，“月朗宛”是光芒之意，連起來就是神聖而光芒四射的大象。傣族的傳說中它是大神象，周身有光芒，神力無比。其他西南民族以動物尸解化生宇宙萬物來顯現他們的動物崇拜心理，而傣族也塑造了鎮定天地的神象。傣族先民極爲崇拜象，現在的一些傣族地區仍然保持著某種祭象、頌象的風俗。傣族地區的村寨、山川、田野，大都與象有直接關係，如勐海城郊有一座山，據說是古代傣族首領飼養白象的地方，故名“廣掌泊”，即“白象山”；瀾滄江邊的景洪壩原有一水塘，據說是象群洗澡的地方，故名“象澡塘”；德宏的小鎮“姐悶掌”譯成漢語說是“萬象城”，據說古時確有萬頭大象；其他諸如養象村、象歇田、象腳地、象眼井、象尿河、野象箐、象鼻山等地名都和象有關。象是西雙版納傣族聚集區習見的動物，史詩中有神象的描寫是十分合理的。而傣族的傳說故事《神象的女兒》寫一個孤女喝象腳印中的積水而感生致孕，長詩《三牙象》則寫一對貧窮的老夫妻，妻子夢見三牙大象托來並蒂蓮，感生懷孕後生下國王兒子。傣族英雄史詩《召香勐》中公主婻西里總布在魔窟裡夢見白象來救自己，她將英雄香勐比作夢幻中的白象，而在長詩《召波拉》中夢見白象也是“有貴子到我家”的象徵。傣族崇拜象顯然也受佛經影響，因爲佛經中常出現吉祥聖潔的象，如佛祖的母親夢見白象而孕生釋迦牟尼[20]，又有《白香象養盲父母》、《六

---

[20]　見《修行本起經》：於是能仁菩薩，化乘白象，來就母胎。用四月八日，
＊續次頁＊

牙白象》、《象護》等故事，而《太子須大挐》中象是御國法寶。而
傣族地區的象戰古已有之，在英雄史詩《象戰》一節中會再詳細
介紹。

《巴塔麻嘎》中有四大洲觀念。英叭神用污垢捏了西拉神石，安
東西南北方向。洪水後桑嘎西也用身上的污垢來補天，而天神送
的四顆神寶石就分四個方向四洲顏色。在後文討論增殖膨脹的"
息壤"和有生殖力量信仰的石頭之前，英叭神用污垢捏成西拉神
石實際上就明白地透露石頭由污垢而來的訊息，女媧補天的五色
石和英叭甚至桑嘎西的污垢同樣都有生長增殖的效果。英叭將地
球分成"戲梯立"（四大洲"，然後他用污垢捏了雄獅、雌獅、
大象、黃牛，讓他們分別看守南門、西門、北門、東門。其他的
傣族神話中也提到世界是由四大洲組成的。在一分經書上說，荷

夫人沐浴，塗香著著新衣畢，小如安身，夢見空中有乘白象，光明悉照天下，
彈琴鼓樂，絃歌知聲，散花燒香，來詣我上。忽然不見，夫人驚寤。……
便召相師隨若耶，占其所夢。相師言：此夢者，是主福慶，聖神降胎，故
有是夢。

又見《方廣大莊嚴經》：觀察天下白月圓淨，而弗沙星正與月合。菩薩是
時從兜率天宮沒，入於母胎，爲白象形，六牙具足，其牙金色，首有紅光，
形相諸根悉皆圓滿。正念了知，於母胎右脅降神而入。聖母是時安穩睡眠，
即於夢中見如斯事。

又見《太子瑞應本起經》：菩薩初下，化乘白象，冠日之精，因母晝寢，
而示夢焉，從右脅入。夫人夢寤，自知身重。王即召問太卜，占其所夢。
卦曰：道德所歸，世蒙其福，必懷聖子，菩薩在胎。

又見《佛本行集經》：菩薩正念，從兜率下，託淨飯王第一大妃摩耶夫人
右脅住已。是時大妃，於睡眠中，夢見有一六牙白象，其頭朱色，七支拄
地，以金裝牙，乘空而下，入於右脅。……爾時占夢婆羅門師，白大王言：
夫人所夢，其相甚善，大王今者當自慶幸夫人所產，必生聖子。

花做成了天地，天神混散撒下荷花種子，荷花一朵一朵地開，混散就將開遍荷花的地方分成四大洲。在傣族史詩《變札戛帕》（譯爲古老的荷花）中說，天神混散戰勝了洪水，做了朵大荷花，四瓣荷花變成四大洲，荷花鬚變成兩千個小島❷。

荷花做成天地的觀念應是十分原始的，印度文化中蓮（荷）種子和天地男女兩性象徵有關。雜寶藏經卷一《蓮花夫人緣》寫夫人足跡中生蓮花，「步步生金蓮」，印度的許多感生仙聖直接生自蓮蕊，蓮花常是女陰或女性象徵。❷而中國民俗學上，蓮是性隱語的一部分，如“魚鑽蓮”、“貓兒臥蓮”、“鷺鷥繞蓮”、“蝴蝶撲蓮瓶”、“蝶採蓮”、“娃坐蓮”等，都是男女兩性的象徵❷。

既有四大洲又有兩千個小島，當然也需要出現海洋，於是英叭神將大海分成五大洋，爲了辨認白茫茫無邊無際的五大洋，他各取了名：阿幾臘瓦里、貢嘎大海、榮麻納沙管、巴麻納沙布、沙臘普。雲南是內陸，而史詩出現無邊無際的五大洋，許多敘事詩中也常有商船出海做生意的情節，令人懷疑是受了佛經影響，佛經中常有入海求寶或船隊經商的故事。

天地開闢以後很長久的時間都沒有江河湖池，草不長木不生，地球羅宗補像乾泥巴一片光禿禿，「英叭說要有水，他的額頭和鼻尖就一齊冒出汗來。」接著英叭禱告「讓我這神汗，洒到羅宗補

❷ 《雲南少數民族文學資料》第三輯，中國社科院雲南少數民族文學研究所等，1981，頁123-124。

❷ 蕭兵：《中國文化的精英—太陽英雄神話比較研究》，上海文藝出版社，1989，頁349。

❷ 宋兆麟：《生育神與性巫術研究》，文物出版社，1990，頁109。

變成湖和海。」說完馬上有了湖海，才形成前面所提的五大洋。英叭說要有水，馬上就流汗變成湖海，讓人想起《舊約·創世紀》：上帝說道「要有光啊」於是出現了光。這種雷同難道只是巧合？

德宏有另一種開天闢地神話，傣族人創造了許多開天闢地的天神。有一個神話說，遠古的時後，沒有天，也沒有地，有兩個天神，一個叫混散，一個叫拉果里，兩人商量做天地，混散做天，拉果里做地，約定七天同時做好。混散做得慢了些，拉果里做得很快。七天到了，拉果里將地做得比天大一截，天地合不攏，兩個天神將地扯皺，扯皺的地方就變成山❷❹。居住在德宏的阿昌族，瀾滄江邊的拉祜族，和傣族雜錯居住，也有相同的造天造地神話。阿昌族史詩《遮帕麻與遮米麻》中，遮帕麻造天，遮米麻織地，遮帕麻造天時，睡了一覺，把天造小了，天不能罩住地。遮米麻抽去三根地筋，"轟隆"一聲，平展的大地捲縮了，凸起來的地方成了高山，凹下去的地方成了山谷，平展的地方成了壩子❷❺。拉祜族史詩《牡帕密帕》中厄莎天神叫扎羅造天，娜羅造地，他們造了七天七夜，天地就造成了。扎羅貪玩，把天造小了，娜羅勤快，把地造得很大，天小地大合不攏。厄莎天神用藤子做地筋，才把地收攏，從此大地上出現了高山、深箐、大河和洼地❷❻。這應該也像壯族《布碌陀》說天的樣子像把傘，蓋不住大地，布碌陀用手指把地皮抓起來，做成許多山坡。這樣，地面就縮小，天

---

❷❹　同❷❶。

❷❺　《遮帕麻與遮米麻》，藍克、楊智輝整理，雲南人民出版社，1983。

❷❻　《牡帕密帕》，劉輝豪整理，雲南人民出版社，1979。

蓋得住地了❷。

談過了開天闢地，再回頭看看天神英叭。英叭的父親是大風，母親是氣浪，他也是氣浪神。英叭以煙霧為食，飲蒸氣當水，沒有翅膀也會飛，成天來去無蹤，他的智慧驚人，生命不會終結。「以煙霧為食，飲蒸氣當水」其實就是吸煙飲氣，就是不飲不食，不飲不食所以不死不朽。《莊子·應帝王》中的一段不也如此？儵忽見中央帝渾沌沒有七竅不能看不能聽不能飲食不能呼吸，好心好意為其鑿七竅，渾沌因此喪命。《逍遙遊》也寫著：

> 藐姑射之山，有神人居焉。肌膚若冰雪，綽約若處子，不食五穀，吸風飲露。乘雲氣，御飛龍，而遊乎四海之外。

《舊約·創世紀》的伊甸園中除了生長禁果的知識之樹外，還有永恆之樹，本來亞當和夏娃獲准吃永恆之果，可是他們犯了瀆神罪而吃下禁果，上帝取消最初打算賜予他們像神一般的不朽的權利，誓言懲罰他們：「從偷吃禁果之日起，你們都終將有一死。」並將他們逐出伊甸園。似乎有了世俗慾望，就被注定和神界分離，落入塵土。《山海經·海外北經》：「鍾山之神，名曰燭陰，視為晝，暝為夜，吹為冬，呼為夏，不飲，不食，不息，息為風。」神和人不同，神是不飲不食的。《呂氏春秋·求人篇》寫大禹為平治洪水，遊歷了九州土地，見到許多奇人奇事，「羽人、裸

---

❷　《中國少數民族神話選》，谷德明編，西北民族學院研究所，1983，頁85。

民之處，不死之鄉，西至三危之國，巫山之下，飲露吸氣之民。」袁珂先生以爲飲露吸氣之民是南方的不死民之類，他們不食五穀，只喝露水、吸空氣爲生❷。不少不死民是只喝露水、吸空氣的，神的不朽當然也要不食不飲，所以英叭神以煙霧爲食而飲蒸氣維持了不死不朽。反觀後來他創造的衆神卻吃土爲生，吃土後神力立即消失，永遠回不了天上，而英叭的譴責方式是，使衆神亡滅。飲食與否是人神分野的關鍵。

桑嘎西、桑嘎賽也是神。史詩中桑嘎賽女神是萬物的母親，她生下來就有福氣，從來不吃飯，整日餐風飲氣，壽命恆長不老。而桑嘎西男神體大胸寬，有一雙神耳，聽覺達十萬約（一約相當於人的視線所及之處。 "約" 相當於漢語的 "里" 或 "公里" 。）他兩眼像太陽，望穿萬座山，他邁腳走路，頭部頂著天，滿身有福氣，靠喝風飲霧，億年也飽肚。不但天神是餐風飲露而不朽，連祂創造的大小神祇也是，所以史詩中說：「天上沒有墳場，神仙不會有死亡，只有壽命到期了，換地方投胎再生。」後面所談犯錯被懲罰窒息的捧麻遠冉的屍體才如此驚嚇震駭衆神祇，因爲衆神們未曾見過死亡的屍體。

神祇超越了時間的限制，於是能夠不老甚至不朽不死。而且天上的時間和人間是不同的，所謂「天上一天，人間一年」。傣族史詩中的英叭每一思考通常就過了十萬年的時間，在他壽命過了四萬兩千嘎後（按：一嘎，傣文中相當幾億年），他累了，就睡上整整十萬年。造好天地後，又過了十萬年，他造了捧麻甲神，再

---

❷　袁珂：《古神話選釋》，台北長安出版社，1986。

睡上十萬年。書中做任何事都以十萬年爲時間單位。幾億年或十萬年並不在強調時間的久長，似乎暗示著時間不經意間就過了，或者說明根本無所謂時間觀念。

小川環樹在《中國小說史之研究》中列舉了中國仙鄉故事的八個特點，其中一個就是時間。王孝廉先生也說，在仙鄉的故事中，時間是一個很重要的因素，仙鄉的時間經過有如呂伯大夢（Rip Van Winkle）式的，即仙鄉中的數日通常是人世間的幾百年。仙鄉時間經過速度的不同，是源於仙人與不死的古代神話信仰而產生的，凡人必須在時間裡衰老和死亡；因爲仙人能夠擺脫凡人世界的時間控制，所以避免了衰老和死亡的威脅㉙。

魏晉筆記小說的仙鄉故事，存在的條件也就是它具有凡人所不能超越的生死問題，能夠擺脫時間的控制。

> 信安郡石室山，晉時王質伐木至，見童子數人，棋而歌，質因聽之。童子以一物與質，如棗核，質含之，不覺饑。俄頃，童子曰：「何不去？」質起視，斧柯盡爛。既歸，無復時人。《述異記》

仙鄉的"俄頃"在人間則是"斧柯盡爛""無復時人"了。而《幽明錄》寫劉晨、阮肇入天台半年，回到人間後早就「親舊零落，邑屋改易，無復相識。」仙鄉正是所謂的"山中無甲子"，和神話中神祇的不老不死一樣的情形，都可以逃脫時間這一面巨網。

㉙　王孝廉：《中國的神話世界》（下），台北時報出版公司，1987，頁554。

　　從傣族史詩中，除了了解神的不飲不食、餐風飲露和無時間控制外，值得注意的是，神祇也沒有空間的局限。

　　《莊子·逍遙遊》的情形正是沒有空間局限的最佳詮釋，破除了一切束縛，而使精神臻於優游自在、無掛無礙的境地，說明了一個無窮無盡的世界。

> 北冥有魚，其名爲鯤。鯤之大，不知其幾千里也。化而爲鳥，其名爲鵬。鵬之背，不知其幾千里也；怒而飛，其翼若垂天之雲。

　　形體的極端巨大到不受空間的限制，那是神的專利。盤古也是形體巨大的創世神，「神於天，聖於地。天日高一丈，地日厚一丈，盤古日長一丈。如此萬八千歲，天數極高，地數極深，盤古極長。」《山海經·海外北經》中的鍾山之神燭陰則身長千里。神人除了形體巨大不受空間限制外，他們的行動也不受空間限制，像《莊子》中的大鵬鳥可以“絕雲氣，負青天”從北冥飛到南冥，而姑射山的神人可以「乘雲氣，御飛龍，而游乎四海之外。」

　　王松先生以爲百越族群的幾個創世神都是偉大而充滿智慧的巨人。壯族的布伯，生得比衆人高大。布依族的布杰「腳大可當撐天柱，天上地下任他行，巴掌像棵大榕樹，手粗能把天地分。」而力戛「長得濃眉大眼，腰粗臂圓，身長九尺九寸九分，力氣很大，九十九條犀牛都比不上他。」還有一個叫翁杰「長得像座山」。侗族的創世女神薩天巴，天和地是由她生下來的，她有四隻手，一次能掰開萬丈長，她有四隻腳，兩眼能安上千顆珠。水族的伢俁也是一個女神，她「猛一掰，天地分開。手一擎，舉天向上，腳一踢，去七萬丈。」黎族也有個將天頂高的大力神，他「從天上取下彩虹當作扁擔，拿地上的道路當作繩索，從海邊挑來沙土造山壘嶺❸。」

傣族天神英叭巨大的形體更超過其他族的巨人，他的體重有一千億斤❸，身高十萬約；兩隻神眼像兩個太陽，能望穿十億約，神耳也能聽十億約之內的聲音，鬍鬚長五千約，頭髮長七千約，手臂長三萬九千約，他的每一個指頭都很大，單是小姆指就像一座山，他的兩腿長達四萬約。而史詩中的桑嘎西神也是體大胸寬，神耳能聽十萬約，兩眼像太陽望穿萬座山，嘴裡的大犬牙一根長達一百約，比樹幹還大，鬍鬚長五千約，一根重萬斤，手臂長又粗，長三萬九千約，指甲寬七千約，手指比山還大，只是小腿部就長四萬約，桑嘎西邁腳走路，頭部頂著天。《莊子·逍遙遊》中的大鵬和姑射山神人都可以超越形體的限制，傣族的創世神也是，英叭駕神車可以上天入地，無處不能去，毫沒有空間的問題，而桑嘎西也可以飛上飛下，上天入海。

何以史詩中的創世神祇都是形體巨大，能夠上天入地，不受空間束縛；又能不受時間控制，不老不死。或者是緣於開天闢地的工作太神聖艱鉅，而且耗時過久，不有超凡能力不克完成，所以創世神被膨脹誇大，成了無所不能、不老不死的巨人英雄。

---

❸　王松：《傣族創世神話與百越族群》，《山茶》1986年四期。
❸　《論傣族詩歌》中寫一千億斤，而《巴塔麻嘎捧尚羅》中記的是一億斤。此二書皆岩溫扁先生所譯，不知是其誤譯，或是史詩中曾改刪。

三、洪水後補天地

　　洪水氾濫的傳說有天譴論也有災變說，是宇宙秩序破壞後的重建，洪水後補天地是開闢天地工作的延伸。

　　《巴塔麻嘎捧尙羅》寫洪水後羅宗補地球毀損得很厲害，英叭神派配偶神桑嘎西和桑嘎賽帶著仙葫蘆下來做補天地的工作。二神仿英叭神以污垢捏羅宗補方式來補天地，先做污垢盤，加上倖存土，讓它們黏攏在一起，而且將手掌上的碎泥垢拋撒成海面上的小山和小島。然後，桑嘎西拔下六顆牙，分別埋在天地邊作定天柱。桑嘎西夫婦有天神送的神寶石，他們按照神的旨意，用四顆寶石代表天地的四方，區分四洲的顏色，綠光是東方，純黃是南面，紅光是西面，白光是北面，一切按照英叭神先前分羅宗補爲四大洲的情形，方位不更改。桑嘎西夫婦達成補天地的任務。

　　《淮南子》等書有女媧補天的情事和傣族可資比較，然而傣族的污垢和所謂的“息壤”似乎關係更密切一些。

　　《山海經·海內經》：「洪水滔天，鯀竊帝之息壤以堙洪水，不待帝命。」郭注云：「息壤者言土自長息無限，故可以塞洪水也。」引《開筮》曰：「滔滔洪水，無所止極，伯鯀乃以息石息壤，以填洪水。」蕭兵先生以爲「“息壤”本指某種能夠自我增殖和膨脹的神土，這是有地質學、土壤學的“膨脹土”爲“原型”依據、現實基礎(參見顧頡剛先生的專題研究），又有豐富的文獻和傳說的支持，還有美洲等地的類“息壤”神話爲參照，是很難否認和曲解的。」他並舉了一些例子。印地安人易洛魁（Iroquoi）族傳說，洪水滔天之時，天上忽然跌下來一個女子，兩隻水鳥用雙

翼托住她，把她放在一隻大海龜背上。她派出一些動物去尋找陸
地和食物，只有一隻蟾蜍衝來一點海泥，想不到這一點點海泥竟
如息壤般迅速生長，變成今天人類所居住的大地；所以大地至今
還馱在龜背上。而Algonquian族洪水故事則說，"破壞者"
Wisagatjak領著飄在水中的木筏上的群獸或人群，歌舞念咒，使
得鋪在筏上的苔土"自我生長"成今天的大地。另一個北美印地
安人神話說，阿爾袞琴族主神、神兔米恰勃（Michabo）、風神，
圖畫文字的發明者兼保存者，他從海底抓起一粒沙來，用它造成
一個島，把島投入原始時代的水中。這島很快地延伸，變得很大
很大。蕭兵先生「頗疑此類神譚怪事最初都由"龜背神土化為大
地"的"洪水—大地再造"神話裡衍出，中國、埃及、印度和美
洲同型神話可能有血緣關係而分趨異路，所以各具特色❸。」這
的確是十分精闢的意見。

《巴塔麻嘎捧尚羅》中桑嘎西把捏污垢地盤後黏在手掌上的
碎污垢一拋撒，碎污垢也變成小山和小島，如北美印第安人神話
一樣，用一粒沙可以造成一個島。而桑嘎西造的污垢地盤也會變
大，他禱告七遍以後，污垢大地盤就晃動起來，向四面八方慢慢
突兀擴張，變得億萬倍大形成羅宗補地球。傣族的"洪水—大地
再造"也是神土自我膨脹和增殖的例子。

傣族史詩的洪水氾濫之後也有類似易洛魁族龜背的神話，只
不過傣族將龜背換成神魚而已。在大海洋裡有條叫巴阿嫩的神魚，它
是水界神種，體力似萬山疊疊，時常把海水攪混。這條大神魚久

---

❸　蕭兵：《中國文化的精英》，上海文藝出版社，1989，頁770–774。

睡在海底，它的威力很大，稍一睜眼，地盤就搖晃，海水就翻騰。幸虧有金雞終日看守著，不讓魚亂動，魚稍睜眼皮，金雞就用嘴啄它。神王規定神魚要長眠，一百年才准許它睜眼，所以一百年眨眼一次大地就搖晃，地震就發生。

　　《列子·湯問》有巨鰲背負神山的神話❸❸，《楚辭·天問》也寫：「鰲載山抃，何以安之？」「鴟龜曳銜，鯀何聽之？」大地本來是載在大龜身上的，後來則由曾化身為龜鰲的鯀或禹彊親自來托載，蕭兵先生推斷很可能也是由龜背神土生長起來的。但這由鴟龜來曳銜的大地不很穩固，大龜一動就發生地震，要由站在龜背上的鴟鴉啄醒困倦的大龜，以恢復其穩定。傣族神話講神魚的體力似萬山疊疊，它一睜眼地盤就搖晃，明顯地它也擔負背載大地的任務，金雞的作用和鴟鴉一樣，負責痛啄亂動的神魚。

　　布朗族的《顧米亞》也有這樣的神話，顧米亞抓一條大鱉魚把地托住。鱉魚不願做這件事，隨時都想逃跑。只要它稍微一動，整個大地就會震蕩起來。為了防備鱉魚逃跑，顧米亞派了一隻金雞去看守，它一動，就啄它的眼睛。有時候，金雞太疲倦了，一閉眼睛，鱉魚就動起來，發生地震❸❹。這都是鱉載大地的典型。

　　龜背神土也見於《拾遺記》：「禹盡力溝洫，導川夷岳，黃龍曳尾於前，玄龜負青泥於後。玄龜，河精之使者也。龜頷下有

---

❸❸　《列子·湯問》：「五山（岱輿、員嶠、方壺、瀛洲、蓬萊）之根無所連著，常隨潮波上下往還，不得暫峙焉。仙聖毒之，訴知於帝。帝恐流於西極，失群聖所居，乃命禺彊使巨鰲十五，舉首而戴之，迭為三番，六萬歲一交焉，五山始峙。」

❸❹　《中國少數民族神話選》，谷德明編，西北民族學院研究所，1983，頁551。

印，文皆古篆，字作九州山川之字。禹所穿鑿之處，皆以青泥封記其所，使玄龜印其上。今人聚土爲界，此其遺像。」袁珂先生《中國神話傳説辭典》就肯定「青泥即是息壤」，而蕭兵先生由此懷疑鯀禹（或其圖騰部屬）可能親自化爲魚鱉之類，背負"神土"來重建被洪水淹没的土地山川，這和美洲龜背息壤神話本質相通。

"息壤"是可以自我增殖和膨脹的神土，應是無庸置疑的。《巴塔麻嘎》中英叭神開天闢地時捏污垢果後，他祈禱污垢果變大，水面上的污垢果真的像有了心臟生命，慢慢向四周延伸，緩緩向上下擴展，膨脹了一千億倍，增重了一萬億倍。傣族先民認爲大地是污垢增殖膨脹的，污垢不就是息壤、青泥、神土嗎？英叭搓成的污垢定天柱也是可以變大變粗的。當然，英叭神身上的污垢也是會長的，經過了十萬年又長出了十萬層，他不停地用污垢搓成羅宗補地球、神車、污垢神柱、西拉神石、月朗宛神象、衆神，污垢不斷地自我增殖，英叭也繼續創世工作。蕭兵先生説"神土"不但能控制水旱，而且能調節晴雨，具有很大的神秘性和巫術性。

納西族史詩《創世紀》也提到補天的情形，恩余恩曼神雞生下最後一個蛋變成巨大的野牛，牠把天頂垮、把地踏破，人們只好再次造天造地。人們用好土、好石、金銀、寶石、珍珠、海螺、珊瑚，建成了居那若倮神山，用它撐住天、鎖住地㉟。建成神山的材料和所謂的"息壤"差不多。

阿爾泰地區流傳的神話也有類似增殖息壤的情節：

㉟　《創世紀》，雲南麗江調查隊搜集翻譯整理，雲南人民出版社， 1978，頁11。

——最初，世界上只有水。神和最早的人（或者是惡魔）以二隻黑雁的形體盤旋在最初的大洋上空，命令人從海底拿些土來。人拿來土以後，神把它撒在水上並命令說：「世界啊，你要有形狀。」說罷又讓人再一次送些土來。可是，人為了把土藏掉一些來創造他自身的世界，只把一隻手中的土交給了神而把另一隻手中的土吞進了自己口中。神把拿到手中的那部分土撒在水面上之後，土開始漸漸變硬變大。隨著宇宙的成長，人嘴裡的土塊也越來越大，簡直大到足以使其窒息的程度。這時人才不得不向神求救。被神盤問的結果，人才坦白了自己所做的惡事，吐出了口中的土塊，於是地上便出現了沼澤地。**❸❻**

一般熟知的女媧補天和桑嘎西、桑嘎賽補天一樣，都是在天地開闢以後，天地因為某種原因遭到破壞後才產生的續篇。《淮南子·覽冥訓》記載了女媧補天的情節：

往古之時，四極廢，九州裂；天不兼覆，地不周載；火爁焱而不滅，水浩洋而不息；猛獸食顓民，鷙鳥攫老弱。于是女媧煉五色石以補蒼天，斷鰲足以立四極，殺黑龍以濟冀州，積蘆灰以止淫水。

---

❸❻ 日．大林太良：《神話學入門》，林相泰譯，中國民間文藝出版社，1988，頁51-52。

　　有學者認爲女媧以五色石補天的神話思想源於靈石信仰，並
且提及洞庭湖畔有補天石化君山的神話傳說。當共工將擎天柱撞
倒後，天上出了個大洞，天河水不斷往下流，女媧便到昆侖山揀
來五彩石，熬了九九八十一天熔成石漿。女媧將石漿盛在土缽裡，把
缽架在龍角上，她騎在龍背飛到天上，用石漿把大洞糊住**❸❼**。五
色石（五彩石）可以補天或許是先民對流星的觀念，流星化爲隕
石，導致天由土石構成的聯想，破損以後當然可以五色石來補。
藏族《女媧娘娘補天》的神話描述得比漢族的更詳細曲折，火神
和水神打架，碰得布州山倒了，於是天漏起水來，女媧用泥巴、
木頭補天都沒用。後來，大蝦魚自願咬斷自己的四隻腳給女媧補
天。接著，女媧又去山上海底找來五彩石煉了補天。將天補好以
後，把剩下的五彩石用來填地，填到南邊時，五彩石沒有了，所
以現在的地形北邊高南邊低，水往南邊流。天地補好了，女媧也
死了**❸❽**。　在藏族的女媧補天中似乎更強調女媧英雄式的犧牲精
神。桑嘎西也有天神送的四顆神寶石，只不過並非用來補天地，
而是按神的旨意，用四顆神寶石代表天地四方，區分四洲的顏色。傣
族的四顆神寶石雖不是補天地，然而和女媧補天地用的五色石
（五彩石）在靈石信仰的範疇上應是一樣的。

　　隕石在許多民族的信仰裡是被當作崇拜的對象，回教聖地麥
加神殿中所供祀的黑色石頭也是一塊空中墜下的隕石，這塊隕石

---

❸❼　陶陽、鍾秀：《中國創世神話》，上海人民出版社，1989，頁176。

❸❽　《雲南民族文學資料》第13集，雲南大學中文系少數民族語言文學教研室
　　　編，頁7。

被所有的回教徒視爲至高神的表象。女媧補天的五彩石和桑嘎西的神寶石當然也可以是古人眼中的流星（隕石）所致。王孝廉先生以具母神性格的女媧、治水的大禹、夏王啓都有生自石中的神話傳說，認爲這是因爲石頭具有神秘生殖力量的信仰，然後以特別的石頭（流星、隕石）做爲特別人類（古帝王）的感生因素，所以「卵生神話的起源和古代巨石信仰有密切關係，許多神話學家解釋『天命玄鳥，降而生商』的神話時偏重於玄鳥與生殖的關係，但是這個神話中的更重要的應該是卵與生殖的關係吧？除了石頭與卵都有神秘的生殖力量的古代信仰以外，會不會和石頭與卵的形狀相同多少也有些連帶的關係呢❸❾？」的確，女媧除了補天之外，還有化石以及石中生子的神話傳說❹⓿。不管補天和生子孰先孰後，該注意的是，以五色石補天和石中生子並存。而女媧在越南的特點是陰戶巨大，代表生育繁殖❹①。

另外，石頭也是有生命、靈魂的，似乎也和"息壤"一樣會成長。王孝廉先生舉例說：「南洋一帶的原始民族相信人死了以

---

❸❾　王孝廉：《中國的神話與傳說·石頭的古代信仰與神話傳說》，台北聯經出版公司，1977，頁54-56。

❹⓿　《楚辭·天問》：禹之力獻功，降省下土四方，焉得彝山女而通之於台桑。
《皋陶謨》：禹娶于塗山，辛壬癸甲，啓呱呱而泣，子弗子。
《繹史引隋巢子》：禹治洪水，通軒轅山，化爲熊，塗山氏見之，慚而去，至崇高山下，化爲石，禹曰歸我子，石破北方而生啓。
《呂氏春秋·音初篇》、《吳越春秋·越王吳余外傳》也記了禹和塗山女之事，塗山（彝山）女又作女嬌、女憍或女趫，都是女媧，《世本》也說：「塗山氏號女媧」。

❹①　蘇·李福清：《在越南採錄的女媧新材料》，《民間文學論壇》1988年第三期。

後，靈魂升天，身體則化爲石頭，他們相信石頭也如人類一樣是有生命的東西，石頭也是隨著時間而成長，長到某限度的石頭就能夠生出小石頭來，正如同人類的生殖現象。中南美一帶的土人們相信石頭是人類生命的最後歸宿，大石頭是世上偉大的人所化的，小石頭則是小孩子死亡以後所化。他們相信石頭是具有靈魂的東西，人的靈魂也是來自石頭。日本宮城縣有『成長石』的傳說，也是相信石頭如同人類一樣地隨著時間而成長㊷。」石頭既有生命可以成長，它被選來當補天材料的理由就更充分了。

傣族史詩中天神送給桑嘎西的四顆神寶石四種顏色，「一顆是“教宗補”（宗補洲寶石之意），閃耀綠光芒。一顆是“教惟吨南磞”（純黃蜂蜜寶石之意），終日黃光閃。一顆是“教亥嘎”（烏鴉蛋寶石之意），光色白如銀。一顆是“教光降”（石榴寶石之意），噴射紅光芒。」史詩中說天地之初並沒有顏色，只有朦朧照大地，從有了四顆神寶石以後，四洲顏色不一，紅黃綠白光才永恆照耀大地。桑嘎西補天時分天下四洲用四顆顏色不同的寶石，而女媧補天也要用五色石，爲什麼這些石頭全有顏色？根據《路史》記載，宋代以前的人曾經把女媧補天的五色石認爲是“赮”。王孝廉先生說「赮也就是霞，是日出和日落的時候的彩雲。」然而他卻認爲「補天神話中的五色石應該是象徵天上的彩虹，當雨過天晴的時後，天空中出現了五彩繽紛的絢麗彩虹，於是樸素的古代人用神話去解釋彩虹的起源，認爲這就是原古時代女神女媧用來補天的五色石㊸。」將五色石解釋爲彩虹應是十

㊷㊸ 同㊴。

分合理的，然而將它認定爲霞或彩雲卻更見創意，因爲西南少數民族的神話傳說就有用雲補天的情節。

　　白族《天地的起源》神話中說，天地毀滅了，盤古變成天，盤生變成地。天不滿西南，用雲來補；地不滿東北，用水來補。天小地大不相合，把地縮小才相合，地上的皺紋變成了山脈；天地不穩，用四座大山做頂天柱，四個鰲魚做支地柱，穩住了天地❹❹。補天用雲來補是相當特殊的，這和先民抬頭就見到天上雲彩的類比聯想有關。彝族也是用雲來補天的，史詩《阿細的先基》敘述洪水後補天地，黑雲做補天的布，黃雲絲做補天的線，長尾巴星星做補天的針；而黃草做補地的布，地瓜藤做補地的線，尖刀草做補地的針❹❺。另一史詩《梅葛》補天時用松毛做針，蜘蛛網做線，而雲彩做補釘；補地時用老虎草做針，酸絞藤做線，地瓜葉做補釘❹❻。補天用的是雲，補地則用水或黃草、地瓜葉等，雲彩在天上，所以能夠補天；而雲彩變化萬千的顏色形狀和有生殖力量信仰的石頭結合後，產生了五色石或神寶石似乎是可以理解的。

　　傣族史詩洪水後補天的神污垢和息壤有淵源關係，而區分天下四洲的四顆神寶石和女媧補天的五色石也有相似之點。對傣族史詩的了解，從而更深入探討漢族的女媧形象。

---

❹❹　《雲南少數民族文學資料》第1←輯，中國社科院雲南少數民族民族文學研究所等編印，1980，頁228。

❹❺　《阿細的先基》，雲南省民族民間文學紅河調查隊搜集整理，收入《中國民間長詩選》第2集，上海文藝出版社，1980，頁30-31。

❹❻　《梅葛》，雲南楚雄調查隊搜集翻譯整理，雲南人民出版社，1978，頁8。

第二章 人類形成

　　傣族史詩《巴塔麻嘎捧尚羅》中綠蛇誘惑二位貢曼神偷吃禁果，繁衍後代，在後面章節中會再討論到，實際上似乎說明一點，人的降生並非神意。在非神意生下的人類將神果園的純潔神聖破壞後，天神發怒了，決定將髒污的神果園和人類燒乾淨，七個太陽神肆意焚毀地球，天神爲了挽救瀕臨毀滅的地球，引起洪水氾濫，洪水後桑嘎西神以有黏性似黃泥的人類果捏了召諾阿、薩麗捧兄妹，兄妹成婚後繁衍後代，不意後來的豎眼人做了父女婚配的邪惡事，觸怒天神，天神發動洪水，洪水孑遺的葫蘆人兄妹婚配，人類才得以延續。

一、綠蛇和人的傳說

　　關於人的來源有幾個傳說，一個神話說世間本來沒有人，天神用手捏泥巴，捏了一個男人和一個女人，捏好後都不會說話，天神就各對他們吹一口氣，男人和女人就會說話、活動了，後來他們婚配傳下人類。另一個神話說，天神混散花了一萬年時間做出三十三個寶石蛋，從這些蛋裡孵出八個神來，全身閃著亮光。後來混散派這八個神到地上來，他們吃了地上的果子，身體就不閃亮了，皮膚顏色也和我們一樣，後來他們生育子女，就這樣繁衍了人類。第三個神話是我們習見的葫蘆生人，天神見地上沒有人類，就放下一隻母水牛和一隻鷯子來。這水牛和鷯子在天上活了十幾萬年，到地上以後，水牛只活了三年，生下三個蛋就死了。鷂子就拿這三個蛋來孵，其中有個蛋孵出一個葫蘆，從葫蘆裡走出一對對人來。後來他們生了孩子，但這些孩子都是無手無足無脖子，全身圓團，只有一張嘴巴。他們就抱著孩子去見天神混散，混散用仙水一洗，孩子才長出手腳脖子❶。

　　第一個神話是史詩中桑嘎西以泥巴捏人方式，而後兩個神話和史詩差距極大，是卵生神話典型，其中的天神是混散，應是流傳德宏地區的傣族神話，和本文討論的傣族異質史詩大異其趣。這其中是否透露一些疑點，流傳西雙版納的史詩中那些如《舊約·創世紀》的伊甸園部分，是否後來所改，而德宏的卵生神話和桑嘎西以泥巴捏人神話是原有的？

　　《舊約·創世紀》伊甸園中的蛇，引誘亞當夏娃偷吃"禁果"。當上帝斥責夏娃時，夏娃怪罪蛇誘惑她背叛上帝。蛇被上帝詛咒，永世要在地上爬行、吃土，從此蛇和人結下了宿命式的深仇。蛇和人之間的愛恨情結，不是西方神話的專利，幾乎是全世界普遍的現象。

　　《巴塔麻嘎捧尚羅》中的蛇和伊甸園中的蛇幾乎是如出一轍。

　　英叭神造了神果園，又造了兩個不會思考沒有智慧的貢曼神（憨神）。當時天上的神都沒有生殖器，沒有乳房的女神也不會生兒育女；園裡有仙芒果藏著生殖器，神仙偷吃了它就會脫離神種，蛻化成男女。英叭神不准兩個憨神兄弟偷吃仙芒果，騙他們說吃

---

❶　《雲南少數民族文學資料》第3輯，內部資料， 1981，頁124-125。

了仙果會致死，兄弟神老實地看守果園，絲毫不敢動吃仙芒果的念頭。在天上冒犯天規被英叭神趕下凡的帝娃達起了歹念，他變成一條大綠蛇要誘使兩個憨神去吃仙芒果。綠蛇破壞了英叭神的禁忌，他嘗過仙芒果蛻了皮更好看，因此兄弟神吃了仙芒果又吃生殖器果，哥哥變成男人，弟弟變成女人。大綠蛇讓兄妹結爲夫妻，繁衍後代，從此天下有了人類。

《舊約·創世紀》伊甸園中的情節爲何在相距遙遠的中國西南翻版一次？

在寧夏的回族聚集區流傳著《阿丹和好娃》的故事：眞主造了人祖阿丹聖人，不久又給阿丹造了配偶，是從他的肋骨生出來的好娃。眞主要兩人看守天堂，規定他們不准吃天堂裡的麥果。可是伊比利斯唆使和引誘他們，好娃先吃了一個麥果，阿丹也要吃的時候被天仙發現了，正巧麥果卡在阿丹的喉嚨裡，從此男人有了喉結，而女人每個月要來月經負責懷孕生子。眞主將二人趕出天堂，他們才知曉裸體的羞恥❷。 回族的創世神話，人物情節多源於《古蘭經》，《古蘭經》說眞主安拉創造了人類始祖阿丹及其妻好娃，令其同居樂園。後來夫妻因受魔鬼引誘，違背安拉禁令，吃了禁果，被逐出樂園。多數學者認爲《古蘭經》中的創世神話受了《聖經》的影響，阿丹和好娃即是《聖經》中的亞當和夏娃❸。

《古蘭經》受《聖經》影響，而回族的《阿丹和好娃》故事又來源於《古蘭經》，所以聖經中的亞當成了阿丹，而阿丹也像

---

❷　《中國少數民族文學》(中)，毛星主編，湖南人民出版社，1981，頁4。

❸　陶陽、鍾秀：《中國創世神話》，上海人民出版社，1989，頁54。

亞當生夏娃一樣，自肋骨裡生了好娃，伊甸園的蛇改成魔鬼伊比利斯，禁果換成麥果，結局也一樣，真主學上帝作法，處罰女人要忍受生育的痛苦，而且將二人逐出天堂。回族也流傳基督教的造人方式，伊甸園全套搬入回族地區有脈絡可尋。然而，和傣族似無關連的綠蛇和人傳說爲何也會產生呢？

　　傣族創世史詩中的地球圓形觀念和其他西南民族似乎迥異，而天神英叭說要有水立即就有水，和《舊約·創世紀》中上帝說要有光馬上就有光的情形太過雷同，神果園完全是伊甸園的模式。傣族異質史詩吸收西方文化應是毫無疑問的。傣族地區的文化習俗只見小乘佛教的影子，基督教似乎未曾在傣族地區盛行過。傣族史詩中的《舊約·創世紀》情節應非宗教原因使然。

　　王孝廉先生說：「我們推測，形成傣族的創世神話與舊約的創世神話相同的主要原因，是由於傣族在古代與西方民族接觸交流，因此使得舊約創世神話被傣族吸收到了自己的神話裡頭去，傣族是一個在古代就與西方羅馬帝國有所接觸的民族，因此在不同的民族文化交流中吸收了外來的文化應該也是可能的事❹。」王先生這個論點來自《後漢書·西南夷列傳》：

　　永寧元年，撣國王雍由調復遣使者詣闕朝賀，獻樂及幻人，能變化吐火，自支解，易牛馬頭，又善跳丸，數乃至千，自言我海西人。海西即大秦也。撣國西南通大秦。明年元會，安帝作樂於庭，封雍由調爲漢大都尉，賜印

---

❹王孝廉：《中國的神話世界》(上)，台北聯經出版公司，1987，頁301-302。

綬、金銀、絲繒各有差也。

　　王先生以爲撣國是傣族先民，他們早在西元120年（永寧元年）已經和西方大秦國（羅馬帝國）有來往，因此傣族的創世神話受了舊約創世神話的影響。對於這一點，江應樑先生有所質疑，他認爲以東漢撣國爲傣族先民是值得商榷的，理由有三：首先唐代的金齒、茫蠻等部，還都是一些分散的小部落，不可能在永寧元年出現像雍由調那樣的統治政權，甚至和海外的大秦有密切往來。而據《泐史》記載，西雙版納第一代「召片領」叭眞建立統一政權是在南宋淳熙七年（西元1180年）。❺其次，從雍由調雜技團中有大秦演員這類事，來和傣族地區對外交通與對外民族關係的歷史事實做對比，就可以看出他們之間絕無相似之處，兩方面的史實是聯繫不上的。另外，據明代錢古訓《百夷傳》所說，德宏傣族的音樂歌舞並沒什麼特色，主要是吸收內地漢族和鄰境緬甸的音樂藝術風格❻。　所謂變化吐火，自支解易牛馬頭，跳丸至數千這類幻術雜技，在有關傣族的歷史文化中都找不到，與傣族傳統吹蘆笙、擊大鼓的民族藝術類型不相似。明代沈德符《萬曆野獲編》記載：「緬甸，古朱波地，漢謂之撣國。和帝永元中，其王獻新樂及幻人，能變化吐火，自支解，易牛馬頭，或云即大秦國也。唐謂之驃國，貞元中亦來朝獻，宋謂之緬國。元世祖征服

---

❺　《泐史》，李拂一譯，頁1，台北復仁書屋，1983重訂本。
❻　《百夷傳校注》，江應樑校注，雲南人民出版社，1980，頁75-78。

之，大德中封爲緬國王。」所以江先生以爲「東漢時到洛陽來朝貢的永昌徼外的撣國，不可能是傣族先民的部落，只能是緬甸境內一個與印度關係很密切的小國❼。」撣國即使不是傣族先民，「是緬甸境內一個與印度關係很密切的小國」，然而，既是在緬甸境內，跟傣族毗鄰，那麼羅馬帝國所傳入的西方文化由緬甸再進入傣族社會應是可以理解的。

　　汪寧生先生和王孝廉先生一樣，肯定撣國屬於百越系統，即今傣族先民。1965年在雲南滄源發現的崖畫上就有跳丸、疊立等圖形，與史書上記載可以相印證，可見今臨滄、西雙版納部分地區也屬撣人分布範圍。❽

　　而且據學者的意見，西南對外的絲綢之路，至遲在西元前四世紀即已開通，是由後來稱爲靈關道、五尺道和永昌道組合而成。❾西南和西方文化的交流應是早就存在了。

　　傣族的許多敘事長詩都充滿了佛教色彩，唯有創世史詩《巴塔麻嘎》的創世部分和基督教的創世紀情節近似，而在史詩的《尾歌》中又明顯地爲佛教代言：

　　　　按照老人口頭相傳，關於開天闢地和人類遷徙的傳說故事講到這裡，就算全部結束啦！然而這部創世紀啊！一旦刻記在貝葉上成爲神聖的經書，被人又增添了章節。

---

❼　江應樑：《傣族史》，四川民族出版社，1983，頁608-619。

❽　汪寧生：《中國西南民族的歷史與文化》，雲南民族出版社，1989，頁37。

❾　徐冶、王清華、殷鼎周：《南方陸上絲路》，雲南民族出版社，1987，頁4。

這是因爲佛祖已經誕生，「巴塔麻嘎」時代啊！到這時
宣告結束，「帕塔嘎」（佛祖創世和拯救人類的新紀元）時代開
始。從此以後，「沙邦如帕布塔召」（對佛祖的尊稱）就取
代了一切神仙成爲天地的主宰——至高無上的「果達麻」
（釋迦牟尼佛祖）。他向人類莊嚴宣告：「巴塔麻嘎時代已
完，佛的洪福時代開元了。」並以此作爲「新年告詞」。

傣族叙事詩發達的一個主要關鍵在傣族的歌手（贊哈）身上，贊
哈既是傣族詩歌的保存者、傳播者，又是創作者。絕大多數的贊
哈都是由和尙還俗後被稱爲「康朗」的人（有知識的人）擔任，
和佛教有密切的關係，所以贊哈所唱叙事詩幾乎都是爲了宣揚佛
教教義，或是爲了祈福。有的叙事詩甚至明白表示獻書祈福的虔
誠，如緒論所提《尼罕》一書即詳細記載獻書祈福始末。傣族人
相信賒書越多，積的功德越多，來世就越有希望過好日子。因此
每家都甘願花錢請人傳抄自己或父母生前喜歡的叙事長詩或民間
故事，然後拿到佛寺去獻。傣族叙事詩中的佛教色彩濃厚當然是
可想而知了。《巴塔麻嘎捧尙羅》也不能免俗地在《尾歌》部分
論及佛祖，而刻在貝葉經的經書又被人「增添了情節」。如果基
督教曾經傳入傣族地區，影響了史詩的創世神話，那麼傣族其他
叙事詩或其他西南鄰近民族應該或多或少見得到痕跡，而有關傣
族的文獻也應該會有所涉及，然而我們一直未發現這方面的資料。可
能的情形是，西方文化曾傳入緬甸境內，而影響和緬甸關係密切
的西雙版納傣族，傣族創世史詩爲此「增添了情節」，有所改易，才
成爲現在的面目。在德宏的傣族因爲和外界交流較少，所以神話

保留了素樸原始的面目。

　　傣族學者岩溫扁先生曾告訴李子賢先生和筆者，他懷疑《巴塔麻嘎捧尚羅》中補天補地的布桑嘎西、雅桑嘎賽夫婦神本應在最前面，而英叭神在後面；是後人將英叭神移到第一章，而將桑嘎西部分放到第六章。

　　傣族敘事詩和佛教的淵源那麼深，大部分神話故事都脫離不了佛經故事的籠罩，出現一個異質的綠蛇創世神話，當然緣由受西方文化的影響。然而，傣族所以吸收《舊約·創世紀》伊甸園中的蛇到自己的史詩中來，是否應有它獨特的意義存在？

　　蛇一向給人恐怖、狡猾的感覺，尤其它在伊甸園引誘了亞當、夏娃吃禁果以後，更有了不祥徵兆的烙印。然而，反觀中西神話裡，蛇的確和人之間存在著愛恨糾纏的矛盾情結。

　　希臘神話裡，智慧女神和勝利女神手裡都拿著畫有蛇的盾牌，而復仇女神的頭髮就像一條條的蛇。蛇還象徵生育、繁殖，因為蛇既像男性生殖器，又穴居地下。《文選·魯靈光殿賦》寫「伏羲鱗身，女媧蛇軀。」在漢代的石刻畫和塼畫中，常有人首蛇身的伏羲和女媧的畫像，腰身以上作人形，腰身以下是蛇軀，兩條蛇尾緊密地纏繞在一起。英國的學者說：「以披穿蛇皮表示對蛇的尊敬。蛇被崇拜，還因為其形狀像男性生殖器和它生存的頑強性。」「據說中國的性神后土或上帝，以蛇的形式受到崇拜。中國的龍是蛇的美化。伴隨著男性崇拜，產生了祈求人類不斷繁衍和得子願望的男性儀式　。❿」佛洛伊德說：「男性性器最重要的象徵

---

❿　英.丹尼斯.趙：《中國人信仰的蛇》，王驥、方柯譯，《民間文藝集刊》
　　第七集，1985。

是蛇⓫。」蕭兵先生也加以引申：「它那便於穿洞入穴的細長身軀常被比附爲男陰，它在地下的生活以及強大的生命力、繁殖力又使它成爲女性和土地的象徵⓬。」伏羲女媧的兩蛇交尾畫像緣於蛇的特殊象徵意義，而傣族創世史詩所以像《舊約·創世紀》一樣出現蛇的誘惑，應該也是同樣的理由。王孝廉先生說：「蛇在許多原始民族中又是咒術、巫術和一切魔力的象徵⓭。」蛇的蛻皮現象使初民將它當成神秘的靈物，死而不僵，死而復生，生命永恆不朽，蛇有人類想獲得的長生特質。

綠蛇帝娃達是被天神貶入凡界的，這意味著人類的誕生是背叛天神的結果，並非天神的意旨。貢曼神吃了仙芒果以後成了人間夫妻，生兒育女，而且從神界落入人界，以後終不免一死。而亞當夏娃吃了禁果被逐出伊甸園，也失去了像神一樣不朽的權利，上帝懲罰他們「從偷吃禁果之日起，你們終將有一死。」初民以爲原先的人是長生不死的，貢曼神夫婦吃了仙芒果也有蛻皮的能力，老化就會再蛻皮年輕。然而神果園的人多了以後，果菜不夠吃，人於是打蛇吃蛇，綠蛇帝娃達再一次誘騙人吃了疾病果，從此人會生病死亡。獨龍族《嘎美嘎莎造人》中寫嘎美和嘎莎用泥土揉捏的人原來也不會死，他們就像蛇一樣長生不老。可是人後來終究死了，四腳蛇還幫忙背著死者去埋葬⓮。可見原始初民和蛇不但

⓫　佛洛伊德：《夢的解析》，賴其萬譯，台北志文出版社，1973，頁278。

⓬　蕭兵：《中國文化的精英》，上海文藝出版社，1989，頁544。

⓭　王孝廉：《中國的神話與傳說·夸父考》，台北聯經出版公司，1977。

⓮　《中國少數民族神話選》，谷德明編，西北民族學院研究所發行，1983，頁603。

關係密切，也自認和它同樣享有蛻皮的能力。人因為不能再蛻皮，所以不得不變老甚至死亡**❺**。蛇的蛻皮現象和人的生死有關，世界各地的民族都有這樣的觀念。杜而未先生引大洋洲美拉尼西亞人神話說：

> 天神叫他的弟弟告訴人們，每年蛻皮一次即可不死，但要通知蛇們要死。結果他的弟弟將不死的秘密告訴給蛇，所以一切的人都有死，而蛇蛻皮不死了**❻**。

非洲剛果的神話說：

> 上帝看到地上還沒有人類，就派了一個男人和他的兩個妻子到地面，其中一個妻子是蛇。有一天，蛇妻感到老了，便告訴丈夫她要過一段隱居生活。丈夫給她蓋了一間茅屋，蛇妻就在裡面開始蛻皮，返老還童。當她還剩下頭部和脖子上的皮沒有蛻時，丈夫的另一個妻子（是人）來了。蛇妻忙喊：「不要進來！不然你我都會死！」可是人妻不知道什麼是死，打開了門，蛇妻立刻就死了。這樣，人們就沒學會怎樣蛻皮，不得不死。**❼**

日本南部宮古島也有另一則神話說：

---

❺　英．馬林諾夫斯基：《巫術科學宗教與神話》，李安宅譯，中國民間文藝出版社，1986，頁112。
❻　杜而未：《崑崙文化與不死觀念》，台北學生書局，1977，頁158。
❼❽❾　石沉：〈女媧蛇身探源〉，《民間文學》1986年一期。

月亮和太陽派童子擔一桶長生不老水和一桶死水下凡，並說：「人們若用長生不老水沐浴可長命，而蛇用死水洗澡便死了。」可是童子擔累了，路上放下桶小便去了，這時一條大蛇偷用長生不老水洗了澡。童子只得讓人用死水洗澡。**⑱**

安徽、廣西民間也有類似的傳說：

安徽淮南的一則神話說：很早以前，人和牛、蛇都一樣老了再死。一天，創造萬物的天神覺得世間應善有善報、惡有惡報，就寫了份天書交給仙童，讓他去人間傳三句咒語：「牛老死，人蛻皮，蛇該殺！」仙童來到人間，路上竟把天書丟了，想了好多天才記起三句咒語來，可是記錯了。每到一個地方，他就喊：「人老死，蛇蛻皮，牛該殺！」這樣，大家都照著辦，直到今天。

廣西橫縣的神話說：世上的生物老了便死；唯獨蛇老了蛻層殼，又生了。人也想長生，就去找管生死的神仙。神仙說：「生死簿寫的，人老人爲櫬，蛇老蛇蛻殼。」人也要求蛻殼，神仙就把生死簿改爲「人老人退殼，蛇老蛇爲櫬。」這樣，人老了蛻層殼，又年輕了。可是，後來有個老婆婆蛻殼，整個身軀都蛻了，只剩一雙眼睛了，但眼殼蛻得最慢，也疼得最厲害。她忍不得疼，連叫「不蛻了！不蛻了！我寧願死了！」她向神仙苦苦求救，神仙只好又把生死簿改了回去，從此人便再也不能返老還童了。**⑲**

　　是不是蛇的蛻皮長生得到初民的崇拜？美洲印加人把蛇作爲創造天地的神來崇拜**⑳**。雅典市的神廟裡，有神聖的蛇被保存。伊比特羅斯的亞斯里玻斯神廟，也供養大蛇。北埃及的保護神爲蛇，阿爾及利亞土人，慣以水蛇爲其保護者。他們常用食物喂水蛇，且焚香敬拜之**㉑**。蛇具有神秘的能力幾乎是遍及世界各地的現象。

　　最值得注意的一點是台灣原住民對蛇的崇拜情況，或許可以由此窺出傣族吸收《舊約・創世紀》的蛇進入自己創世神話的部分端倪。

　　台灣排灣人就有蛇卵生人的神話：

　　太古時在考加包根山的頂上，太陽生下了紅白兩卵，孵出男女兩神，此兩神的後裔就是頭目之家。番丁的祖先，就是青蛇卵孵出來的。
　　從前在皮那包敖加桑的地方，出現了一條靈蛇，有一天，突然分化爲男女的兩蛇神，蛇神生下了兩兒子，他倆就是人類之始。**㉒**

　　排灣族對蛇的崇拜普遍的表現在房屋建築或藝術雕刻上面。

---

⑳　楊知勇：〈蛇—具有特殊内涵的"人心營構之象"〉，《貴州神話史詩論文集》收錄，貴州民族出版社，1988，頁2。

㉑　岑家梧：《圖騰藝術史》，上海文藝出版社，1988，頁9-15。

㉒㉓　劉其偉：《台灣土著文化藝術》，台灣雄獅圖書公司，1980。

排灣人的立柱雕刻主題，均爲祖像，是左右對稱的正面像，頭頂或刻獸角，或百步蛇一雙，或爲蜷蛇一條，男女生殖器亦甚明顯。這是否意謂著蛇和生殖器有關連呢？排灣人的蕃刀是少見的透雕方式，常見刀鞘上一條百步蛇的透雕，而他們以硬質樹幹爲材的雕壺，壺上的紋飾也大致有百步蛇。排灣人平常的器用木製屏風上常雕百步蛇，用木條挖空的木枕則有蜷蛇等圖紋，而木匙、飯匙、酒杓通常也刻有蛇紋。排灣群喜歡刺繡、貼飾與綴珠，貼飾是用布塊剪成花紋，貼縫在衣著上，主要花紋則有人頭紋、人像紋和蛇紋❷。王孝廉先生也說，排灣族的卵生神話中，蛇是重要的角色，「太陽之卵，或由卵孵化而成人類，或被巨蛇盜食，人類殺蛇，蛇腹中出現一男一女……或是說竹裂而出現四卵，卵爲日光所照，前面二卵孵化而成蛇形的男女，後二卵則孵成完全的人類，也即是說蛇與人類，同是太陽所生，這些卵生與蛇互相結合的始祖傳說，是源於排灣族的蛇崇拜❷。」蛇在生殖信仰上有其特殊的象徵意義。王先生認爲蛇的始祖神話也見於布農族，布農族的始祖神話，則謂太古之時，有一男一女，男以蛇所蛻的皮殼輕打女子的背，女子就懷了孕。以蛇的皮殼輕敲女子的背，是男女兩性結合的象徵❷。男女兩性結合的象徵，所要表達的仍是生育信仰。排灣、布農人在普遍的蛇崇拜信仰中，蛇和生殖結合的成分是極爲濃厚的。

　　許多學者的觀點都認爲以蛇爲崇拜物的不僅是華夏集團的女

---

❷❷　王孝廉：〈台灣高山族的始祖傳說〉，《神與神話》收錄，台北聯經出版公司，1988。

娲氏族，就連南方的一些氏族部落，也有以蛇爲圖騰崇拜物的❷。值得注意的是，南方的越人對蛇崇拜的現象是十分習見的❷。高山族是百越族群之一，而傣族也屬於百越族群系統，因此他們都有蛇崇拜的痕跡。傣族史詩中綠蛇引誘貢曼二神偷食禁果，在明顯的《舊約・創世紀》影響之外，應該也包含傣族本身對蛇的微妙情愫，所以在許多敘事詩有濃厚佛教色彩的籠罩下，出現特異的西方伊甸園神話模式。

傣族文學受印度文學影響已是公認的事實，《巴塔麻嘎捧尙羅》的尾歌也和佛祖穿鑿附會一起，然而史詩的特異風格仍是個謎。王松先生以爲傣族史詩中的英叭、布桑該、雅桑該並非外來的，而是和百越族群的創世英雄有非常親密的"血緣關係"，壯族的布碌陀、布依族的布杰和翁夏、侗族的薩天巴、水族的仴侯都有和英叭同樣的創世巨人形象❷。這樣的觀念似乎可以讓傣族史詩將伊甸園情節完整搬入得到較合理的解釋，英叭、桑嘎西都是「國產品」，屬於百越族群的創世巨人，而傣族本身有崇拜蛇的情況。王松先生並且論及《布桑該與雅桑該》和《巴塔麻嘎捧尙羅》是傣族創世神話的兩個主線，前者故事口頭流傳於民間，後者是用傣文手抄，所以又稱爲「經書」，而後者實際上是將前者發展後的一部史詩。❷王先生似乎堅持《巴塔麻嘎》一書不具異質色彩。岩溫扁先生的看法是布桑該雅桑該應在前，英叭神應

❷ 程健君：〈南陽漢畫像石中的伏羲女媧〉，《民間文學論壇》1989年一期。

❷ 林蔚文： 〈越人對蛇的崇拜源流考略〉，《民間文學論壇》 1986年三期。

❷❷ 王松：〈傣族創世神話與百越族群〉，《山茶》1986年四期。

在後,目前所見史詩乃後人增改。因此,值得懷疑的是,神果園中的伊甸園情節是否爲後來加入?否則,寫於萬曆年間的《論傣族詩歌》爲何只寫布桑嘎西雅桑嘎賽以泥巴捏人,而未談綠蛇情節?

　　傣族有百越族群的蛇崇拜信仰,阿鑾敘事詩的章節中會再談到《四腳蛇阿鑾》,而筆者所見的傣族木刻,蛇尾女身的長形木刻極爲普遍。因此,傣族史詩很自然地將伊甸園中的蛇搬入神果園來,成爲異質創世史詩。其實,比較素樸原始的型式應該仍是德宏傣族所流傳或桑嘎西造人的創世情節。因爲那是西南民族一貫的創世神話特色。

二、射日神話

　　天地形成後,天神英叭久睡十億年醒過來,竟然看到大地一片骯髒,神果園中到處是蛇,死屍滿地,腥氣濃烈,臭味熏人。天神氣極了,他決定將大地毀滅,把臭氣燒淨,用神水沖洗。英叭請來水神又叫來火神,暴躁的火神七兄弟搶先跳出來。史詩中將七太陽神擬人化,他們各顯神通,只想把地球羅宗補燒毀。

　　　大哥帕阿敵二哥尖答惟,瞪目一聲吼,噴出火燄來,射到羅宗補,人燒焦,樹燒斷,所有動物燒毀了。三哥昂嘎臘,火氣耐不住,暴躁勝猛虎,緊跟躍上天,變成大太陽,放開光和熱,射出萬根火柱。火柱射下來,大地騰熱浪,石頭燙炸裂,海水滾熱泡,水中的動物,全部被燙爛。四兄弟布塔,生來就逞強,渾身早發燙,兩眼烈燄閃。他躍上天空,鼓漲紅臉龐,滾身變大火,把無量的光熱，一齊投到大地，拼命射向海湖，這時海洋冒煙，江河湖池被燒乾。五弟肝膽烈，熱能大無比，他跳上天空，把大火傾注，頓時天底下，海洋沸騰開，熱氣似浪湧，大洋全乾枯。六弟七弟本領高，跟著四哥五哥沖上天，變成熊熊大火團，這時天地熱億倍。霎時山崩地陷，整個地球成了一團大火，成了一個太陽。天地燒通了，地被燒爛了，萬物人類全毀滅。傣族經書裡稱"裴忙羅"或"裴忙嘎"，就是火毀大地的意思❸⓪。

　　七個太陽神一起出現要將天地燒毀，是英叭神的旨意。就像《舊約·創世紀》中上帝讓洪水氾濫，要將世上一切人、獸消除一樣，因為從亞當夏娃背叛上帝以後，人類身上已經有了原罪的烙印，在連綿不斷的戰爭中，人們互相殘殺、掠奪，伊甸園不復存在，所以引起上帝懲罰人類的動機。傣族史詩中英叭也在不堪忍受神果園的污穢、骯髒後，勃然大怒。上帝在人類萬劫不復的深淵中造了方舟，選中諾亞一家人擔任存亡絕續的任務，諾亞一家的虔誠得到上帝的歡喜而倖免於死，英叭神卻用火燒得天地殘破不堪，甚至七個太陽火神也駕馭不了，逼得英叭又請來雨神，下了整整十萬年大雨才將大火撲滅，可是大地上卻又面臨洪水氾濫。在水災、火災肆虐過後，七個太陽神仍高掛空中，英叭神只有叫來射神射下太陽。

---

❸⓪　《巴塔麻嘎捧尚羅—傣族創世史詩》，岩溫扁譯，雲南人民出版社，1989，頁118-123。

　　射神惟魯塔是射箭能手，他做了一張十萬斤的神弓，又到岩山裡取來七塊硬石磨箭。海水磨乾了一半，大山磨平了六座，才把六支石箭磨好。因爲七個太陽需要七支箭來射，惟魯塔動手磨製第七支箭，由於用力過猛，那塊硬石被折斷成兩半。惟魯塔天神憤怒地將斷岩塊扔出去，兩截斷岩塊插入大地成了兩座大石山。惟魯塔爲了射太陽將每一座山都踩碎了，後來發現兩截斷石箭變成的巨峰剛好可做立足點，他跨開雙腳，一腳登一山，用力挽神弓，搭上一支支箭，瞄準射太陽，第一個大太陽，中箭熄了火，疼得隆隆滾，從天上落入海中，接著五個太陽也一一掉進大海洋。他再次挽弓想把最後的太陽射落，才知道磨箭的岩石斷一塊，石箭已用完。他氣得舉弓對天吼，吼聲直入雲霄將最後一個太陽嚇跑了，從此天地黑沉沉。

　　我國古代就有多日月神話，而十日和后羿神話則在先秦時代文化的混合和交流下就進入南楚。蕭兵先生以爲「我國西南邊疆的文化深深滲透著《楚辭》，而《楚辭》裡的神話宗教風俗習慣也相當多地保存在我國南方少數民族的生活裡。南方各族恰恰幾乎沒有“十日”神話，而較流行“九陽”的說法❸。」他以爲《招魂》中說的「十日代出」是東方，南方卻只是“九陽”，因爲九是最高個位實數，初民以爲神秘、繁多的象徵，東夷和南楚就有古樂舞《九辯》、《九招》、《九代》、《九歌》，《楚辭》裡“九”數之多令人驚訝。蕭兵先生統計十五個左右多太陽或多日

---

❸❹❺　蕭兵：《楚辭與神話·楚辭與日月神話》，江蘇古籍出版社， 1987，頁108-114。

月神話的南方民族，其中苗、彝（含阿細）、納西、布朗、哈尼、拉祜、布依、景頗、傈僳以及接近這一地區的羌、藏、珞巴等十二個民族太陽的數目爲"九"，佔百分之八十，只有瑤族《射太陽》有"十"個太陽。可見"九陽"神話跟南方關係特別密切，"九"是南方民族的神秘數字。

十五個多太陽神話的西南民族中有百分之八十的太陽數目爲"九"，而傣族的多日神話似乎和"九陽"神話無關，值得注意的是蕭兵先生所引日本學者藤田丰八的話：

> 據Slbirani的India，婆羅門教徒相信十二個日，異月迭出，燒盡大地，使一切有水氣者乾枯，世界即從此滅亡的傳説。佛教徒也有類似的傳説，這個傳説，就是在Meru的山側，有四世界互相榮枯盛衰。七個日迭出……日的數目，在婆羅門的傳説，爲十二；在佛教徒爲七，在中國爲十。然在數日迭出，燒盡地上生物的根本觀上，確是一致的。這種傳説，見於Puranas。由此看來，殆似從印度傳入中國的❸❷。

《長阿含經》記載：「緣此世間有七日出，七日出已，此四天下及八方天下，諸山大王須彌山王皆悉洞然，猶如陶家燃灶燄起。」傣族的七日應是受佛經影響的。衛聚賢先生也說佛經中的七日曾影響著中國，《莊子》中十個太陽出來把草木曬死，《淮南子》中認爲不遠著太陽就要枯槁的情形，和印度裡七個太陽出來把須彌山神界都燒了的說法相符。從蕭兵先生所列中國各民族多日月神話比較表看來，漢族、苗族、彝族、仡佬、黎族都有七日的情形❸。拉祜族《札弩札別》中也是七日，恐蕭兵先生筆誤爲九日。可見中國境內七日並非傣族才有，而像惟魯塔這樣的射日英雄根本就是羿的翻版。只有幾個特殊的例子，像拉祜族的厄莎造了七日要曬死札弩札別，在計謀未得逞以後只好又將太陽收起，景頗族的多日爲眾生罵詈後自己藏躲不見，而彝族阿細支系將多餘太陽埋於土下，除此之外，射日是多日月神話的普遍結果。

饒芸子先生將雲南少數民族太陽神話分成三種類型：一是追求型，例如彝、白、佤族中流傳的先民尋找太陽的故事。二是認識型，像哈尼、景頗、獨龍、布依、苗、壯等少數民族中都流傳著"公雞請日月"神話。三則是射日神，雲南各民族幾乎都有射日神話，佔了各族太陽神話的百分之九十。而在第二類型中，原先也爲了英雄要將多餘的日月射下，剩下的一對只有由公雞請回來。第三類型則都剩最後的一日或一月❸。除了少數的先民尋找太陽情事外，多日月的神話一直是西南少數民族的習見現象，而多日月神話中必定出現射日英雄。

希臘神話中的英雄赫剌克勒斯只是曾經想射太陽，就引來太陽神的驚歎，中國南方習見的射日情節在世界神話史上是極爲罕見的。對於射日神話普遍分布在中國南方，有學者認爲，南方夏秋三伏的太陽毒熱，加上乾旱頻仍，民不聊生所致❸。其實多日

---

❸ 饒芸子：〈淺談雲南少數民族太陽神話〉，收入《民族文學研究集刊》(1)，1987。

❸ 劉城淮：〈略論射日神話〉，收入《神話新探》，貴州人民出版社，1986。

神話到射日神話應是緣由太陽崇拜，南方民族甚至印度都是農業
社會，太陽在這些民族眼中猶如神祇。在不見陽光的日子不但到
處黑暗而且五穀不生，太陽是生存不可少的靈魂，而多日並非有
害，彝族神話的七日就能使農作一年收七次，牛羊一年懷七胎。
太陽月亮崇拜使得多日月神話產生，照原始初民的眼中看來，多
日是件好事，只要不一起出現就好。苗族史詩即敘述十二個太陽
因耳朵聾，把天神讓他們每天輪流出來的吩咐，誤聽成一起出來，在
太陽把山石和人曬化後，射日英雄被迫出現，射落多餘日月。射
日英雄的出現是原始初民對太陽由愛生恨的表示，原先哺育萬物
的太陽不聽管束了，竟然由造福人類而禍害人類。傣族史詩的七
個太陽兄弟原先是聽命於天神來懲罰人類，可是卻背叛了天神的
意旨要將大地徹底毀滅。射日英雄應運而生，射落多餘的太陽，
留存一日再供人膜拜、景仰。多日、射日是人類對太陽又愛又懼
心理矛盾衝突。王孝廉先生也說，這些射日神話的起源，除了是
古代人以純樸的神話思惟，透過射日的神話去解釋天體中何以只
有一個太陽和一個月亮的事實以外，還與這些民族所有的原始信
仰的宗教儀禮有關。在許多民族的自然崇拜中，太陽經常是與生
命力、農作豐收、雨量、戰爭、王權等有關的信仰對象。當旱魃
之時，人們向太陽祈雨，或以黑犬、黑牛等家畜甚至以巫師為犧
牲，可是當長時間祈雨的儀式產生不了所期待的效果時，人們常
會放棄所有的模仿咒術與祈禱儀式，而改用脅迫、咒詛的暴力手
段❸。由對太陽的崇拜、懼怕而至懷恨、射落，射日英雄將太陽

---

❸　王孝廉：〈台灣高山族的始祖傳說〉，收入《神與神話》，台北聯經出版
　　公司，1988，頁703。

摧毀，藉此懲戒太陽的不從民意。

　　傣族史詩中的七個太陽神是天神英叭所創的神祇，他們執行天神所交代的懲罰人類任務，最後卻背離天命，天神只好招來雨神脅迫。七日所引燃的大火熄滅以後，天神又命射神將太陽神射落。因爲射神惟魯塔大意折斷一塊磨箭的岩石，只剩六枝石箭，射落六個太陽仍餘一個，傣族史詩透過射日的神話解釋了天體中何以只有一個太陽的事實。在太陽神恣意燃燒大地之餘，我們又見到了神祇間背叛的情事，貢曼神背叛天神偷食仙芒果，太陽神背叛天神要將天地徹底燒毀。天神不得已命令雨神對付太陽神，以洪水將大火澆熄，火勢是控制住了，然而並非天神所期待的洪水氾濫成災卻出現。開天闢地的英叭神似乎不是無所不能，他不能掌握控制由他一手創造的眾神祇，他對神祇的任意妄行莫可奈何。

　　傣族天神英叭的困境和漢族天帝帝俊的煩惱一樣，十日本爲帝俊所生，後來因爲十日不遵守輪流出現的規定，導致帝俊命羿射日。

> 東海之外，甘水之閒，有羲和之國。有女子名曰羲和，
> 方浴日於甘淵。羲和者，帝俊之妻，是生十日。《山海經
> ·大荒南經》
> 湯谷上有扶桑，十日所浴——在黑齒北——居水中。有大木，
> 九日居下枝，一日居上枝。《山海經·海外東經》
> 一日方至，一日方出，皆載于烏。《山海經·大荒東經》

　　帝俊妻子羲和生十日，正常情形是「九日居下枝，一日居上枝」，每次一個太陽運行天空，這或許是天帝想到的最好方式。可是，十個太陽兒子竟不聽管束，一起出現天空，這一來對人類的禍害可大了。帝俊不得已命羿射日。

　　帝俊賜羿彤弓素矰，以扶下國，羿是始去恤下地之百艱。
《山海經·海內經》
　　堯之時，十日並出，焦禾稼，殺草木，而民無所食。猰貐、鑿齒、九嬰、大風、封豨、修蛇，皆為民害。堯乃使羿誅鑿齒於疇華之野，殺九嬰於凶水之上，繳大風於青丘之澤，上射十日而下殺猰貐，斷修蛇於洞庭，禽封豨於桑林。《淮南子·本經篇》

　　羿受命射日，十日的下場如何？《楚辭·天問》王逸注：「《淮南》言堯時十日並出，草木焦枯，堯命羿仰射十日，中其九日，日中九烏皆死，墮其羽翼，故留其一日也。」《錦繡萬花谷》前集卷五引《山海經》云：「堯時十日並出，堯使羿射九日，落為沃焦。」原來羿射下九日，九日成了沃焦。《玄中記》說"沃焦"是東海中的山名。羿所射九日落入大海，這一點和《巴塔麻嘎》一樣。

　　在多日月神話中，一個值得探討的問題是，射手英雄的出現。在蕭兵先生所整理的多日月神話比較表上，彝族創世史詩《梅葛》·中格茲天神「左手拿鑿，右手拿錘，來鑿太陽，來鑿月亮。」八個太陽八個月亮是被錘、鑿去除的㉟。阿細人的創世史詩中，是

———————————
㉟　《梅葛》，雲南民族民間文學楚雄調查隊搜集翻譯整理，雲南人民出版社，1978，頁20-21。

一個叫阿拉的人將多餘的六個太陽埋在土裡❸。而景頗族一起出現的九個太陽，因爲被眾生所咒罵而藏躲起來❸。除這幾個少數例外，多日神話必定出現射手英雄，不管英雄具神性或具人性，他總會挺身而出，將多餘的太陽射落。

　　既然處理多日災難的方法有鑿去、土埋或詈罵，爲何神話中總是箭射居多？在古代挽弓射箭似乎是最能表現英雄行徑的了，何況射的對象又是至高無上的太陽，更能顯現英雄無可匹敵的箭法，和睥睨一切的勇氣。

　　《楚辭·九歌》寫太陽神東君「舉長矢兮射天狼」，而後來的東坡也意氣風發地寫「要挽雕弓如滿月，西北望，射天狼。」蕭兵先生說太陽神大多年輕力壯，喜歡弓箭，而把弓箭跟太陽及其光線聯繫起來是各民族神話的常例，我國的"準日神"后羿也跟羲和、東君一樣善射，他射殺大風（大鵬）象徵天開風息，他射殺"九嬰"（九頭鳥，原型是喜歡黑暗的貓頭鷹）也可能隱喻太陽衝破陰雲和暗夜。古希臘太陽神阿波羅（Apollo）是射神兼獵神，而北歐的太陽神伐利(Vali)一生下來就用象徵陽光的箭，射殺代表黑暗的盲目神霍獨爾(Hodur)❹。

　　蘇雪林先生也說，我國神話中射十日的羿，當是一位太陽神，太陽穿透雲層，光芒有如金箭，所以太陽神無不擅長弓；希臘阿波

---

❸　《阿細的先基》，雲南民間文學紅河調調查隊整理，收入《雲南民族文學資料》第十八集，1963，頁15。

❸　《中國少數民族神話選》，谷德明編，西北民族學院研究所，1983，頁539。

❹　蕭兵：《楚辭新探·朝暾·長矢·桂漿》，天津古籍出版社，1988，頁332-344。

羅以金弓銀箭爲其特徵❹。引人興味的問題是，"準日神"后羿化身爲鳥（或說即烏鴉），卻射殺太陽裡的烏鴉，猶如阿波羅以狼神而殺狼。蘇先生引用《希臘神話手冊》（A Handbook of Greek Mythology）說：

> 古遠時代阿坡羅有別號曰Lykios或Lykeios，字源出Lykion，義猶"狼神"（Wolf-god），蓋小細亞有地名Lykia 有一極受崇拜之女神，其名爲Lada，希臘日神母曰Leto，即自此衍變而出。阿坡羅又名Letoides，義猶麗都之子（Son of Leto），故神話學者謂日神狼神之名，或由母系而來。以後輾轉變化，日神又成了"殺狼者"（Slayer of Wolves），或謂阿坡羅原屬牧神，狼類乃牧群之大敵，保牧群則必殺狼❷。

原爲狼神而殺狼，或化身爲鳥而射鳥。通常善射的太陽神也被英雄神或英雄人以箭射落。是否因爲太陽神都善射，在處理多日神話的問題上，英雄以弓箭解決，如此更具有挑戰性？

射日英雄其實正如樂蘅軍先生所說「和自然神靈爭戰的英雄❸」一樣。夸父追日，印度史詩《羅摩衍那》中的羅摩還是搖籃中的嬰孩就要拿月亮當玩具，傣族英雄史詩《蘭嘎西賀》中的神

---

❹　蘇雪林：《天問正簡》，台北廣東出版社，1974，頁376。
❷　蘇雪林：《屈原與九歌》，台北廣東出版社，1974，頁403。
❸　樂蘅軍：《古典小說散論·悲劇英雄在古神話中的造象》，台北純文學出版社，1976，頁46。

猴哈努曼小時候將太陽當成紅果子要拿來啃吃。後來，哈努曼又爲了救朗瑪，雙手抓住升起的太陽使力搖晃，讓它倒回山裡。這些英雄和射日英雄都充滿要征服自然的企圖。

挽弓射箭應是英雄的權利。《蘭嘎西賀》中天神賜給人類的神弓只有召朗瑪能挽得動。在第三篇《阿鑾類型敘事詩》中，身爲英雄的阿鑾幾乎都有一把弩箭，《嫡俍罕》、《紅寶石》、《召樹屯》、《白蚌殼阿鑾》、《阿鑾射星》等，阿鑾都獲贈鋼哈象弩箭，而且也只有阿鑾才能拉開弓射出箭。印度史詩、希臘神話傳說、傣族敘事詩中都有拉弓的婚姻考驗情節，在《難題求婚》那一節中有較詳細的介紹。

拉得動弓，將箭射中鵠的的人就是英雄，甚至贏得婚姻，挽弓射箭是英雄所以稱爲英雄的關鍵。當然對抗太陽，脅迫太陽的最直接方式就是摧毀，而摧毀的辦法不是趕走、罵走或埋入土中，而是以最能表現英雄氣概的射箭來射落太陽，如此不但達到懲罰太陽的效果，更能展現英雄的超凡本事。

三、洪水氾濫

洪水氾濫是創世神話中普遍的現象，埃及、希臘、印度有洪水神話，南美的印第安人、愛斯基摩人、澳大利亞人、太平洋諸島上的原始民族和東南亞各民族也有洪水神話，而我國尤其是南方少數民族的洪水神話更生動、更具特色。

關於洪水的原因，一般來說，都是上帝懲罰人類的手段。希臘神話中神祇創造的世紀有黃金世紀、白銀世紀、青銅世紀、黑鐵世紀。到青銅人類的時代，人們殘忍而粗暴，習於戰爭，總是互相殺害，人世間充滿罪惡，世界的統治大神宙斯聽到住在世界上的人類所做的壞事，他決定變形為人類降臨到人間查看。但無論他到甚麼地方，總發現事實比傳聞要嚴重得多。宙斯「決心以暴雨降落地上，用洪水淹沒人類」。雷霆轟擊，大雨從天而降，海神波塞多也幫助著這破壞的盛舉，頃刻間，水陸莫辨，一切都是大海，無邊無際。發洪水之時，丟卡利翁的父親普羅米修斯得知消息，便授予關於洪水的警告，並為丟卡利翁造下一隻小船，使他與妻子皮拉乘船浮到帕耳那索斯山上。宙斯見丟卡利翁夫婦善良而敬畏神祇，才讓大地復原。夫妻二人是大地上僅僅殘留下來的人類，其餘的都淹沒在洪水裡了❹。羅馬的洪水神話除了將天神宙斯稱為朱庇特外，內容情節和希臘神話幾乎完全相同，而希伯來人《舊約·創世紀》的洪水起因也是上帝懲罰類型。

　　在我國的洪水神話中，洪水的起因較複雜，有天神懲罰型，也有天神和天神相互爭鬥引發洪水，另外一種是人和雷公爭戰，雷公報復以洪水威脅人類，而大部分卻是未說明洪水原因的類似自然災害型。傣族史詩中的洪水氾濫有兩次，首先是天神為了滅火而引起洪水，洪水氾濫並非天神所願，這是比較罕見的一次特例，在浩劫過程中，洪水成了次要事件。另一次則有個豎眼的男人逼迫親生女兒和他交合，惹怒天神，天神以洪水懲罰人類。我們所談的天神懲罰型是指人心邪惡或是對天神不敬，像傣族史詩中因父女交合而引發天神震怒的仍屬少數，因為這是個人行為，

---

❹　德．斯威布（Gustav　Schwab）：《希臘的神話和傳說》（上），楚圖南譯，人民文學出版社，1988，頁17-26。

並非如希臘神話中「人們殘忍粗暴，互相殺害」的情形。近似傣族因婚配而引發洪水的例子，只有納西族，兄妹成夫婦，所以「穢氣沖天，觸怒天神。日月無光，山谷啼哭，山崩地裂，洪水橫流⑮。」當然所謂"亂倫"而引起洪水可能是具備道德判斷以後才出現的，早期的洪水起因應不致如此。

傣族史詩中第一次洪水氾濫是天神命令雨神澆熄大火而引起。大火非天神所能掌握，而雨神也不服天神控制。在這場洪水中，天神的權威受到嚴重考驗。雨神下了十萬年的水後，將七個太陽神所引發的大火澆熄。而大火熄滅以後，雨神仍在吐神水。

> 神水變洪災，淹天又吞地。勢如十億層浪湧，一下就淹沒羅宗補，天下成了一片汪洋。洪水超出加哈碗，一直漫到宇宙頂峰。天被水啃了，地被水吃了。可憐倖存的天，可憐倖存的地，被混濁的洪水，淹沒了整整十萬年。十萬年看不見天，十萬年看不見地，宇宙下，洪水翻巨浪。這時候，神王英叭朝天下吹氣，仙氣變大風，神風像席捲，吹打茫茫水，持續十萬年，水患才平息。

在第一次水火浩劫後，人類萬物全毀滅，這似乎不像天神一向的作法，洪水以後竟無孑遺。天神只好命桑嘎西夫婦以人類果捏成召阿諾、薩麗捧兄妹，兄妹再成婚配，繁衍人類。經過一萬

---

⑮　《中國少數民族神話傳說選》，陶立璠、李耀宗編，四川民族出版社，1985，頁68。

又過一萬年，人越來越多，人多心也多。有了黑心人，
心黑起暗算。眼睛豎著生，皮比土層厚，說話酸又餿。
他忘了父輩，他忘了人規，邪惡吞吃他，頭昏眼變花。
他有一女兒，年紀才十三，長得比樹直，笑得比花美，
臉孔似白月，脖頸圓成節。找遍天下女，數她最好看。
做父親眼饞，時時把她望，黑心生邪念，逼女兒做妻，
和親子交配，赤裸著身體。他貪心造孽，心黑成大災，
惹怒天上神，神怒彈舌頭，水神瞪圓眼，罵人是禍害。
頓時天怒吼，雲湧海咆哮，天地所有神，一齊開口罵：
「這代人不好，美醜都不分，比動物要蠢，他們不是人。」神
討厭邪惡，神恨這代人，神妥叫人死，神叫海神來，去
吞吃大地，去沖洗邪氣。水神一聲吼，大海像決堤，海
水撲過來，把宗補淹沒。

　　神對第二代人種施行懲罰之前，早做好留下人類種的準備。
第二次洪水，天神將一對剛脫離母體的兄妹藏進葫蘆，不讓水淹
沒。葫蘆漂了一萬多年以後，神的怒氣消了，洪水退了，天空變
晴朗，大地變溫暖，葫蘆成熟裂開，男嬰和女嬰從葫蘆中出來。
　　傣族第一次洪水神話不是重點，多日現象才是造成天地幾乎
徹底毀滅的關鍵。爲了澆熄大火，天神命雨神對抗太陽神，引發
了洪水氾濫；而在洪水氾濫之前，其實萬物人類已全部燒毀。洪
水並非起於天神對人類的懲罰，而是爲了滅火，洪水造成氾濫是
雨神對天神的抗命，是另一次背叛。一般的洪水氾濫起因通常是
因爲天譴，否則就是未論及洪水原因而歸爲自然災害型，傣族第

一次洪水氾濫起因是良善的，爲了滅火，不料雨神不受管束而釀成洪水。這在洪水神話中是十分特殊的。因此筆者在前文提及傣族史詩這個部分的創世神話受印度和西方的影響；貢曼神在神果園的背叛受伊甸園中亞當夏娃影響，而洪水氾濫中卻擺脫了希伯來人的天譴方式，有印度佛經中七日並出現象，在燒毀神果園甚至整個大地以後才用少許的筆墨輕描創世神話中習見的洪水情節。

而不管是多日將天地燒毀，或是洪水氾濫，終究都有兄妹二人出現，兄妹婚是宇宙秩序破壞後的重建行爲。

洪水氾濫故事的起因如何？爲什麼洪水神話會成爲創世神話中的一環？顧頡剛說：「水患的事，現在固因交通的便利有了清楚的地域觀念，知道是一地的，但在古代各以自己地域看作世界中心的時候，逢到了水患，一片汪洋無際，說不定是看得極普遍的。創世紀的洪水和詩書上的洪水恐怕都是這種心理的表現⓰。」似乎暗示洪水神話是有水患的心理背景。

英國赫胥黎（Thomas Henry Huxley）卻認爲如果把《創世紀》洪水的故事當作一個洪水的記載，這洪水曾氾濫全球，把差不多全部的人類和禽獸都淹死，和極淺顯的地質學不合，所以必須把他摒棄，當作一個神話，而弗雷澤（James George Frazer）講的似乎較公允，他認爲地震、颱風等都曾引發洪水，「所有的此類傳說，一半是傳說的，一半是神話的：專就它們保存實在發生過的洪水的記憶而論，它們是傳說的；專就它們描述從未實在

⓰　顧頡剛：〈論禹治水故事書〉，收入《古史辨》第一冊，台北明倫出版社重印，1970。

發生過的普遍世界的氾濫而論，它們是神話的。但綜觀洪水傳說
中，我們發現若干個故事似乎是純粹的神話，那就是，描述那些
從未發生過的氾濫❹。」洪水問題是普遍存在世界各地的，而洪
水氾濫的傳說故事卻屬於神話的範疇。聞一多所舉四十九個兄妹
配偶型的洪水遺民再造人類故事，是純粹的神話，傣族史詩雨神
和太陽神兄弟鬥法而釀成洪災的故事也是純粹神話。李子賢先生
說：「世界上許多長期盛傳洪水神話的民族，幾乎全居住在靠海
邊的地區或大河流域。」他舉了希臘人、埃及人、古代巴比倫人，希
伯來人及印度人作例，並提及中國古代華夏部族集團居住黃河流
域，而雲南各族的先民早在秦漢以前就居住在江河縱橫、水澤遍
野的雲南，這些民族都面臨了水患的問題，因而水患成了各族洪
水神話產生和流傳的重要因素❹。洪水神話是否都緣由水患？是
否水患頻仍的地域才有洪水神話？站在神話的立場看，洪水和洪
水神話兩者似乎未必有關。如果說洪水神話發生的地點都在靠海
邊的地區或大河流域，或許可證明這些地區的民族比較愛作抽象
的思辨，如姜亮夫先生所說「南土氣候溫燠，物產豐贍，而五湖
江漢之沃沃，求生至易，雲夢洞庭之浩浩，狂想足樂❹。」因此
開闢神話都發生在這些地區，洪水神話只是其中的一部。洪水神
話幾乎和天地開闢或人類再傳神話結合在一起，而有創世神話的

❹　弗雷澤(J.G.Frazer)：《舊約中的民間傳說·洪水故事的起源》，徐旭生：《中國古史的傳說時代》收錄，1958。
❹　李子賢：〈試論雲南少數民族的洪水神話〉，收入《雲南少數民族文學論集》第一集，中國民間文藝出版社，1982。
❹　姜亮夫：《楚辭學論文集》，上海古籍出版社，1984，頁115。

民族大多住在山氣氤氳或水霧迷濛的地區。洪水神話和水患未必
有關，和混沌宇宙觀念的產生背景卻似乎關係密切。

在漢族古籍中可以發現洪水神話的線索：

> 昔者共工與顓頊爭為帝，怒而觸不周之山，天維絕，地
> 柱折，天傾西北，故日月星辰移焉，地不滿東南，故水
> 源塵埃歸焉。《淮南子．天文訓》
>
> 往古之時，四極廢，九州裂，天不兼覆，地不周載，火
> 濫焱而不滅，水浩洋而不息，猛獸食顓民，鷙鳥攫老弱，
> 於是女媧鍊五色石以補蒼天，斷鼇足以立四極，殺黑龍
> 以濟冀州，積蘆灰以止淫水，蒼天補，四極正，淫水涸，
> 冀州平，狡蟲死，顓民生——《淮南子．覽冥訓》

司馬貞《補史記．三皇本紀》也提及共工頭觸不周山而引發
洪水，洪水神話的確是漢族典籍中習見的現象。洪水神話和傣族
的多日現象全是宇宙失序後，要加以重建前的破壞行為。

中國南方的洪水神話中，洪水為患只是這種神話的背景，而
兄妹婚再傳人類才是內容核心。《舊約·創世紀》的洪水後雖無
兄妹婚，而劫後遺民的諾亞方舟仍是再傳人類的母題典型。洪水
以前的人是邪惡的、有缺陷的，天神（或上帝）為了懲罰人類的
罪惡，決定淘汰這些人類，讓良善的遺民留下來，或者重新再造
人類。林惠祥說：「天地開闢以後，常有洪水的降臨及世界的重
造，故這種洪水神話也可算是開闢神話的一部分。這種神話大都
說神因人類犯罪，故降洪水來罰他們。這種神話也見於許多民族

如希伯來人、海洋洲各島人等❺⓪。」張福三先生引柯斯文在《原始文化史》中的話：「宣揚人的原本的不完美，人的"原罪"、"墮落"，從而人在不可抗的現象如洪水、水災當中受教育、被糾正的神話，也是流行很廣的❺①。」天神懲罰人類"原罪"的洪水神話應只是開闢神話的一部分。

　　洪水神話的原因不管爲何，幾乎都是爲了人類傳承，是天神爲了將有缺陷的大地、人類加以重建所做的破壞工作。

　　在天神要再次毀滅人類的洪水情節中，黑心腸的人有豎眼特徵，而洪水以後，宛納和約相兄妹生的後代比第二代人要好，史詩中特別強調「他們頭不昏，他們眼不花，雙耳垂著生，雙眼橫著長。」洪水氾濫前後是人類眼睛豎眼和橫眼的分界點。彝族各支系的創世史詩《阿細的先基》❺②、《查姆》❺③、《梅葛》❺④、《尼蘇奪節》❺⑤都包括了洪水神話，而洪水神話中都提到"眼睛"，從雲南楚雄、江城峨山、路南、新平等地的《洪水氾濫史》中整理出來的資料也是如此，豎眼而壞心腸的人是洪水氾濫的起因，洪水以後才進入橫眼人時代❺⑥。這點和傣族史詩相同。傅光宇先生說：「現代人類最早的祖先都是洪水之災遺民所生，"洪

---

❺⓪　林惠祥：《林惠祥人類學論著》，福建人民出版社，1981，頁95。

❺①　張福三、傅光宇：《原始人心目中的世界》，雲南民族出版社，1986，頁87。

❺②　《阿細的先基》、收入《雲南民族文學資料》第十八集，1963。

❺③　《查姆》，郭思九、陶學良整理，雲南人民出版社，1981。

❺④　《梅葛》，雲南省民族民間文學楚雄調查隊搜集翻譯整理，雲南人民出版社，1978。

❺⑤　《尼蘇奪節》，孔昀等整理，雲南民族出版社，1985。

❺⑥　《洪水氾濫》，雲南省少數民族古籍整理出版規劃辦公室編，雲南民族出版社，1987。

宇先生說：「現代人類最早的祖先都是洪水之災遺民所生，"洪水之災"實際上是遠古人類與現代人類的分界線。這"洪水之災"意味著什麼？在以不同的眼睛形態象徵文化發展階段的創世神話中，人類眼睛形態也與"洪水之災"緊密相關❺❼。」不同的眼睛形態是否象徵文化發展階段，似乎仍有待進一步研究。或許豎眼只是爲了和正常的橫眼人區別而已，只是顯示神話的不平常、特異性，不一定要眞正從人類進化觀點來研究。

王孝廉先生稱這樣的創世神話爲"原型回歸"神話類型，通常的神話結構是：1.神話樂園（原始的宇宙秩序）2.樂園破壞（人類的叛神，諸神的鬥爭，宇宙洪水等歷劫的過程，也就是失樂園）3.樂園重建（恢復宇宙原初的秩序，祖型回歸）。而原型回歸類型的神話，其中心母題，不外是以下各項內容：1.天地開闢 2.神造人類、萬物 3.宇宙洪水 4.全人類和萬物死絕，只有兩人得救，此二人通常是兄妹或姊弟（超自然神靈的選民）5.近親相姦（此二人結合再生人類的神婚行爲）6.宇宙秩序復舊，圓形循環的完成❺❽。洪水後兄妹婚，宇宙重整，再造人類，這是創世神話重要的一環。

聞一多並說明一個典型的洪水造人母題：「在中國西南部（包括湘西、貴州、廣西、雲南、西康）諸少數民族中，乃至在域外，東及台灣，西及越南及印度中部，都流傳著一種兄妹配偶

---

❺❼　同❺❶，頁126。
❺❽　王孝廉：《中國的神話世界》（上），台北時報文化出版公司，1987，頁381
　　－382。

型的洪水遺民再造人類的故事，其母題最典型的形式是：一個家長（父或兄），家中有一對童男童女（家長的子女或弟妹）。被家長拘禁的仇家（往往是家長的弟兄），因童男女的搭救而逃脫後，發動洪水來向家長報仇，但對童男女，則已預先教以特殊手段，使之免於災難。洪水退後，人類滅絕，只剩童男女二人，他們便以兄妹（或姊弟）結爲夫婦，再造人類❺❾。」雖然傣族史詩中英叭毀滅神果園後沒有洪水遺民，卻在天上留了人類果，等著桑嘎西神去尋；而在第二次的洪水氾濫中早就留下一男一女兩嬰兒。李卉先生曾指出，同胞配偶型洪水傳說的主題爲遠古洪水孑遺同胞（兄妹或姊弟）二人結婚後繁殖子孫遂遺傳人類。其地理分布遍及東南亞的大陸半島島嶼三區，爲東南亞古文化特質之一。各區民族的同胞配偶型洪水傳說爲發自一源而散佈各地。根據此型傳說的構成因素，可分類爲三型十一式。而東南亞同胞配偶型洪水傳說的形成，由於各種傳說的因素逐次結合。其結合的形成，亦即此一型式洪水傳說之起源，似爲古代屬於中國長江中游的古印度尼西亞民族所完成，然後隨民族之移動而傳播於東南亞古文化各區❻❶。傣族史詩中第一次洪水氾濫是個變數，造人不成功，才有第二次洪水。第二次洪水氾濫後葫蘆兄妹成婚配才是東南亞同胞配偶型洪水傳說的典型。

　　張銘遠先生以爲，大洪水的母題和兄妹婚有必然的聯繫，這

---

❺❾　聞一多：《神話與詩・伏羲考》，台北里仁書局，1993，頁3-68。

❻❶　李卉：〈台灣及東南亞的同胞配偶型洪水傳說〉，《中國民族學報》第一期。

種聯繫反映了原始先民的獨特的世界觀：先前由某一種創世力量
所創造的世界是不能長久的，所以它被洪水毀滅了，永久的世界
只能由兄妹的婚配重新創造出來[61]。

洪水造人母題是由俗到聖的過渡儀式，失序的宇宙破壞後，
重新整合成一個新世界、新人類；兄妹婚和洪水神話結合起來，
都是創世神話的一環，是中國南方或東南亞古文化的特質之一。

四、人類再傳的兄妹婚

中國南方的洪水神話和西方最大不同在：洪水孑遺後的兄妹
婚。

《巴塔麻嘎捧尚羅》描寫，浩劫過後，天神派夫婦神桑嘎西、桑
嘎賽下來補天補地，而且帶下仙葫蘆籽孕育了動植物，可惜葫蘆
裡無人種，而污垢只能成神，不會繁衍後代，不能生兒育女，男
神桑嘎西只好上天去找人類果。在神王山找到七個眼、七層皮、
七個瓣的人類果。史詩中講到「萬靈的神祖，為繁殖人類，才珍
留下人類果，天上唯有這一個。」上天珍留的人類果實際上有如
劫後的遺民，是天神不願人類絕滅的證明。

桑嘎西從天上將人類果帶回地球羅宗補以後，馬上將仙果碾
碎，用仙藥拌攏，不停地揉了又揉，將人類果揉得像又柔軟又有
黏性的黃泥，然後仿照神的模樣，捏了馬面人、猴面人、牛面人
三對，各有一男一女，置於三大洲；又捏了最美的一對神面人置

---

[61] 張銘遠：〈洪水神話新考─兄妹婚與生殖信仰〉，《民族文學研究》1990
年2期。

於羅宗補上。桑嘎西夫婦仔細端詳兩個神面人，才發現女的藥果人胸前缺乳房，女神桑嘎賽以藥果男人掌心取下兩團藥果安在藥果女人身上，於是女人有了一對乳房。桑嘎西兩夫婦又對仙果人吹了七次仙氣，仙氣顯神靈，藥果人活了，變成一對美男女，男的叫召諾阿，女的叫薩麗捧，神讓他們在羅宗補準備生兒育女。

　　可是人白白成雙對，卻不懂得交配生育。召諾阿見了魚生下了魚群，鹿生下小鹿，而雀鳥生了蛋，花貓也交配，開始懂得男女交合才能繁衍後代的道理。薩麗捧拒絕了，因為他們是兄妹；然而留了後路，如果召諾阿答對三道隱語，兩人才能結為夫婦。三道隱語是：天底下最黑是什麼？天底下最亮是什麼？天下酸甜苦辣鹹淡澀餿是什麼？聰明的薩麗捧要試探召諾阿的智慧，可惜召諾阿想了一萬年仍是錯誤答案，薩麗捧因為他智慧不足，本事不夠，認為不具備當父親來繁殖後代的資格，再次拒絕了他。召諾阿想了五萬年仍未找到答案，轉眼十萬年也過了，桑嘎西二神卻未見到羅宗補洲上有人蹤影，好不容易找到召諾阿，問明原委後，桑嘎西解開了隱語答案：天底下最黑莫過於人心，天底下最亮莫過於智慧，天底下酸甜苦辣鹹淡澀餿是人的語言。召諾阿由神的幫助通過了薩麗捧的考驗，他們不再是兄妹而成了夫妻，一年生三對，三男和三女長大又結好夫妻，人類就在宗補洲繁衍了。

　　沒想到人越來越多以後，人心就壞了，豎眼的男人逼迫自己的親生女兒和他通姦，因此又惹怒了天神，帶來了洪水氾濫。傣族史詩的第二次洪水氾濫是較典型的，有洪水遺民。天神將一男一女兩個嬰兒藏入葫蘆中，人類得以不被毀滅。宗補洲沒有人煙，哥哥宛納要求妹妹約相成婚配，妹妹拒絕，後來拗不過哥哥苦苦哀求，只好委託天神作主。天神用針線作暗示，將金針落在妹妹髮髻上，將細線飄在哥哥肩膀上。妹妹想到了辦法，希望哥哥在遠處將細線投入針眼，要是成功了，代表天神答應兄妹婚配。線穿針孔後，妹妹又要兩塊石磨合攏一起，哥哥只好抱起上面的石盤，用力扛到山頂，將石盤往下滾，兩塊石盤合攏如初，妹妹答應兩人成夫妻。葫蘆兄妹成為人類種後，一年生六對兒女，一天等於一年，十天姑娘長成了，半月伙子長成了，他們又結成夫妻，生下兒女，從此天神開創人類成功。

南方的洪水神話中，洪水為患只是神話的一個背景，而兄妹婚再傳人類才是內容核心。通常兄妹會不願婚配，他們對神意並不滿意，所以有考驗難題產生，而在兄妹婚的占卜驗證過程中，天神總是媒介。傣族史詩中第一次洪水神話後桑嘎西神幫助召諾阿解答薩麗捧的三道隱語。很明顯地，這樣的隱語似乎是後來的人加上去的，初民思維中不太適合出現所謂「天底下最黑莫過於人心，天底下最亮莫過於智慧」這些情節。然而，可以肯定的是，兄妹婚配必有占卜或驗證神意的過程。

而第二次洪水後有天神幫助哥哥通過穿針引線和占石磨的考驗。除了傣族的召諾阿薩麗捧兄妹、宛納約相兄妹，還有壯族、漢族的盤古兄妹，瑤族的伏羲女媧兄妹，苗族儺公儺母兄妹、姜央兄妹或姜央的女兒葫蘆兄妹，布農族的賽胡細妹兄妹，拉祜族的扎笛娜笛兄妹，納西族的五兄弟和利恩六姊妹，彝族的阿普獨慕。兄妹往往成了各民族始祖，伏羲女媧甚至成了許多民族的共同始祖。

有人認為洪水後的兄妹婚反映了人類早期曾經有過氏族血緣

婚情形。有學者批駁這種說法，因為兄妹婚是在洪水後人類面臨滅絕情況下才產生的，不具備普遍意義。尤其在兄妹婚中兄妹對這種結合都有異議，尤其是女方總會再三拒絕，最後通過滾石磨、滾篩子、點煙火，射箭、穿針引線等占卜方式，訴諸天意，妹妹才勉強答應。值得注意的是，兄妹婚之後生下的通常不是正常人，不是肉塊就是肉團。又有學者認為如此的兄妹婚似乎有反血緣婚的思想傾向。納西族的兄妹婚甚至是當成亂倫行為而遭到神譴引來洪水，是屬於更強烈的反血緣婚情形。當然這種思想或許是後來才有的。漢族中的伏羲女媧既是兄妹，也是夫妻，兄妹這種近親通婚是否在初民眼中有道德批判情形，不得而知。如果兄妹婚是不被人類允許的，何以天神允許，何以在洪水中天神要刻意選擇兩兄妹當再傳人類的對象？兄妹既是天神所允許的，何以又會生下所謂畸型的肉球、肉塊，生肉球、肉塊是否代表反血緣婚？當然，首先要對肉球、肉塊有比較合理的解釋，才能回溯兄妹婚過程中有關占卜、葫蘆的深層涵義。

（一）

洪水後兄妹婚生下肉球、肉塊一直是許多學者爭議的焦點，有人甚至提出近親通婚所以生下畸形兒的話來，這點必須重新釐清。筆者以為生肉球、肉塊當和反血緣婚無關，因為肉球、肉塊被剁碎揚撒後必定成為一個或多個民族的起源，異於常人的肉球、肉塊並非在說明兄妹婚的不正常性，而是不平常性、神聖性。

聞一多所列四十九個洪水兄妹婚故事中，兄妹所生的不成人形(包括肉球、肉塊、無手足、無頭尾等怪胎）或像物形（包括

瓜、雞卵、磨石仔）的後代就佔了二十四個[62]，而筆者所見故事
中，兄妹婚後所生的不是肉球、肉塊，就是生的孩子不會說話，
或者言明妹妹全身懷孕，甚至生下九男九女、六男六女或五男二
女[63]。兄妹婚幾乎很少出現生下平常一男一女的例子。洪水後的
兄妹婚正是在說明民族起源的神聖性。通常的情形是，妹妹生下
肉球、肉塊，而哥哥將之剁碎揚撒，於是大地上處處有了人家。
有時妹妹生下的是瓜，將瓜籽揚撒以後也會變成人，散佈在每一
個角落。其實，這似乎也是一種生殖魔力崇拜的反映。初民相信
人牲的血肉和骨灰具有肥沃土壤、使穀物豐收的魔力和物質力量，許
多地區都有將活人殺死，把人肉揚撒在田地上祈求豐收的習俗信
仰[64]。流行在南方農耕社會的兄妹婚故事，將肉胎剁碎揚撒繁衍
人類，應和以人牲祭穀神的用意相似。肉球、肉塊剁碎揚撒後成
了各民族或許多民族的始祖，如果生肉球是表示畸型、不正常，

[62] 聞一多：《神話與詩．伏羲考》，台北里仁書局，1993，頁3-68。
[63] 儸佬族《伏羲兄妹的傳說》中生下肉團。
　　毛南族《盤和古》中生下包衣。
　　土家族《天地開親》中生下肉球。
　　白族《民族的來源》中生五女，而《開天闢地》中則生五男二女。
　　哈尼族《兄妹傳人類》中妹妹全身懷孕。
　　傈僳族《民族的起源》、《天地人的形成》中各生下九男七女、六男六女。
　　怒族《臘普和亞妞》、《洪水滔天》中各生下七男七女、七男。
　　布依族《伏羲兄妹》、《迪進迪穎造人煙》、《王姜射日》具載明生肉坨、
　　肉團、肉瘤。
　　壯族《布伯》中生下肉團。
　　見《中國少數民族神話選》，谷德明編，西北民族學院研究所，1983。
[64] 弗雷澤(J.G.Frazer)：《金枝》，徐育新等譯，中國民間文藝出版社，
　　1987，頁624-633。

是反映所謂反血緣婚，那麼民族的始祖豈非都是怪胎，何神聖之有？

　　徐華龍先生認為，生下動植物的異胎加以丟棄，在得救或收養後，被棄者又長成俊美的男女，是中國西南少數民族棄子故事的重要內容。「它的原始要素已淹沒在神奇故事中，不過，只要仔細地觀察，也還不難發現」，像各式各樣的青蛙孩子、瓜果仔、蛋形兒等，都包含著"丟棄—救助—蛻變"的棄子英雄故事必要關目。徐先生並且試著把洪水遺民、兄妹婚生下"瓜卵形"怪胎的常見故事與棄子習俗結合起來，「這類棄子神話中所說的肉球，並非眞的現實生活裡的肉球，而是一種隱喻性的東西，猶如神話中所說及的葫蘆、冬瓜孕育人類一樣。在這裡，肉球象徵兄妹婚後所生兒子。神話中說的剁肉球，是棄子最原始的消滅肉體方式之一**❺**。」兄妹觸犯倫理"禁忌"（taboo）以後所生下的怪胎往往必須加以破壞性處理，這確實是最廣義的丟棄。而被棄原本就是在說明死後再生的不平凡性。

　　伊藤清司先生認為兄妹婚神話中關於近親婚的禁忌以及畸型兒出生的部分很富於故事性，是值得再探討的問題。伊藤先生同時也提及，大洪水後倖存的男人（男女）結婚後所生育的或為肉塊，或為瓜和南瓜，結果從其中出現的人類是複數的。這個複數極具深意，那些複數的孩子們成為各民族的祖先**❻**。而極具深意

❺　徐華龍：〈西南少數民族棄子神話研究〉，收入《中國少數民族神話論文集》，田兵、陳立浩編，廣西民族出版社，1984。

❻　日·伊藤清司：〈人類的兩次起源〉，王汝瀾、夏宇繼譯，《民族文學研究》1990年1 期。

的“複數”反映了有神意的人類快速繁衍性。有神性的兄妹似乎不必如俗世的夫妻那樣，一胎生下一男或一女。第三章阿鑾類型故事中不平凡出身的阿鑾，生下時也有一塊肉皮、只有頭或三隻眼的情形，甚至降生時是一個瓜、一隻蝦蟆、一條四腳蛇，最後必定出脫成美少年，有天賦異稟、超凡能力。《晉書．符生傳》：「既自有目疾，其所謂不足不具。」身體一部分有殘缺或畸型的所謂不具兒通常都有不平凡的一生。學者將日本《古事記》的“國生神話”和人類起源的兄妹婚比較，前者也被認爲是近親結婚，男神伊邪那岐命和女神伊邪那美命交合後生下手足全無的水蛭子❻❼。不具的水蛭子不也是爲了顯示他異於常人的太陽神之子身分嗎？

加藤常賢即指出，在古代陪伴君側的常是痀僂的廢疾之人，他們擔任祝或史的官職，是人神之間溝通的媒介❻❽。祝、史、靈巫通常由有廢疾的人擔任，具有通神的本領，正說明在先民眼中，廢疾之人具有常人所無的異稟，有天賦的神聖任務。

中國早在春秋戰國時代，通常都由有殘疾的人擔任巫覡工作，據說他們都有特殊的神秘力量。《荀子·王制篇》記載：

> 相陰陽，占祲兆，鑽龜陳卦，主攘擇五卜，知其吉凶妖祥，傴巫跛擊之事也。

---

❻❼　鐵井慶紀：〈ヒルコ神話・ヒノカグツチ神話と中國〉，《日本中國學會報》第二十五期。

❻❽　加藤常賢：《中國古代文化の研究.巫祝考》，二松學舍大學出版部，1980。

楊倞注：擊讀爲覡，男巫也。古者以廢疾之人，主卜筮巫祝之事，故日傴巫跛擊。《荀子・正論篇》也說：「傴巫跛匡，大自以爲有知也。」有廢疾之人而自以爲有神異。據文獻上所言，聖人周公就是駝背的人❻❾。

柳存仁先生曾舉了許多神聖誕生爲一肉團的例子，最有名的即爲《封神演義》的哪吒，生下時爲一滴溜溜圓轉的肉球，而《新編五代梁史》平話寫黃巢出世時似肉球樣。《南遊記》第八回《華光在蕭家莊投胎》也是肉球樣，用刀剖開出來五子。柳先生以爲哪吒投胎的肉團故事當是和佛教故事有關。《佛國記》毗離國（Vaisali）塔條記載：

> 恒水上流有一國王，王小夫人生一肉胎。大夫人妒之，言汝生不祥之徵，即盛以木函，擲恒水中，不流。有國王游觀，見水上木函，開看，見千小兒端正殊特，王即取養之。遂便長大，甚勇健，所往征伐，無不摧伏❼❿。

可以肯定的是，兄妹婚生下肉球、肉塊正是強調其神聖性，像阿鑾的只有頭、一塊肉皮，或像有廢疾的靈巫能上與神通，在

---

❻❾ 周公短……周公之狀，身如斷菑。　《荀子・非相篇》
　　周公傴背。　《廣韻》上聲九麌引《荀子》
　　周公背僂。　《論衡・骨相篇》
　　傳日周公背僂。　《白虎通・聖人篇》
❼❿ 柳存仁：〈毗沙門天王父子與中國小說之關係〉，收入《中印文學關係源流》，郁龍余編，湖南文藝出版社，1987。

在都表現其異於平常的神聖性。

(二)

洪水後兄妹婚神話中，兄妹總會不願婚配（通常妹妹會拒絕），所以有各種占卜考驗難題產生，而在兄妹婚的占卜驗證過程中，天神常是媒介。占卜的方式最習見的是滾磨，除唐李冗《獨異志》中所記漢族有滾磨情節外，布依、傈僳、瑤、毛南、彝、白、哈尼、景頗、苗、水、羌、苦聰、傣、侗、仡佬、拉祜等族也有。其他的占卜方式則是繞山、滾篩、滾鍋、穿針引線、合煙、射箭、抛貝殼或抛竹等等。經過一連串的占卜行為，確定二人結合是神意後，兄妹才同意擔負起繁衍後代的責任。

為何總要選定兄妹（或姊弟）來婚配，而遭致他們的拒絕，又得經過連番的占卜儀式，為何神選定的不是毫無血緣關係的男女？對於這個問題，學者的看法頗多歧義，都多拘泥於血緣婚或反血緣婚的思維上。

孟慧英先生將兄妹由不願婚配到配偶生子歸為一種巫術儀式，巫術儀式或神的意志是解除兄妹排斥血緣婚觀念的權威手段。兄妹婚傳說一再強調世上僅存一雙兄妹的特殊情境和在這種情境下兄或妹仍嚴守戒規，幾番不允婚的情景。而經過巫術儀式後，兄妹便不屬同一氏族，他們成婚就不再是氏族內部的血緣婚，而是族外婚，至少是被神允許了的[71]。這種觀點似乎說明兄妹婚反映的

---

[71]　孟慧英：《活態神話─中國少數民族神話研究》，南開大學出版社，1990，頁284-285。

正是非血緣婚社會。

　　蔡大成先生就說，神話展示出的最初情境往往與客觀世界的情境正好相反，如「原來天上有十個太陽」、「早先人不會死」、「動物也會說話」等等。根據這一"鏡相"的神話邏輯，任何一種現存文化現象在神話中都有可能表現出一種與其相應的反文化"鏡相"來，非血緣婚的社會恰恰能產生血緣婚神話❼。事實上，兄妹婚現象在一些場合下也曾存在過，近親禁忌（Incest taboo）並不適用某些特殊情況，像古代秘魯印加帝國的王室、古代埃及法老、夏威夷王室、日本天皇，出於維繫其高貴血統純正的考慮，莫不是娶自己的親姊妹或堂姊妹爲妻。這些人常被認爲是具有特殊神聖不可侵犯的人格（或者認定他們是神）。這樣的婚配，目的在維持他們的神性，不致被凡人玷污了，而能夠有相同神性的配偶，只有自己的兄弟姊妹❽。非世俗的血緣婚維護了社會最高等級的神聖地位，正是以世俗非血緣婚爲其前提的。蔡先生又說，神話中把人類的第一對男女想像爲同血緣的兄妹，允許在本氏族的最高層次上，即始祖之間實行兄妹婚，完全是用極端的方式證明族源血統的純正❼。

　　另外，有學者主張，血親婚是對族外婚的一種破壞，對族外婚的破壞則是社會混亂的一種表現，它比其他形式的破壞禁忌，在更大的程度上容易釀成宇宙性的混亂，血親婚的深層結構裡直接蘊含著大洪水。正如英雄神話的血親婚母題一樣，洪荒大水的

---

❼　蔡大成：〈兄妹婚神話的象徵〉，《民間文學論壇》1986年5期。

❽　《人類學導論》，宋光宇編譯，台北桂冠圖書公司，1977，頁313。

❼　同❼。

爆發同時也是對英雄的一次考驗，平息洪水意味著宇宙業已形成，英雄已經成長，而血親婚顯示了：英雄“降生”的渾沌環境，和與眾不同之處❼❺。洪水後兄妹婚不也是宇宙秩序破壞後的重建，血親婚中的兄妹正如英雄一般，有其與眾不同的神聖性。

其實，人類的祖先本來就是天地間唯一的一對男女，血親婚首先是他們二人的結合，由於他們不得不實行血親結合—神聖的血親婚，眾神或人類才得以誕生。血親婚是對族外婚的破壞，任何一種破壞禁忌的行為都可能顯示出主人公負有特殊使命❼❻。兄妹婚難道不神聖？二人不正負有再造人類的使命？

張銘遠先生從少數民族姑舅象徵儀式等習俗的生殖信仰功能上論定，兄妹婚神話表現出對自然界、對農耕事業、或對種族興旺具有整合的生殖力，因此生怪胎的“高產生殖”並非兄妹婚的惡果，而正是創世意義的生殖魔力崇拜，一胎多產遠遠超出人類生育的實際能力，表現兄妹婚的神聖生殖、創造力❼❼。

而一切的占卜驗證行為無非在強調兄妹婚的神聖性。占卜是原始初民生活中相當平常的事，梁釗韜先生就曾列舉古代占卜的社會作用至少有十方面：帝位、祭祀、征伐、生子、狩獵、婚姻、入社式、犧牲、夢占、疾病❼❽。婚姻的占卜吉凶應是沿襲已久的巫

---

❼❺ 蘇.E.梅列金斯基：〈論英雄神話中的血親婚原型〉，馬昌儀譯，《民族文學研究》1990年3期。

❼❻ 蘇.T.列維通：〈血親婚〉，劉方譯，《民族文學研究》1990年3期。

❼❼ 張銘遠：〈洪水神話新考—兄妹婚與生殖信仰〉，《民族文學研究》1990年2期。

❼❽ 梁釗韜：《中國古代巫術—宗教的起源和發展》，中山大學出版社，1989，頁90。

術觀念，只不過在兄妹婚配中更強調天意而已。左傳中就有許多占卜婚姻吉凶的情況❼❾。占卜行為中有射箭一項，和英雄故事中《難題求婚》的射箭情節有某種程度的關聯，似乎都帶著兩性結合的象徵。而其他習見的滾磨、穿針引線，或者合煙、滾篩、滾鍋、拋貝殼或拋樹葉等方式，無一不具有性暗示，說明通過男女兩性交合行為而達到繁衍人類的目的。

據宋兆麟先生所舉例，貝殼、柳葉、竹子、陶壺、瓢、葫蘆等都是女陰的象徵。原始初民對女陰的形象化，有共性，也有個性，其核心是洞穴狀，或者其內又有象徵多產多子的子實❽⓪。占卜形式都有兩性交合的暗示，是性崇拜，也是生殖崇拜。

值得一提的就是滾磨方式，它是兄妹婚占卜過程中最普遍的。石磨和穀物並存，也說明兄妹婚神話多發生在南方農業社會，人們對石磨的依賴轉成崇拜，而帶有神聖的天意。

照葉樹林地帶的文化發展分三階段：首先是半栽培文化，接著是以雜穀為主的火耕，最後才發展成水田稻作的農耕文化。而不管是哪一階段，各式各樣穀物所做的有黏性的糕點都是照葉樹林文化分布最廣的一項特色❽①。將穀物做成有黏性的糕點靠研磨工夫，洪水神話中兄妹婚占的滾磨情節應是理所當然的。

---

❼❾ 《左傳．莊二十二年》：陳公子完初娶其妻懿氏時，其妻占之曰吉。
　　《左傳．僖四年》：初，晉獻公欲以驪姬為夫人，卜之不吉，筮之吉。
　　《左傳．僖十五年》：晉獻公嫁伯姬於秦，占之不吉。
　　《左傳．襄二十五年》：崔武子卜娶齊棠公之寡妻，筮之，史皆曰吉。
❽⓪ 宋兆麟：《生育神與性巫術研究》，文物出版社，1990，頁54-59。
❽① 日．佐佐木高明：《照葉樹林文化の道》，日本放送出版協會，1982。

肉胎剁碎揚撒是生殖魔力崇拜，肉胎是異於常人的神聖性，兄妹婚當然是爲了強調它的神意，而有性暗示的占卜情節和農耕文化結合起來，正表現出祈求豐饒的生殖信仰。

(三)

在西南民族的洪水神話中，葫蘆扮演了重要角色，既是造人素材，也是避水工具。

傣族史詩的第二次洪水中，天神將一對剛脫離母體的兄妹藏入葫蘆中，洪水退後，小葫蘆也成熟了，發出黃黃的光澤，成熟的葫蘆開始動起來，在地上打滾，碰到石頭就炸開了，小兄妹宛納約相就這樣出來了。葫蘆明顯是避水工具，在史詩中卻不斷稱小兄妹是葫蘆人，而原本的小葫蘆還成熟炸開，就如兄妹是葫蘆所生一般，葫蘆似乎成了造人素材。在聞一多所統計的四十九個洪水故事中，以葫蘆做避水工具的就有十七個，做造人素材的則有一個。他的結論是「沒有造人素材的葫蘆，便沒有避水工具的葫蘆[82]。」王孝廉先生曾對此加以反駁，認爲以葫蘆做避水工具與原初的造人素材並無必然的關聯[83]。不管做爲造人素材，抑或避水工具，葫蘆在洪水神話中的確都佔著舉足輕重的地位。

據筆者所見其他少數民族的洪水神話中，以葫蘆做避水工具的佔絕大多數，僾佬族《伏羲兄妹的傳說》、毛南族《盤和古》、土家族《天地開親》、白族《氏族的來源》、哈尼族《兄妹傳人類》、

[82] 聞一多：《神話與詩·伏羲考》，台北里仁書局，1993，頁3－68。

[83] 王孝廉：《中國的神話世界》(上)，台北聯經出版社，1987，頁407。

《天地人的傳說》、傈僳族《民族的起源》、《天地人的形成》、黎族《人類的起源》、布依族《伏羲兄妹》、《迪進迪穎造人煙》、《王姜射日》❽、壯族《盤和古》、《卜伯的故事》、侗族《捉雷公》、畲族《桐油火和天洪》❽，而傣族史詩中葫蘆是孕生萬物的神種，也是避水工具。在洪水神話中，葫蘆做為避水工具，遠比當造人素材要普遍而習見。即使是做為避水工具，葫蘆所蘊含的似乎也不只避水功能，而是具備了神秘的原始信仰成分。

　　《詩經·瓠有苦葉》講：「瓠（葫蘆）有苦葉，濟有深涉。」《國語·魯注》說：「夫若瓠不材，于人共濟而已。」《莊子·逍遙遊》中也曾寫葫蘆可以做腰舟浮游江湖。古人曾用葫蘆做腰舟涉水渡河應是無庸置疑的，就是現在，在黃河沿岸仍有人聯結幾個葫蘆，利用浮力渡河。在長江下游的浙江餘姚縣所發現的河姆渡文化遺址中就有七千多年的葫蘆遺骸，而距今六千多年的西安半坡文化遺址上也發現有葫蘆。唐代樊綽《蠻書》就記載中國雲南西部有「瓠長丈餘，皆三尺圍」，可見巨型葫蘆並非神話。中國各民族的神話中拿葫蘆做避水工具應是可理解的。中國以葫蘆做禮器，主男女結婚，夫婦之始。《禮記·昏義》說：「共牢而食，合卺而酳，所以合體同尊卑以親之也。」《禮記·郊特牲》又說：「器用陶瓠，以象徵天地之性也。」王孝廉先生說：「可以知道夫婦破瓠為二，是象徵天地生萬物，也是為了"胤子生"，是希望能夠像天地一樣陰陽相生而生繁茂子孫，瓠所以被用來象徵

---

❽　同❽。

❽　《中國少數民族神話傳說選》，陶立璠、李耀宗編，四川民族出版社，1985。

天地，象徵男女，或許是沿於古代以天地渾沌如葫蘆，因此葫蘆破裂而始生人類的原始信仰❽。」

《詩經·緜》：「緜緜瓜瓞，民之初生。」故聞一多以爲葫蘆瓜多子，是子孫繁殖的最妙象徵。卺謂半瓢，取瓠瓜，破爲兩半，夫婦各執其一飲酒。也有人從另一方面來解釋葫蘆做爲造人素材的原因。雲南佤族認爲人類祖先是從"西崗裡"出來的，而"西崗"有兩種意思。滄源、瀾滄地區的佤族說"西崗"是葫蘆，人是從葫蘆中出來的；而西盟地區的佤族則認爲"西崗"是岩洞，人是從岩洞中出來的。於是葫蘆和岩洞結合起來，人從葫蘆出，就是人從岩洞出。楊長勛先生說：「葫蘆神話最本質的地方就在於記載和反映遠古人類的穴居生活❾。」要將葫蘆神話以爲反映遠古人類的穴居生活，似乎不如將之歸爲性崇拜或生殖崇拜。葫蘆體內多子，而形似懷孕的母體，有繁衍的象徵；而將葫蘆和岩洞連繫起來更是明顯的性崇拜，岩洞似陰戶，人通過陰戶自母體出。除了葫蘆外，兄妹婚的另一個重要環節是占卜驗證，兄妹對於結合通常會有異議，尤其妹妹總會再三拒絕，必需通過滾石磨、穿針引線、射箭、點煙火、篩子等方式，無一不具有性象徵，有男女兩性交合的暗示，和岩洞、葫蘆的性崇拜、生殖崇拜如出一轍。

葫蘆崇拜是生殖崇拜，葫蘆成了孕育各民族始祖的母胎。佤族《葫蘆的傳說》（司崗里）寫葫蘆中走出佤族、景頗族、傣族、漢

---

❽　同❽，頁407。

❾　楊長勛：〈廣西洪水神話中的葫蘆〉，收入《民間文藝集刊》第6集。

族和拉祜族五兄弟❽；而基諾族故事《瑪黑、瑪妞和葫蘆裡的人》寫洪水後兄妹種葫蘆，生出布朗族、基諾族、傣族❽；雲南保山縣潞江壩崩龍族說：洪水過後，雷神劈開葫蘆，從其中走出傣、漢、回、傈傈、景頗各族❾；峨山彝族洪水神話寫篤慕在洪水後與仙女婚配，後來，仙女生了一個葫蘆，劈開葫蘆，走出漢族、彝族、哈尼族、傣族的祖先❾。傣族史詩《巴塔麻嘎捧尙羅》中也寫桑嘎西和桑嘎賽二神有裝萬物的葫蘆，他們把葫蘆裡的種子撒在地上，地上才有了植物和動物。葫蘆也孕育萬物，成了無所不能的神葫蘆。

　　韓國、日本、印度也有關於葫蘆的神話信仰。

　　韓國人姓朴的很多，朴的原意就是瓠（葫蘆），新羅始祖赫居世（光明之意，太陽神）是卵生，《三國史記·新羅本紀》記載：「辰人謂瓠爲朴，以粗大卵爲瓠，故以朴爲姓。」大卵如瓠，以瓠爲姓，新羅始祖的神話是卵生和瓠生的結合，在《東國輿地勝覽》卷三十五也有崔氏瓠生的神話：

　　諺傳新羅人崔氏園中有瓜，長尺餘，一家頗異之，崔氏
　　女潛而食之，歆然有娠，彌月生子……及長祝髮爲僧，

---

❽　　《葫蘆的傳說》，劉允禔、陳學明整理，雲南民族出版社，1980。又見
　　　《司崗里》，《山茶》1988年第一期。
❽　　同❻，頁619。
❾　　李景江：〈試論中國洪水神話〉，收入《神話新探》，貴州人民出版社，
　　　1986。
❾　　《洪水氾濫》，雲南民族出版社，1987，頁44-45。

名道説。

韓國古代有葫蘆生人的信仰，而在日本，葫蘆也被視爲是有靈性、神性的容器。日本的《嬉遊笑覽》寫一老婦於河中洗衣，河中流來一瓜，取而食之，美味。又拾一瓜，回家置於櫃中，瓜破而生一女❾。

葫蘆生人的神話，最早見於印度在西元前四世紀所寫的史詩《羅摩衍那》第一編第三十七章：

須摩底呢虎般的人
生出來的一個大葫蘆
人們把葫蘆一打破
六萬個兒子從裡面跳出

季羨林先生以爲史詩中葫蘆的原文Garbhatumba， 意思是“葫蘆胎”，胎的樣子同葫蘆很相似，胎裡面有胎兒，葫蘆裡面有子，也是相似的❾。

日本植物學家中尾佐助先生首先提倡了“照葉樹林文化論”，總合了植物生態學或作物學與民族學的成果❾。而照葉樹林文化在

---

❾ 同❽，王孝廉所引日人熊谷治〈瓠瓜に關する民俗〉一文。
❾ 季羨林：〈關於葫蘆神話〉，《民間文藝集刊》第五集，上海文藝出版社，1984。
❾ 中尾佐助：《栽培植物と農耕の起源》，岩波書店，1966。

很早以前就被認定是以雲南爲中心❾❺。王孝廉先生以爲葫蘆生人
類的神話，是照葉樹林文化圈的人類族原神話之一，從印度、東
南亞、中國、朝鮮、日本都有這樣的例子，中國西南民族的葫蘆
造人神話只不過是其中之一環，與漢族相傳的伏羲女媧毫不相涉。這
是一個隨著葫蘆這種植物的傳播路線而產生的神話信仰，葫蘆形
狀有如女體，葫蘆中有排列整齊的種子，也如母胎孕子，另外是
葫蘆有如渾沌未開的天地，由此而生陰陽男女，這些都是產生葫
蘆生人類的原始要素。王先生的結論也說，西南各民族的洪水神
話，是世界性箱舟型洪水神話的一環，都是隱喻一種原始宇宙秩
序經過歷劫破壞之後的重建與回歸。其中以葫蘆爲避水的工具，
是源於以葫蘆爲腰舟渡水的事實。中尾佐助考據，葫蘆是原產於
非洲及印度的熱帶植物，亞洲的葫蘆傳播是由印度而中國南北全
境，由中國黃河流域而朝鮮半島。另外是由印度而中國西南諸民
族，向南是緬甸與印度尼西亞群島，由中國西南而沿照葉樹林地
帶至中國東南沿海，再由此而傳入日本❾❻。

(四)

從兄妹婚的結果—生下肉球、肉塊，肯定了兄妹婚的魔力生
殖，具有異於常人的神聖性，而占卜的過程也是爲了強調兄妹婚
的神意；在滾磨的情節上則表現出生殖崇拜和農耕文化的結合。

做爲避水工具或造人素材的葫蘆也有它的巫術信仰存在。兄

---

❾❺　日．佐佐木高明：《照葉樹林文化の道》，頁25。

❾❻　王孝廉：《中國的神話世界》（上），頁405-413。

妹在洪水中以葫蘆當避水工具，是死後再生、由俗到聖、從人到
神的通過儀禮。而後來各式各樣的避水工具應多是葫蘆的變形。

　　不管從洪水中的避水工具，或是占卜過程，婚後生下所謂肉
球的畸型兒來看，兄妹婚具是在強調其異於常人的神聖性，或異
於平常的魔力生殖。生肉球、生肉塊非但不是不正常，而且是不
平常、神聖的。洪水後的兄妹婚正是宇宙秩序破壞後的樂園重建，再
傳人類正是秩序重建後神的子民。

第三章　文化起源神話

　　原先所謂 "文化" 是被解釋成文治、教化之意，劉向《說苑》就寫：「籍文化以教，弗改加誅。」元代王逢詩中有「文化有餘戎事略」。後來學術界普遍使用的 "文化" 一詞，實際是引自日本的。英文稱文化為Culture，德文叫做Kultur，皆源於拉丁文Colere、cultus、Cultera，原意爲耕作。日本學者石田英一郎說明德文Kultur常和nature（自然）相對，表示人類由粗野向文明化進展的意思。英國人類學家泰勒（E.B.Tylor.）在《原始文化》一書中對 "文化" 二字下定義說，所謂文化或文明，在廣義民族志的意義上，是一個知識、信仰、藝術、道德、法律、習俗以及其他人類做爲社會成員而獲得的能力和習性的複合全體。陶陽先生以爲，"文化" 概念經過歷史的發展，已由原來的 "耕作" 演變爲整個人類在文明化過程中所獲得一切物質價值和精神價值總和。而所謂文化起源神話就是指初民用原始思維來詮釋他們祖先所創造的物質文化之起源的神話，其範圍和和斯賓塞（Lewis Spence）所劃分的 "生活起源神話" 大體相當❶。

　　傣族創世史詩中最值得探討的文化起源神話應屬穀種神話和干欄神話。除了開闢天地的英叭神，還有捏人、製造各種動植物

---

❶　陶陽、鍾秀：《中國創世神話》，上海人民出版社，1989，頁268-269。

和石犁的布桑嘎西、雅桑嘎賽夫婦神、另一位就是制定年月日及劃分季節的文化英雄。文化英雄（culture hero）的形象不一，有的是動物，有的是創造神，有的是人間英雄，或者半人半神、半人半獸，傣族史詩中的文化英雄則一律以各種神祇的面目出現。一般來說，在文化起源神話中的文化英雄和開天闢地的創造神不同，他通常是"部族的始祖" ❷。

文化起源神話因為涉及人類文化活動的整體，所以包括的範圍極廣，從做飯使用的火、住的屋宇、栽培植物、飼養家畜到樂器、禮器等有關的各種事物起源，都是文化起源神話的主題。而火的起源神話更是世界廣為流傳的項目，漢族神話中就有燧人氏鑽木取火的記載。而傣族史詩中獨無火的起源神話，卻在民間故事中流傳著藏火種的神話，據說古時候下冰雹，冰雹化成大水，人們只好把火種藏在石頭裡，藏的時候，所有的人和動物都把眼睛矇起來，唯有螳螂例外。十萬年後，大水退去，人們忘記火藏在何處，螳螂向大家說明，於是人們才知道碰石取火的方法 ❸。史詩中無火的起源神話，因此不列入本章節討論範圍。

日本大林太良先生說，在未開化民族地區，常常碰到一種有關文化起源的神話，是說明一些特定的文化因素為什麼在這個民族中不存在，這些神話也可以說是否定性文化起源神話。例如，在東南亞，尤其在亞洲大陸內地落後農耕民中廣泛流傳著神話《被遺失的文字》 ❹。西南少數民族也有一些講述他們為何沒有

---

❷ 日·大林太良：《神話學入門》，林相泰、賈福水譯，中國民間文藝出版社，1988，頁88。

❸ 同❶，頁274。

❹ 同❷，頁89。

文字的故事，基諾族和布朗族沒有文字的原因❺；拉祜族的神話則寫拉祜族和佤族沒有文字的原因❻。這些族倒都提到傣族何以能保存下文字，因爲寫在貝葉經上未被吃掉。哈尼族的民間故事說哈尼祖先傳下的文字被貝瑪阿波吞進肚裡，從此沒有文字❼。傣族有自己的文字，因此沒有"否定性文化起源神話"。

　　火的起源、文字起源神話等都無足稱述，稻穀神話、干欄神話和幾位文化英雄的發明就是本章的重點。

一、穀種神話

　　主宰一切的神創造天地萬物以後，看見人類吃光了樹皮、草葉，又掏空了紅土，神可憐人類，所以撒下了穀種在人間定居，遍及地球羅宗補。史詩中說穀子起初不但大得像個瓜，而且會講話，有翅膀。穀子離開天上朝人間飛來，可惜在途中被大風打碎，碎得像雨點，落在地上以後，被老鼠、雀鳥吃光了。在雀肚、鼠肚的穀粒透不過氣來，穀魂、穀命仍活著，穀粒隨著雀屎、鼠屎排出，掉在樹腳下、水溝邊，於是穀子在人間發了芽。初民是愚蠢的，不會撿穀粒吃，仍舊吃草根、啃樹葉；鬧饑荒的人撿來鼠屎、雀屎吃了，竟是比吃泥土要甜，比吃樹葉要好，吃了又耐餓。人搶著撿雀屎吃、撿鼠屎吃，發現雀屎、鼠屎長了綠油油的苗葉也拿

---

❺　《中國少數民族神話選》，谷德明編，西北民族學院研究所發行，1983，頁617–620。

❻　《雲南少數民族文學資料》第一輯，1980，頁89。

❼　《哈尼族民間故事選》，劉輝豪、阿羅編，上海文藝出版社， 1989，頁85–88。

來嚼，不料苗穗味道香，越吃越想吃。人終於悟出拿雀屎、鼠屎撒種定會長苗結果的道理。「穀種天上來，穀種是神恩賜。神見人撒穀，神就來幫忙，朝大地澆水，神水變細雨，把穀粒養活。」穀種是神所賜，穀種百餘種，有細穀、甜穀、包穀，有黃皮穀、薄皮穀、團粒穀。可是鳥和鼠從四方圍攏來，和人爭吵不休，說穀子是他們的屎所種，也要來分吃。從此，鼠和雀鳥就和人爭穀吃了。神給的穀種成了生存果，負責養活人類。

　　西雙版納的傣族，農業祭祀是宗教活動的主要組成部分，而農業祭祀便是以水稻爲中心，從放水、撒秧、插秧、保障稻穀正常生長、成熟直到稻穀進倉，基本上都有他們的祭祀活動，打完稻穀運穀進倉要叫穀魂則是其中重要項目❽。把掉在田裡的穀穗撿回家，以表示招回穀魂，而在田間招穀魂時必定要吟唱《叫穀魂》歌。《叫穀魂》以口頭流傳形式傳播在傣族民間，至今已有近千年歷史了。人們相信叫穀魂是生活大事，要是穀魂被驚跑了，人類就要慘遭大饑荒❾。所謂穀魂應是初民萬物有靈觀的反映。由於稻穀在傣族生活中有重要意義，而從稻作文化中產生思想信仰，穀種自然被神聖化。初民將穀種塑造成如瓜大、如蘿蔔大、如雞蛋大，甚至會飛的形象，正說明穀種崇拜的心理反映。

---

❽　宋恩常：〈西雙版納傣族巫術的初步調查〉，《雲南民族民俗和宗教調查》收錄，雲南民族出版社，1985。

❾　〈叫穀魂〉，咪香勐演唱，岩溫扁翻譯，《傣族歌謠集成》，雲南人民出版社，1989，頁217-219。

❿　楊式挺：〈從考古發現試探我國栽培稻的起源演變及其傳播〉，《農史研究》第2輯，1982。

　　中國稻作的起源年代相當早，或以爲在四五千年前，或以爲在七千年前，甚至有學者主張可遠溯到一萬年以前❿。而對於稻作起源地點，雖有不同的看法，國內外學者較一致的觀念卻是雲貴高原，如張德慈、柳子明、游修齡、李昆聲、汪寧生及日本渡部忠世諸先生都贊同此說⓫。渡部忠世先生認爲稻作的原產地在從印度阿薩姆州到中國雲南的橢圓形地區，這個地區同時也是茶葉、紅薯（山芋）、豆類等亞洲民族重要作物的起源地。渡部先生並且提出"阿薩姆、雲南"實際上也可以說是"糯稻栽培圈"，他根據林巳奈夫先生的解釋，中國古代的稻就是糯米的意思，糯稻栽培時代就是稻作大量進入日本的彌生時代，在彌生時代日本祖先吃的主要大米應是糯米⓬。渡部先生的看法具有相當的意義，現在雲南傣族和廣西壯族地區糯米仍是他們的主食。稻種起源神話成爲傣族創世史詩的一部分應是可以想見的。

　　據說，早在兩千多年前，傣族地區就有種植水稻的灌溉農業出現，傣族成爲雲南植稻最早的民族。傣族先民，即散居我國東南沿海的越人，在商周就以農耕爲主⓭。而學者也指出，在雲南滇池附近，以及元謀、賓川、劍川、普洱等傣族居住地區都曾相繼出土了古稻種，經放射性碳素測定，賓川白羊村出土的古稻種，距今大約四千年左右；而普洱出土的古稻種，也在兩千年以前。水稻分秈稻和粳稻，秈稻是最先有人工馴化，從普通野生稻演變而

⓫　陳文華：〈中國稻作起源的幾個問題〉，《農業考古》1980年第2期。

⓬　渡部忠世：〈亞洲稻的起源和稻作圈的構成〉，熊海堂譯，《農業考古》1988年第2期。

⓭　《傣族簡史》，雲南人民出版社，1985，頁35。

來，粳稻則由秈稻或野生稻的植株個體在不同條件下形成的變異體，傣族地區一直長於種秈稻，現在傣族特產糯稻即由秈稻演化而來。西雙版納秈稻比較接近野生稻，說明了傣族地區稻作起源相當早。民間傳說中野生的香稻米印證了傣族古代稻作文化的情形。渡部忠世曾到西雙版納一帶考察亞洲栽培稻起源，他在思茅和景洪一帶發現了亞洲普通野生稻（O.spontanea），在南糯山發現疣粒野生稻（O.megenane）， 在景洪郊外曼景蘭水田周圍發現了普通野生稻（O.perennis） 群落。後來又在南糯山發現哈尼族大量貯藏的"且穀"（即冷山穀），他認爲這是一種水陸未分化的古老品種。渡部先生的結論認爲「至於西雙版納是否是亞洲栽培稻起源的中心，現在誰都不可能明確地回答，然而至少是在非常遙遠的古代，作爲雲南一部分的西雙版納即已從事著稻作農業❶。」稻種起源的傳說，其他的雲南民族珞巴、布依、怒族、水族等都有，並非是傣族專利。而這些民族分布地，從喜馬拉雅山東麓到雲貴高原，正在一般研究者所公認的稻種起源於雲貴高原或雲南到印度阿薩姆平原的照葉樹林地帶內❶。穀種神話和穀魂崇拜正是稻耕文化的反映，是雲南民族稻耕文化古老的見證。

傣族民間不但有穀子的傳說，西雙版納勐罕緬寺（佛寺）裡供奉著一顆像蘿蔔那麼大的木製穀子叫香稻米。據說香稻米不但原來是像蘿蔔那麼大，而且成熟後自己會飛進穀倉中。可惜後來

❶ 渡部忠世：〈西雙版納の野生稻と栽培稻—稻起源論の視野から〉，收入《雲南の照葉樹のもとで》，日本放送出版協會，1984。

❶ 佐佐木高明：《照葉樹林文化の道》，日本放送出版協會，1982。

因爲有一個懶婆娘的穀倉太破爛了，香稻米不願住，"嗡嗡"地往懶婆娘的樓上飛，打擾了她安靜的睡眠，她氣得將香稻米打得破碎，再沒有一顆完整的。從此，香稻米就變得很小，而且成熟後也不再自己飛進穀倉**⓰**。

穀子大如瓜、大如蘿蔔，有翅膀會飛，甚至會講話，都是將穀子神性，表示先民對穀子有崇拜信仰存在，因此才有民間將木頭穀子供奉在佛寺的情事。

布朗族的穀種神話，和傣族幾乎無異，老鼠也扮演了一個重要的角色。有篇史詩《沙卡呃》中唱穀子的來歷，寫布朗族的穀子原先像南瓜或雞蛋那麼大，而且自己會飛進倉庫。有個老寡婦來不及蓋穀倉，穀子直向她身上飛撞，她拿起棍子就敲穀子。穀子很傷心，飛到海裡變成金魚，金魚後來成了穀神"牙班豪"。牙班豪把被敲碎的穀子撒進地裡，所以現在的穀粒都變得細小了。類似的說法還有，人間原來沒有穀子，只有一個叫"牙枯索"的女人有穀種。牙枯索懷孕，來不及蓋穀倉，穀子便飛來了，塞滿她的屋子。牙枯索生氣了，拿起棍子便打。穀子四處逃散，飛到沒有人住的地方去了。後來，老鼠把穀子銜到地裡，發芽出穗，人們才知道種穀子。另一則神話則說，能人帕亞薩木底與帕亞猛拉上天去，向虹討糧食不得，下地來向鱷魚、大象和雞討糧食，也沒得到。最後，老鼠給了一粒穀子，人間才有飯吃**⓱**。

⓰　〈一顆蘿蔔大的穀子〉，馬宏德等講述，李喬、李嵐整理，《民間文學》1956年十一月。

⓱　《雲南少數民族文學資料》第1輯，1981，頁63。

在布朗族的神話中，老鼠擁有穀子，賞給人類，比銜穀或傣族鼠屎保存穀子功勞更大，這應是自古以來老鼠習慣出沒於田間、穀倉，和穀子有密切關係才產生的聯想。布朗族神話中有能人帕亞薩木底上天找穀種的記載，傣族也有叭桑木底（“叭”和“帕亞”都是智慧之意）最早教人種稻穀的傳說，他和佛祖曾有“毫兵召”或“召兵召”的爭辯，意即“穀子是王”？或“佛祖是王”？佛祖認為自己是天地的最高主宰者，是王，是主；而叭桑木底卻認為世間穀子是至高無上，穀子是人類的主或王⑱。爭辯的結果當然是叭桑木底勝利，穀子比佛祖更重要，傣族民間故事中所謂的《穀魂奶奶》可以證明這一點。故事中講天上神仙、地下神祇見到佛祖都要合掌下跪，只有穀魂奶奶昂首站著，既不合掌也不下跪。佛祖勃然大怒，和天神叭英將穀魂奶奶趕離人間。世間開始嚴重饑荒，人們呼喚著穀魂奶奶，對趕走她的佛祖和天神越來越不滿。萬能的佛祖就是拿不出一粒糧食來，他只好去請穀魂奶奶回來。以後，在佛祖面前，誰都要下跪，只有穀魂奶奶是昂首、直腰站立的⑲。在全民信仰佛教，佛祖地位崇高的傣族地區，所謂的穀魂奶奶能夠不為佛祖氣勢鎮懾，享有極高榮寵，應可見出傣族初民對穀魂崇拜的普遍現象。

瑤族《穀子的傳說》和傣族的民間傳說相似，一個懶婆娘把穀子打得跑回天上去了。連續兩年無收，懶婦人自知闖禍，如實

---

⑱　《論寨神勐神的由來》，岩溫扁譯，中國民間文學出版社，1981，頁95。
⑲　〈穀魂奶奶〉，崔亞蘭整理，收入《傣族民間故事》，雲南人民出版社，1984，頁254-256。

告訴他人，大家要她去求穀神，她四處求人幫忙。後來社王連續派了麻雀、小貓、狗、鼠等去；前三者未能取回，鼠用嘴銜，過河時被風吹進河內，螞蝗代為找到，鼠怕丟失就咬碎吞進肚子，回去後再吐出，所以穀種就變小了❷⓪。

　　瑤族、布朗族和傣族的穀種神話有幾個共通特點：原先的穀子都很大，懶婦人得罪了穀子，老鼠在穀種找尋上有功，穀子變小了。

　　關於穀種來源的神話中，都說穀種並非人間所有，而是神所控制的，穀種原來在天上，或海中、山洞。而人類得到穀種不外幾種方式：神賜，人自己爭取，動物（鼠、鳥或狗）的幫忙，或者人和動物一起尋獲。在取稻穀的過程中，狗是相當重要的媒介。如彝族、哈尼、拉祜、阿昌、景頗、怒族、藏族、苗族、瑤族、壯族、水族、仡佬、回族、滿族、達斡爾族等，狗都佔有舉足輕重的地位，是人類得到穀種的功臣。

　　水族《狗為啥翹尾》中說，人們原先只會採果子、捕魚、打獵。經仙人指點，知道大海的小山上有穀種，派了馬牛騾和狗一同去取，連續幾次都被水沖走了，第四次只有狗堅持去取，一海鳥飛過，叫它翹起尾巴。狗有所悟，到松樹林中把尾巴抹上松油再去黏穀種，然後翹起尾巴渡海而回，果然取得了穀種❷①。景頗族也有穀子粒大而好吃，但人心不足，穀魂奶奶生氣飛回天上之說。人類沒有了穀子，就派幾個人去請，不回來；又派牛和馬去請，也不回來；又派豬去請，還是不回來；再派狗去，終於從太

---

❷⓪　《中國少數民族神話選》，谷德明編，西北民族學院研究所，1983。

❷①　《水族民間故事》，黔南文學藝術研究室編，貴州人民出版社，1984。

陽神那裡回來了。但太陽神給穀子穿了衣裳，於是穀子有了殼㉒。
阿昌族《狗的故事》說，洪水沖走了莊稼，逃到山上的少數人成
了人類祖先，因無糧種難以生活，是一隻狗從水淺處，將尾巴伸
到水中攪動，黏上泥巴又去黏了幾粒穀種，將尾巴翹出水面游回，人
類才又繼續種莊稼的㉓。布依族的《王芒取種》說，洪水後，人
類沒有穀種，一位老人告訴人們在南邊很遠的地方一座大仙洞裡
有種子。於是，青年後生王芒帶上小白狗，翻過四十九座大山，
越過四十九條大河，走了九十九天，終於來到了目的地。經過神
將同意後，取回粘穀、糯穀、包穀各一顆。但在快回到家時，河
水陡漲，王芒被河水淹沒了，而小白狗卻帶上三顆種子回到了村
裡㉔。

　　另外一個值得注意的問題是，稻種來源和禽鳥有關。禽鳥和
稻穀的關係，似乎是受百越文化的影響。左思《吳都賦》言“鳥
耘”，《越絕書》說：「禹葬會稽，鳥為之耕。」又提到「大越
海濱之民，獨以鳥田。」另外《吳越春秋》也多處涉及鳥和耕稼
有關，「百鳥佃於澤」，「有鳥田之利」，「安集鳥田之瑞」。
據傅光宇先生所引，土家族祭祀五穀神時，以糯米粑粑製一“牛
鼻索”及一小鳥，塗朱，一同祭祀。而湖南瑤族在春耕之前也用
一粑粑捏成朱鳥於田間祭祀祈求其助人除草啄蟲，保佑豐收。南
嶽傳說中炎帝見大朱鳥銜嘉禾飛過，提起金鞭去趕，落下為南嶽

㉒　《景頗族民間故事》，鷗鷳渤編，雲南人民出版社，1983。
㉓　《雲南少數民族文學資料》第1輯， 1980，頁106。
㉔㉕　張福三、傅光宇：《原始人心目中的世界．籽種是狗帶來的嗎》，雲南
　　　人民出版社，1986。

衡山，嘉禾落地在江南發展成爲人的主糧。這朱鳥在壯族、侗族
神話中是指大雁：侗族神話說"天神的使者"雁、鵝銜著天上的
穀種飛行時掉到地上，人類才有穀種；壯族則說，是耕田種地的
能手化成雁飛上了天。廣西壯族、湖南通道侗族、江華瑤族，都
稱爲"雒"，壯語的"雒"音還有水田的人的含義，這與古文獻
記載的"雒田"（或駱田）、"雒民"互相印證，應是指古越族
的"鳥田"、鳥耕之民了。現在侗族姑娘頭帕上有"鳥"與"人
"的圖案，而祈求豐收的蘆笙舞也以鳥族爲導，穿羽衣、戴羽飾、跳
鳥舞。水鳥圖形、鳥飾、羽飾在南方出土銅鼓紋飾及貯貝器上即
能發現，特別是雲南晉寧石寨山貯貝器（M12：2）上的"播種"、
"祈年"圖形中就有群鳥飛翔，這似乎和"鳥耘"之義有關。傅
先生作了結論，「糧種來歷神話中，涉及鳥的有壯、侗、水、布
依、土家、珞巴，與這些情形也大體一致，是以說明，我國南方
是水稻發源地之一，其發現與傳播，主要是與古代南方的百越族
群關係更爲密切些㉕。」而有的學者認爲，馬王堆漢墓的飛衣帛
畫頂部正中女神周圍的那些水鳥，可能是"雒雁"圖騰，是古越
族所崇拜的神鳥，"雒"有人義，也即是"祖先神"㉖。

　　傣族除了史詩上有鳥屎穀神話外，西雙版納傣族也傳說，天
神知道景洪壩子無糧，就命各種飛鳥—老雕、孔雀、喜雀……等
飛到很遠的地方去找尋穀類、芝麻以及各種水果，將其吃在肚內
帶回，撒在勐泐的各個地方生長出糧食來㉗。蕭兵先生也認爲越

㉖　林河、楊進飛：〈馬王堆漢墓飛衣帛畫與楚辭神話．　南方民族神話比較研
　　究〉，《民間文學論壇》1985年3期。
㉗　《雲南省傣族社會歷史調查材料．　西雙版納傣族史料譯叢(六)》，雲南省
　　歷史研究所等編，1963，頁4。

族有大量的"鳥耘"傳說，崇拜"雒鳥"一類神鳥❷。侗族故事
《雁鵝穀》說，穀米本是天神食物，雁鵝爲神使，他銜穗飛過，
落一粒於大地，人類才能種穀❷。

　　神鳥賜穀，卻也有將穀吞吃情狀，因此衍生殺鳥取穀的關目。蕭
兵先生就曾討論過雲南、貴州等兄弟民族的婚姻考驗傳說類型裡，都
有英雄揀回的種籽裡被飛鳥所吞吃，不得不設法從其嗉中取出的
情節。這些禽鳥中最普通的是斑鳩，其次是鴿子。蕭先生認爲斑
鳩所以在穀種神話中佔著重要地位，可能因爲它多在播種季節出
現，叫聲"咕咕"如"穀穀"，人們喜愛並將它視爲農業豐收之
象，逐漸也就認爲"穀種"和它有密切的關係。他並進一步舉證，無
論中西，鳩鴿類都可以象徵愛情、繁殖和親和力❸。

　　壯族民間故事《布碌陀》中創世英雄曾派斑鳩、山雞和老鼠
飛過天上、游過大海去找穀種。找到穀種以後，他們全部吞吃了。布
碌陀叫他們吐出來，只有老鼠吐出一些稻桿，可是沒有穀子。布
碌陀抓住斑鳩和山雞，掰開他們的嘴巴，把他們的嗉囊全翻出來，找
到了三顆旱穀和四顆稻穀才能作種❸。珞巴族傳說《穀子的來歷》
中英雄阿巴達尼射下水鳥"興阿"，剖開它的肚子，取出很多雞
爪穀、稻穀和玉米，他把穀種交給兒子，洛渝地區才有了莊稼❸。

　　蕭兵先生以爲"殺鳥取種"故事還可能和占筮巫術裡的"鳥
卜"有極大關係。越人不但有"鳥耘"傳說，而且也以鳥爲卜，

----

❷　蕭兵：《中國文化的精英》，上海文藝出版社，1989，頁499。
❷　同❷。
❸　同❷，頁491-494。
❸❸　同❷。

只是目前仍不清楚南方有那些民族採用殺鳥觀嗉、占卜年歲的辦法而已❸。而三品彰英等先生指出，穀物起源於上天，或化爲"穀靈"，由天神降賜給特定族團或"王家"始祖，這類神話在日本、中國（包括台灣）、朝鮮等地都有相類似的傳承。蕭兵先生補充說：「姑以中國太陽族射手英雄爲軸心來考察卵生、化鳥神話之諸元。首先，鳥圖騰崇拜，太陽鳥和卵生神話，盛見於東夷—東海文化區，還可以認爲是環太平洋文化的重要因子❹。」我們可以推測的是，傣族的雀屎穀（鳥崇拜）和葫蘆造萬物（葫蘆崇拜、宇宙卵）及太陽族射手英雄都是南方水稻農耕社會的重要一環，表現了百越族的共通性和趨同性，正可以印證蕭兵先生所謂環太平洋文化區的特點。

即使是全民信奉佛教，屬於南方水稻農耕民族的傣族，在遭遇"佛祖是王"？抑或"穀子是王"？仍毫不遲疑地選擇後者；而穀魂奶奶面對佛祖時，也可以昂首站立，並不合掌下跪。原始宗教中的穀魂、穀靈、穀神，和佛教的佛祖分庭抗禮，甚至地位更尊榮。

二、干欄神話

在稻種神話中，有桑木底和佛祖的手辯：穀子是王？或者佛祖是王？在《談寨神勐神的由來》一書中，傣族認爲桑木底是對的。桑木底是傣族原始宗教的創始者，桑木底和佛祖之爭，代表原始宗教和佛祖的衝突，前者獲勝。天神派下能人嘎古納來解決

---

❸❹　同❷，頁59，頁500-504。

人間糾紛，爲人類分穀子，衆人稱呼他"叭桑木底"（或寫作"帕雅桑木底"），"叭"、"帕雅"是智慧王、首領之意，是傣族祖先們贈給他的職務稱呼，"桑木底"則是推選或委任之意。書中並記載靈魂之王叭桑木底的"寨神勐神"要求傣族：「要把房子蓋得更好，要把刀斧磨得更快，好用它來砍大樹，好用它來剝獸皮………大地是母親，森林是父親，只有從父母親那裡可以得到食物。」在房子蓋成建寨那天，叭桑木底就宣布"寨神勐神"的規矩，宣布萬物都有魂有鬼，一切鬼魂服從於"寨神勐神"。叭桑木底去世後，"寨神勐神"變成"寨菩薩勐菩薩"，納入佛教裡面，而帝娃達和叭滿又宣布要和佛祖作對五千年。

《巴塔麻嘎捧尚羅》中叭桑木底未和佛祖作對，他是忠心執行天神任務的神祇，是傣族干欄神話的主要角色。

人類興旺後，土洞擠不下，人們受盡風吹雨淋之苦，接連著病死，也有人不幸被毒蛇猛獸咬死，叭桑木底帶領衆人尋找新洞穴。史詩中描述叭桑木底造屋的三個靈感。下雨的時候，叭桑木底看見像簸箕大的一片麻芋葉把雨水擋住，於是他想到用葉防風、用葉遮雨，用葉蓋棚子，他召集衆人設計葉棚架，找來四根杈，選了一塊地方，搭起一個棚架，用芋葉和茅草，鋪在棚上面，蓋了一間平頂草房。然而，葉棚架漏水了，叭桑木底不停地重新想著蓋房的事。第二次，叭桑木底在一隻狗身上得到啓示。一隻狗撐著前腿，屁股坐在地上，昂著頭，尾巴拖在地，狗身變成陡坡，風狂雨急，而狗胸部下的土卻滴水未沾。叭桑木底認爲如果草棚頂蓋得像陡坡，讓水斜著淌，從高往低流，這樣的房屋就不會漏水了。他搬來四棵椿，棚柱分兩對，高低有區別，兩棵高杈在前，兩棵低杈在後，仿照狗坐的樣子蓋了草棚，稱爲"杜媽庵"（傣語"杜"是棚子，"媽庵"是狗昂頭坐之意，即狗坐勢棚架或稱狗頭窩舖。）沒想到狗棚架維持不了多久，一場歪腳雨斜飄進來，"杜媽庵"裡積了一灘水。

叭桑木底決心蓋房的毅力感動了天神，天神變成金鳳凰來幫助他。鳳凰一落地，天就下雨，鳳凰伸展雙翅，形成房棚姿態，告訴叭桑木底蓋房子的方法。叭桑木底看見有的雨水從鳳凰的兩翅上淌落，有的雨水從尾和頸上流下。他領悟了鳳凰的意思，抬來許多高矮不同的木柱子，又拔來茅草，仿照鳳凰翅膀，編了無數片草排，回想鳳凰站立姿勢，蓋了新房子。新房子與地面分開，架在高腳柱上，屋脊像鳳凰展雙翅，屋簷四方垂。叭桑木底蓋房時，林中鳥獸全來幫忙，猴子獻出頭當作木錘，大象獻舌頭當竹樓部件，螞蝗身子作扎篾，小烏龜的圓殼自願當墊石，老龍的長身做梯架，鱉魚的甲當籬巴，白鷺的雙翼作草木，黑狗獻出脊樑骨作屋檐柱，小貓獻下巴，老鼠獻尾巴，燕子瓦雀幫人抬茅草。新房子蓋好了，成了美麗的"烘狠"（傣語"烘"是鳳凰，"狠"是家、房屋，意即鳳凰屋。）由於神的暗示安排，從此傣族房屋外表就像鳳凰展雙翅的樣子。

傣族的建築神話有初民的動物崇拜痕跡存在。傣族古歌謠《賀新房》中也寫到叭桑木底蓋房時動物們獻出自己肢體的一部分，「小象發出了一聲大吼，動物們變成各種部件，自動安上了竹樓。」流傳到現在，竹樓上面的小零件仍以動物的肢體命名，環垛（猴頭）、寧掌（象舌頭）、朗瑪（狗脊背）、鋼苗（貓下巴）、毖養（白鷺翅）、作很（麻雀屋脊）。《賀新房》傣語叫《甘哈恆很邁》意爲"唱新房的歌",主要內容是敘述蓋竹樓的過程,藉此反映傣族竹樓的由來、原始宗教信仰和生活習俗。後來《賀新房》成爲傣族贊哈必唱的歌,凡蓋新房必唱此歌祈福,凡想當贊哈,必須會唱《賀新房》,這首《賀新房》一直流傳至今。

據說《賀新房》有三個不同階段的唱本,古代唱本包括叭桑木底的傳說和各種動植物熱心幫助人類的神話,有先民的素樸天眞思想,而據部分學者所記,古代唱本《賀新房》有一部分更是《巴塔麻嘎捧尙羅》中未見的,充滿童話式的幻想:「烏龜把木料推得十分光滑,穿山甲用嘴在木料上鑿開洞眼,就連螞蝗也不袖手旁觀,自願獻出身子做橫梁。可是,穿山甲鑿的洞太大,螞蝗做的橫梁太小空蕩蕩的,怎麼辦呢?聰明的猴子立即獻出手做楔子,使橫梁架得十分牢固。海底的龍族路途遙遠,來到時房子已經要完工了,只好仰臥在門口,變成了樓梯……」第二種唱本寫神佛叫桑木底到人間,又叫動物幫桑木底蓋房子,然而,一切活動都由神佛主宰。而蓋房時要卜卦、選吉日,蓋好後要祭獻神佛。近代的《賀新房》唱本中,贊哈唱的是:「祝賀主人的新房,像金岩子一樣牢固;祝賀主人的福氣,像江水一樣長流;祝賀主人的財產,像江水一樣源源不斷;祝賀主人種田豐收,做生意發財,養豬胖得像大象……」❸。

《賀新房》是傣族文學史上最早的創世長詩之一,不管唱本內容如何改變,依然是贊哈必唱的長詩,由此也可以了解建築神話在傣族文化上的重要性。其他有關建屋的神話尙有《抬木頭歌》、

---

❸　《傣族文學簡史》,王松等編著,雲南民族出版社,1988,頁156-161。

《拉木歌》、《洗房柱歌》、《鬥樓梯歌》等。《洗房柱歌》中
說明古時候傣族有三十二根柱子，最重要的就是“梢岩”（譯爲
男人柱或王子柱）和“梢媂”（譯爲女人柱或公主柱），傳說這
兩根主柱是叭桑木底及其妻莎麗捧所砍來的，後人爲了紀念他們，就
稱兩根柱子爲“梢岩”和“梢媂”。傣族竹樓建築中，製作樓梯
是相當重要的環節，《鬥樓梯歌》寫樓梯是莎麗捧發明的，單叫
母樓梯，爲了討吉利。傣族普遍流傳的建屋古歌謠，說明原始宗
教信仰的情形，萬物都有魂有鬼，寨神勐神是需要祭祀的。

　　叭桑木底是傣族原始宗教的創始者，是建屋造屋的始祖。然
而叭桑木底並非人名，而是專有名詞，多指在一群人當中威望較
高，爲大衆所信服的人。傳說，世間的第一個叭桑木底叫做“桑
木底臘扎”，而後又有建房蓋屋的叭桑木底，劃分田地的叭桑木
底，造鍋造碗的叭桑木底。叭桑木底是傣族最重要的文化英雄，
祂和穀魂奶奶是原始宗教的神祇，是原始宗教和佛教衝突的代表
神。在全民信佛的傣族社會，稻作和竹樓（干欄）文化是生活中
重要的一環。

　　黎汝標先生認爲，百越爲主的南方稻作民族，根據稻作栽培
的需要，就地取材，創造了他們的干欄文明。建築干欄之目的主
要爲使牛豕不受虎狼之害。佐佐木高明先生也說：「在水稻栽培
型初期是用牛人來踏耕的。“干”即“上”之意，“欄”爲“房
屋”、“住房”、“家”之意，干欄意爲樓上居室。」**❸❻**

　　關於傣族的干欄建築，可以在雲南出土的文化遺址中尋到蛛

---

❸❻　黎汝標：〈布依族干欄建築與稻作文化〉，《民間文學論壇》1990年3期。

絲馬跡。首先，在劍川海門口，發現西元前一千一百五十年左右的銅石並用文化遺址，人們聚居在一個濱水的村落，住房是柱上建築，應是"干欄"建築的原始形式。遺址出土有兩百多根密集的松木椿柱，及殘留的四根松木橫梁。橫梁一面較平整，另一面兩端有榫槽，便于逗在椿柱頂上，上鋪樓面，並在其上建房，是原始"干欄"式建築遺址。在祥雲大波那村發掘一座木槨銅棺墓並出土一批隨葬青銅器，大約是西元前四百年間的文物，其中有兩個小銅房子均爲干欄式。而在晉寧石寨山和江川李家山出土的幾批青銅器，大約是西元前一百年，相當於我國戰國到西漢中期的文物。其中一件銅鼓形貯貝器鑄有花紋"上倉圖"，圖中房屋下架空三層圓木高度，厚木樓板，倒梯形屋面上有密集的順水圓木條，頂端高出屋脊，並在交叉處綁扎，爲井干式壁體與干欄式構造的結合形式。樓面離地約和人等高，周圍有平台及欄杆，其上住人，其下圈畜。還有一組爲三合院，主房前兩耳是敞廊，屋面高低錯落，頗有變化，都是井干式壁體與干欄式構造相結合的建築的重要實物資料，是井干和干欄式建築的早期形式。從新石器時代起，我國長江流域及其以南地區，經發掘的遺址和出土文物證實早已採用了"干欄"建築。雲南古代在晉寧、祥雲、劍川等地均有干欄式建築，人住樓上，下養牲畜，這是初民爲了防禦毒蛇猛獸、避免潮溼、洪水，利於通風散熱，能夠就地取材和節省建屋費用而形成的❸。

干欄式建築的記載也習見於歷史文獻中。

---

❸ 《雲南民居》，雲南省設計院編，中國建築工業出版社，1986，頁5-9。

安家之民，悉依深山，架立屋宇於線格上，似樓狀。《太平御覽》卷780敘東夷引《臨海水土志》

獠者蓋南蠻之別種，自漢中達於邛笮川洞之間，所在皆有，種類甚多，散居山谷……依樹積木以居其上，名曰干闌。干闌大小，隨其家口之數。《北史·蠻獠傳》

南平獠者，東與智州，南與渝州，北與涪州接。部落四千餘戶，土氣多瘴癘，山有毒草及池虺蝮蛇，人並樓居，發梯而上，號爲干欄。《舊唐書·南平獠傳》

上設茅屋，下蓄牛柵。柵上編竹爲樓，下施椅桌床榻。……考其所以然，蓋地多虎狼，不如是則人畜皆不得安。

《嶺外代答》

所居皆竹樓，人處其上，畜產居下。《西南夷風土記》

　　凌純聲先生認爲干欄即架在椿上的屋宇(Pile-building)，盛行古代百越民族中，因百越民族所居的華中以南地區，潮溼多雨，故架高之屋宇爲其生活上所必需。而干欄文化的分佈極爲廣泛，自中國南部，經中南半島及馬來半島到印尼群島，再西則抵馬達加斯加，東向則經大洋洲而達南美；古代並自中國之東南經台灣琉球北抵日本南至菲律賓。其傳播的起源中心地，奧國學者佛婁氏（F.Flor）主張在古代潮溼的華中區域，赫爾曼斯氏（P.M.Hermanns）更引中國典籍說明此說的依據❸。可見干欄式建築

---

❸　凌純聲：《中國邊疆民族與環太平洋文化·南洋土著與中國古代百越民族》（上），台北聯經出版公司，1979。

最早應源於百越民族，再傳到東南亞及日本各地。而歷史文獻中
所反映的，干欄式建築對雲南各民族的影響更深遠。

張民先生指出，"干欄"房屋，早在新石器時代，於河姆渡、馬
家濱、良渚等處遺址都有發現，分布於今之浙江省的餘姚、嘉興、余
抗等地，即古越之地。尤以馬家濱、良渚兩區更接近吳越之域。
似可斷定這一建築與吳所滅的"干越"有關故以"干"冠其首。
這種人居其上、畜居其下樓房，在侗族地區，比比皆是，侗語叫
做"然共"（$ran^{213}\ kon^{212}$），"然"者屋也，"共"者，樓也。
究其讀音與通道等地侗族呼巢曰"貢"（kun^{55}）音近。"干"者，貢
也，"欄"者，與侗語屋義的"然"音近❸。張先生從語言上證
明屬於百越的一支侗族也稱高架屋爲"干欄"。

吳治德先生也從語言學上來探討干欄，他說欄同闌，勒寒切
1an，就是現代壯侗語族諸民族呼"屋"的聲音。壯語$Ya:n^2$；布
依語$Za:n^2$；傣語han^2；侗語$ja:n^2$（也有些土語稱$ra:n^2$）；頡佬
語$ra:n^2$；水語$ra:n^2$；毛南語$ja:n^2$；黎語$plon^3$（侗語亦稱茅棚爲
pon）。例中的民族語稱呼似應讀爲"然"音，吳先生認爲，"
然"同"闌"在漢語方言讀音裡也是相混的，例如"當然"在有
些地方讀成$tan^{55}ran$，而有的地方讀成$tan^{55}en^{11}$，"闌"字在壯
侗語諸族較普遍保存著。而"干"爲歌安切，現代《漢語拼音方
案》爲gan，侗族的古歌和款詞保存了"干"（gan）這音，也是
呼房屋的。"干欄"一詞作爲房屋的稱謂是壯侗語族諸民族所共
有的❹。

❸　張民：〈釋"干"—兼證侗族族稱族源〉，《貴州民族研究》1990年三期。

❹　吳治德：〈"干欄"考〉，《貴州民族研究》1989年一期。

　　也有學者自文字學上來討論干欄建築和南方民族的關係。"南"字，篆文作〔篆〕，《說文解字》：「草木至南方有枝任也。〔篆〕聲。〔篆〕，古文。」南字甲骨文作：〔甲骨文〕、〔甲骨文〕、〔甲骨文〕、〔甲骨文〕、〔甲骨文〕、〔甲骨文〕等形；金文作：〔金文〕、〔金文〕、〔金文〕等形，上像草蓋屋頂，下像層樓，像南方民族居住的干欄形狀。"南"爲"欄"、"闌"的本字，借作方向的南以後，另造欄、闌等後起形聲字❹❶。不管南的造字本義是否自干欄建築形狀來，干欄式建築爲南方民族所獨有卻是不爭的事實。

　　現在採用干欄式建築的傣族、景頗族、德昂族、布朗族、基諾族民居，受漢族的影響一直較少，別具特色。尤其西雙版納稱"竹樓"的傣族民居更是馳名中外，屋子底層架空，樓層爲木板或竹笆牆，有的上部向外傾斜，由幾個灰色小瓦或茅草的歇山屋頂組成豐富的屋面形象❹❷。從傣族竹樓，可以完全領略百越干欄文化的意象。

　　曾有學者論及，中國神話基本上是原生態神話，自然性神話較多是其特色之一，如動植物神話、日月星辰神話或掌火神話、稻種神話、建築神話等❹❸。　當然，所謂中國神話包括的是比較豐富的周邊少數民族神話，因其自然性神話較多，類似穀魂奶奶、叭桑木底這樣的屬於原始宗教範疇的神祇就顯得重要。在全民信奉佛教的傣族社會裡，穀魂奶奶、叭桑木底和佛祖的衝突對立是值

---

❹❶　夏渌：〈古文學反映的南方民俗拾零〉，收入《百越史研究》，朱俊明主編，貴州人民出版社，1987。

❹❷　黎汝標：〈布依族干欄建築與稻作文化〉，《民間文學論壇》1990年3期。

❹❸　劉城淮：〈原生態神話與次生態神話〉，《民間文藝季刊》1990年二期。

得探討的問題，凸顯了稻作文化、干欄文化的地位。

三、文化英雄

　　學者大都以爲，文化英雄（Culture hero）是獸人時代（Animalhumanbeings）的產物，文化英雄和創世神、人類始祖佔有同等重要的位置。什麼是文化英雄？馬昌儀先生曾引了幾個有代表性的定義。美國人類學家博厄斯（Franz Boas）1898年在爲杰姆斯《不列顛哥倫比亞湯普遜印第安人的傳說》一書所作的序言中說：

> 被人們稱之爲“文化英雄”的故事在印第安神話中是很常見的。文化英雄把世界造成現在的樣子，他消滅了橫行大地的妖魔，教人以各種生活技藝。在我們稱之爲史前的那個時代，人與動物之間並沒有明顯的界限，後來出現了文化英雄，他把當時的一些生物變成動物，把另一些生物變成人。他教人如何獵殺動物，如何取火，如何用衣服蔽體。他是人類偉大的造福者，是人類的救星❹。

　　美國出版的《韋氏大辭典》中《文化英雄》條目列舉了兩層含義：

---

❹❺❻　馬昌儀：〈文化英雄論析—印第安神話中的獸人時代〉所引，《民間文學論壇》1987年1期。

1. 文化英雄，系傳説人物，常以獸、鳥人、半神等各種形態出現。一民族常把一些對於他們的生活方式、文化來説最基本的因素（諸如各類大發明、各種主要障礙的克服、神聖活動、以及民族自身、人類、自然現象和世界的起源），加諸於文化英雄身上。

2. （文化英雄）爲一民族或一社團之理想的象徵❻。

蘇聯學者梅列金斯基1982年爲《世界各民族的神話》（百科辭典）的《文化英雄》條目定義説：

> 文化英雄，神話人物。他爲人類獲取或首次制作各種文化器物（火、植物栽培、勞動工具）、教人狩獵、手工和技藝，制定社會組織、婚喪典章、禮儀節令。⋯⋯❻

也有人認爲文化英雄就是實在的上古英雄，產生於神觀念的前期階段。有學者卻提出反駁，主張至高神要比文化英雄古老，而且文化英雄也不是產生於神的前期階段，是至高神在向人格化發展中出現的變形，是派生物。它可以再一次成爲神，卻是沿著人格化的道路向前發展，與眞正的地上英雄同化了。文化英雄和至高神不同，在起源上文化英雄是部族的始祖❻。在《穀種神話》一節中，古越族所崇拜和播種有關的“鴿雁”，就有祖先神的意

---

❻❻　日·大林太良：《神話學入門》，林相泰、賈福水譯，中國民間文藝出版社，1988，頁88-89。

義。而《干欄神話》中所提的傣族房屋創始者叭桑木底也是傣族的祖先神。文化英雄一般都成爲部落始祖，祖先神。

大林太良先生進一步論述說，文化英雄的人物和至高神是有些區別的。首先文化英雄以世界已經存在爲前提，在這種前提下他才把各種新的發明和發現帶給人間世界。其次，文化英雄絕非萬物的創造者，它的創造只限於火、農耕等這些特定的文化因素範圍之內，和創造神的全面創造行爲迥然不同。另外，創造神都是以人的形體出現的，而文化英雄雖然有的也採取人的形體，但較多的還是以動物的形體出現的❹。

大林先生雖然認定，文化英雄絕非萬物的創造者，而創造神卻也可能身兼文化英雄的角色。例如傣族史詩中補天地的夫婦神布桑嘎西、雅桑嘎賽，他們不但用人類果捏人，也創造了各種動物、植物，「先捏陸地動物，捏了九億種，有尖尾的蛇，有打洞的蟋蟀，有蝗蟲、蟊蚱，有蝸牛、土蜂，……有獅子和大象，有犀牛和麒麟，有花虎和黑熊，有豹子和野牛，有馬鹿和小麂，有松鼠和金納麗（按：傳說中鳥身人面的神鳥）。」接著，「捏水界動物，先捏水蛆和蝌蚪，又捏魚蝦和螃蟹，而後捏水豹水象。」布桑嘎西想要種樹，可是沒有刨壩翻地的銅物鐵器，於是，拿石塊當犁，石犁重億斤，犁面寬萬庹。」布桑嘎西將石犁磨尖，他發明了石犁，以創造神的身分兼扮文化英雄的工作。製造石犁以後，布桑嘎西栽種九萬億種的植物，「有堅硬的栗樹，有粗壯的芒果樹，有標直的椿樹，有皮厚的木棉樹，有垂葉的波沙萊，有成蓬的竹子，也有矮低的花樹……石犁的產生，大地上才有了草木、瓜果。」

《稻種神話》一節中曾論及傣族是雲南植稻最早的民族，農

耕早就是傣族生活的方式。史詩中特別提及石犁製造的神話，應
是可以理解的。

　　創世神雖偶有兼扮文化英雄的角色，然而，文化英雄畢竟和
創世神不同，他的確有人格化的傾向，「與眞正的地上英雄同」，文
化英雄通常表現出適度的人性，甚至流露著貪嗔癡怨的俗性來。

　　傣族史詩中，天神英叭忘記制定年月日，忘記劃分季節，管
理十六層天的瑪哈捧就命令掌管曆法和日月星辰的神官捧麻遠冉
去解決這件事。沒想到粗心大意的神官只制定了年月日，並未劃
分季節和時辰，而制定的年月日並未分大小月，每月天數一樣。
捧麻遠冉還只顧得意，並不回去稟報瑪哈捧，擅自到達娃丁沙閒
逛。捧臘哈納羅神和神官帕雅英見出捧麻遠冉的錯誤，好言相勸，沒
想到捧麻遠冉懷恨在心，與捧臘哈納羅結下深仇，還揚言報復。
由此可見出捧麻遠冉神性中的俗性特質，他粗心大意，制定年月
日會出差錯，而且自大驕矜，甚至和其他神祇結怨。捧臘哈納羅
無限委屈地回到天層向瑪哈捧報告，瑪哈捧了解事情的嚴重性，
月月天數相等，冷熱會不正常，地球將會毀滅，人類也不能存活，瑪
哈捧要捧臘哈納羅重新修正年月日。爲了避免捧麻遠冉仗勢找捧
臘哈納羅報仇，瑪哈捧讓捧麻遠冉立即窒息，閉目睡倒十萬年。
捧麻遠冉神威很高，窒息的懲罰並不會致死，贖夠十萬年的罪仍
會醒來認錯。沒想到帕雅英自作主張，將捧麻遠冉的頭割掉，引
來漫天大火。

　　犯錯的眾神都受到瑪哈捧的處罰。帕雅英被免了官職，貶下
人間，落入茫茫大海去贖罪，從此住在海裡改名"帕雅納"（傣
語，納是龍，帕雅納，龍王之意）。龍王心懷不滿，時時和天王

作對，興風作浪，鬧得天地不安寧。而七仙女因爲貪戀情慾，也參與割斷父頭的陰謀，被罰在天邊接抱父頭，並向神頭潑水，澆熄大火，每當新年才輪換，這就是潑水節的由來。

因爲射神惟魯塔做了髮弓，又砍了象頭，也該受罰，然而他曾有射落太陽消除火禍的功勞，瑪哈捧特別寬容，只罰他去天地接壤的幾達羅居住巡邏，把該射的災禍射落。任性的惟魯塔仍對瑪哈捧的處置不高興，因爲他有一個叫米卡臘的漂亮妻子，住在如干團神山上，惟魯塔從不離開她，如今要被迫分離，彼此都極度難捨。漂亮的米卡臘因爲想念丈夫，天天舉著寶石，照射天空不停地悲傷呼喚著尋找惟魯塔。惟魯塔正好巡遊到干團神山，見到妻子的神情，他激動地呼喊，向妻子跑去。可是寶石的強光似萬把利刃截住去路，爲了挨近妻子，惟魯塔挽弓射箭，想射落寶石，不料寶石沒射落，卻射出更強的光照亮天地如白晝，而且發出撼天的巨響。世上的人驚恐不已，蒙頭躲避，大喊「打雷了，打雷了」。從此，一年裡天空總有幾次強光和巨響，那是惟魯塔爲了挨近妻子而想射落寶石引起的。

創世史詩《巴塔麻嘎》第十四章《遷徙篇》寫兩位女神帶子孫遷徙的經過。由薩麗捧女神轉世的蘇米答原來居住在勐沙奔，後來帶氏族子孫遷徙到勐渤邁；而由約相女神轉世的雅罕冷原來住在勐南汰，後來帶氏族子孫遷徙到西雙邦。有關兩位女英雄的傳說，在傣書《巴沙坦》和《本勐傣渤西雙邦》裡也有詳細記錄，敘述的事件，和史詩近似，只不過未交代她們的身世和由來的傳說❹。而在遷徙的過程，兩位女英雄還發生猜忌，蘇米答發誓要霸

---

❹ 《巴塔麻嘎捧尚羅》，岩溫扁譯，雲南人民出版社，1989，頁438。

佔森林，不許水路人進山來居住。建勐的英雄間仍有嫌隙，有凡人的恩怨。

民族學家施密特（Schmidt，Wilhelm， 1868-1954）列出幾點至上神的特性：永生、全知、仁慈、道德正直、全能、有創造力❺。至上神是全知全能、道德崇高的創造神，是萬物創造者，而且是不死的。文化英雄則大不相同，他可能會有神祇不死的權利，卻未必全知全能，甚至會犯下不能彌補的錯誤，而且神格上有缺陷的人格，所作所爲未必良善，可能違反道德，充滿罪惡。捧麻遠冉雖然制定年月日、劃分季節，卻犯錯受罰，還去找人報仇。

馬昌儀先生就認爲文化英雄有聖與俗的兩重性：一方面，他肩負著神聖的使命，創世造物，平魔降福，創制文化；另一方面，他又貪圖食色，狡詐善變❺。

日本鈴木健之先生也說，這類形象具有兩種矛盾的性格，或兩種人格，說他善吧，同時又是惡，說他是創造者吧，同時又是一個破壞者，他既是聖者又是一個褻瀆者，既是賢者又是愚者，既是神又是人，既親切又使壞❺。

---

❺　W.施密特：《原始宗教與神話》，蕭師毅、陳祥春譯，上海文藝出版社，1987年影印本，頁336-341。

❺　同❹。

❺　鈴木健之：〈 "機智人物故事" 筆記—試論其欺騙性〉，賴育芳譯，《民間文學論壇》1984年2 期。

其實，綜觀傣族的文化英雄，仍感到他們的人性、俗性相當薄弱，像穀神或建築神帕雅桑木底，形象太接近創世神、至高神，不具有聖與俗、人與神或獸人的矛盾性格。

第四章　餘　　論

　　傣族史詩《巴塔麻嘎捧尙羅》中有許多引人爭議的内容情節，而其章節順序也有不同的意見。翻譯此書的傣族學者岩溫扁先生曾對李子賢先生和筆者論及他的看法，他認爲布桑嘎西和雅桑嘎賽的造人應在英叭開天闢地之前，因爲污垢造車、捏神是陶器時代才有的思維方式，有人類以後才有陶器。王松先生則說傣族的創世神話基本上以《布桑該與雅桑該》和《巴塔麻嘎捧尙羅》（又名《英叭神王造天地》）兩個故事爲主線，前者口頭流傳於民間，後者是用傣文手抄，所以又被稱爲"經書"，後者實際上是將前者發展後的一部史詩。前者的主神布桑該和後者的主神英叭實際是一個人，都是巨人，而身子足足有十億斤的桑嘎西到了英叭神更大了，體重有一千億斤，增加了一百倍❶。如果英叭神是以桑嘎西藍本才有的，那麼岩溫扁先生以爲布桑嘎西在英叭開天闢地之前就值得探信。關於《巴塔麻嘎捧尙羅》這部史詩，在另一部書《論傣族詩歌》中有詳細的介紹，可以作一些參考。

一、神果園是增添的

　　傣族史詩中的神果園既是受《舊約·創世紀》伊甸園影響，

---

❶　王松：《傣族創世神話與百越族群》，《山茶》1986年四期。

而史料上也記載著傣族很早就吸收了外來文化。當時的大秦帝國（羅馬帝國）早在東漢時就和撣國（緬甸）進入洛陽，在這文化傳入的路上，位於雲南的傣族受西方文化的影響是不可避免的。然而，基督教是何時傳入傣族地區，一直未有定論，或者伊甸園中亞當夏娃和蛇的故事何時傳入傣族民間也不可考，一向全民信奉小乘佛教的傣族地區是否早就接受西方宗教的人類起源神話，頗有疑問。

《論傣族詩歌》寫於傣曆976年的開門節，相當於西元1615年❷（明神宗萬曆43年）。書中詳細記錄史詩《巴塔麻嘎捧尙羅》一書的內容，英叭開天闢地以後，就把地球以上的天空劃分爲十六層，他自己則住在十六層天的最高層"阿嘎納塔捧"上。原先地球像浮在水面上的浮萍，天上的滴水鳥諾列領一直想把光禿禿的地球打沉，所以英叭用污垢捏了男神布桑嘎西和女神雅桑嘎賽，讓他們到地球上開創人類。於是，夫婦二神就帶了孕育萬物的金葫蘆到地球上，可是仙葫蘆籽用完了，地球上只有植物和各種大小動物，卻變不出人類。布桑嘎西夫婦用黃泥巴捏了男人古里瑪和女人古瑪列，夫婦二神還變成一對野蜂，教男女如何生育，人類就這樣繁殖了，最後產生了一百零一種民族。佛經上稱爲"帕麻道亳劫，蟬滾羅松桑"，即破仙葫蘆進入人間，開創世道人類，也就是人類形成的最早時期。

成書於明萬曆43年的《論傣族詩歌》並未提及神果園，更未牽涉到偷吃仙芒果的貢曼神，當然也無所謂帝娃達被貶下凡變成蛇誘惑貢曼神的情節。書中只提及帝娃答（帝娃達）一次，作者

---

❷　祜巴勐：《論傣族詩歌》，岩溫扁譯，中國民間文學出版社，1981，頁79。

自言「沒有巴塔麻嘎（指英叭神）的神力和智慧，也沒有桑嘎西、桑嘎賽的先知先覺，沒有帝娃答和叭桑木底的膽量。」帝娃達既和英叭、桑嘎西、桑嘎賽、叭桑木底並列都是傣族祖先們崇拜的神之一，可見在傣族初民心中的份量不容忽視，如此和後來所見《巴塔麻嘎捧尙羅》史詩中引誘貢曼神吃仙芒果的大綠蛇形象豈不牴觸？

而成書於傣曆903年（西元1542年）的《談寨神勐神的由來》中，帝娃達和布桑該、雅桑該、桑木底、沙羅（傣族狩獵英雄）被同尊爲傣族祖先，他和叭滿（風火之神）表現了無比的勇氣，接受叭桑木底神王的委派，向天地宣布要和佛祖作對五千年。《干欄神話》中介紹過叭桑木底，祂是傣族建寨建勐以及傣族房屋的創始者，"桑木底"是他的名字，"叭"是傣族祖先給的尊稱，即智慧王之意，"叭桑木底"即智慧之王桑木底的意思。由於帕召（佛祖）身上有福，變化多端，叭桑木底和帕召鬥法失敗了，含冤而死。帕召從此以萬物之主的身份走出森林，下到壩子，來到菩提樹下，登上寨神勐神的台座，盤腿修行起來。帝娃答和叭滿繼叭桑木底之後，向帕召宣戰，大罵帕召是騙子，像強盜一樣霸佔了寨神勐神的台座。"狡猾而計謀多端"的帕召辯白說：「這台座是我的，是我用八把茅草使它變成的。」不信佛、專門和佛教作對的天神帝娃達，被佛祖批評爲"叛逆者菩薩"。後來，帝娃達被佛祖鬥敗了，但是他死後陰魂卻宣布變成"批瞥"（長腳鬼），專門和佛教搗亂，使佛寺終年不得安寧。帝娃達和佛祖的對立是勐神寨神（原始宗教）和佛教的抗爭，應是佛教剛進入傣族地區的情形。

史詩中帝娃達對英叭的背叛和這本書中帝娃答對帕召（佛祖）的抗爭相當近似，前者被貶後變成蛇繼續和天神作對，後者死後變鬼和佛教爲敵。帝娃達的最早形象應是《論傣族詩歌》及《談寨神勐神的由來》的樣子，是佛教剛進入傣族地區，代表反對勢力的原始宗教神祇，並非和開天闢地的創世神英叭作對的叛神。

帝娃答和英叭爲敵，應是以傣族民間傳說爲藍本改編的，而神果園中誘惑貢曼神吃仙芒果的綠蛇情節明顯地受《舊約·創世紀》影響。成書於西元1615年的《論傣族詩歌》記錄的《巴塔麻嘎捧尙羅》應比較接近他本來的面目，目前所見的史詩版本可能是西元1615年以後才添改的。雖然，傣族可能早在東漢和西方文化就有交流，而伊甸園的人蛇衝突進入傣族地區寫入史詩，或許要遲至明朝晚期了。

帝娃答、神果園、綠蛇的情節，可能都是明萬曆以後才增改的。否則，《論傣族詩歌》中何以未見記載？

二、史詩中曾刪掉部分內容

現在所見的史詩《巴塔麻嘎捧尙羅》是刪改過的，另一項有力的證據是，《論傣族詩歌》所見的史詩有些內容是現在版本所沒有的。

傣歌是佛祖給的，或是天神、菩薩給的呢？《論傣族詩歌》中寫著：

> 只要認眞研究和讀過《巴塔麻嘎捧尚羅》一書的人，就
> 會毫不懷疑地回答：「不是，歌不是佛祖給的，也不是

天神和菩薩創造出來。歌來自人類的語言，語言是一切
歌調的基礎。既然人類在世上的活動是語言的基礎，那
麼，人類在世上的活動，無疑地也是歌的父母了。」

　　這一個觀點現存的《巴塔麻嘎捧尚羅》中絲毫不曾涉及，書
中並且說明史詩中還收錄了滴水成歌調的傳說：

　　感謝帕召非凡的想像力，是他把十分有價值的這個傳說
寫進他那神聖的《巴塔麻嘎捧尚羅》裡，爲人類探求歌
調的來源開通了直路。在這裡，我建議大家，特別是康
朗（指佛爺還俗的人）和摩胡（指知識淵博的人）認眞地看一看
《巴塔麻嘎捧尚羅》，仔細分析滴水成音的這篇傳說。
……傳說是這樣講的：在我們的祖先狩獵的游動生活逐
步轉入耕種的初期，有一家母女倆在山坡上種花瓜。坡
腳下淌著一股山泉，她們勞動累了，口渴了的時候，母
親就叫女兒到泉邊去打水來喝。姑娘走到了泉邊，她看
到流水從彎曲坎坷的高處淌下來，發出清脆、柔和而婉
轉的聲音，這聲音在幽靜的山林間淙淙作響，一下激昂、
一下深沉、由遠而近、時高時低，像是在撥弄著琴弦，
又像是輕微而又甜蜜的呻吟。山泉那有節奏的流水聲，
扣動著姑娘的心弦，他忘記了打水，忘記了勞累，靜靜
地坐著聽著泉水的流淌聲。姑娘覺得它太好聽了。以後，
每天勞累了，姑娘就去泉邊聽流水的聲音，邊聽邊學著
滴水聲，哼起歌的時候，痛苦與疲勞就被消除了。天長

日久，山泉的聲音被姑娘接受了下來，變成她自己的歌
調了。從此，姑娘就用流水般優柔動聽的曲調，到處去
唱給鄉親們聽，被人們一代一代接受下來，變成了今天
的傣歌調子。

這是一段十分特殊的傳說，說明如天籟般的傣歌產生的由來。然
而這個部分在現在的史詩中也被刪除了。

據《論傣族詩歌》所言，《巴塔麻嘎捧尙羅》是一部記載天
地形成、人類起源最寶貴、最有價值的歷史資料，這部書裡也講
到傣族詩歌的誕生及它的成長過程，並著重談了傣歌用花草比喻
的問題。對於傣歌爲何會以花草、動物、星月、風雲、山水來比
喻，史詩中還講了一個生動的傳說：

天地形成以後，布桑該和雅桑該來開創人類，地球上有
了古里瑪和古瑪列夫婦，人類就誕生了。古里瑪和古瑪
列夫婦又生下了六個孩子，三男三女，後來讓他們結爲
夫婦，他們又生了孩子。就這樣子生孫，孫生子。這個
時候，人類就有了三十個女和三十個男，可是他們人人
都光著身子，不知道耕地播種，終日在森林裡尋找野果
吃。
一天，那三十個姑娘又一起出去找野果，他們在密林裡
走啊走，成群結隊，穿山越林，就像一群歡鬧的猴子。

後來，姑娘們見到孔雀白鷴野雞有華麗的羽毛，小蝴蝶也有

花翅膀，於是姑娘們也學會用花草、樹皮、樹葉圍在身上，從此，傣族就有了花統裙。傣族祖先，生在野外，長在野外，以森林爲家，以花草樹葉爲衣服，所以傣族詩歌就用宇宙間大自然的景物裝飾、比喻。

　　現在所見《巴塔麻嘎捧尚羅》中古麗瑪、古里曼（即古里瑪、古瑪列）是大蛇誘惑貢曼神所生，後來古麗瑪、古里曼分別出門找水香菜和黃茄子，出去以後都迷了路再也回不來。貢曼神變成的爹媽思念兒女，所以就用黃泥巴捏了三十男三十女。情節和布桑該開創古里瑪夫婦不同，而且也沒有談到傣族詩歌用花草比喻的一大段傳說。

　　明萬曆年間所寫的《論傣族詩歌》記載《巴塔麻嘎捧尚羅》一書收錄有完整的傣歌來源和傣歌比喻兩篇傳說，而現在所見的《巴塔麻嘎捧尚羅》卻已不復見。

　　《巴塔麻嘎捧尚羅》在明萬曆以後被增改是很有可能的，不但加入了神果園、帝娃達誘惑貢曼神吃仙芒果，也有可能增添了英叭神所創造的衆神祇及衆神祇的衝突，因爲《論傣族詩歌》中皆未言及。

　　《論傣族詩歌》記載英叭神開闢了天地，而且用他身上的污垢捏成地球，鎮定天地的西拉神象、四根定天柱也是用污垢做成，然後他又捏成布桑嘎西、雅桑嘎賽兩個夫婦神，讓他們去地球上造人和創造萬物。這一點和史詩《巴塔麻嘎》並未有抵觸。如此岩溫扁先生以爲布桑嘎西夫婦神造人在英叭神開天闢地之前，很值得商榷。

　　希臘人不相信神祇創造宇宙，他們認爲宇宙創造了神祇，神祇出現前，天和地已經形成了。印度神話則不然，大梵天是創造之神，宇宙萬物是他直接或間接創造出來的。傣族文學一直受印度文學深遠影響，這一點在後文會有詳細討論。傣族的神話是否會接近希臘人的看法，桑嘎西造人造萬物會在英叭開天闢地之前？可能性似乎不大。像印度神話中大梵天（如傣族英叭）直接或間接開創宇宙萬物，也許較合乎傣族文獻或傳說一貫的記載。

　　而王松先生以為英叭和桑嘎西這兩個巨人，實際上是同一個，英叭是以桑嘎西為藍本才有的，桑嘎西足足十億斤的身子發展到了英叭，膨脹成一千億斤。這一點也值得商榷，《論傣族詩歌》所見的桑嘎西是英叭創造的神祇，既是英叭所創，被創者的巨大形象豈有超越創造者之理？桑嘎西在英叭之後，而且體形不如英叭巨大，應是十分合理的。

　　傣族史詩所以不同於西南周邊民族，出現《舊約·創世紀》的伊甸園情節，而成就他的異質現象，或者是晚近和外界交流頻繁，才吸收外來文化所致。在《論傣族詩歌》中，我們見不到史詩的異質成分。

第三篇　阿鑾類型敘事詩

　　佛教傳入傣族地區，造成傣族敘事詩的黃金時代，《論傣族詩歌》的作者自言當時（西元1615年）有五百部敘事長詩，而德宏地區也習慣自豪他們有五百五十部的"阿鑾"敘事詩。關於這"五百"或"五百五十部"的問題，根據傣族學者刀保堯先生引錄，是其來有自的：

1. 德宏有部傣文書，名叫《干帕弄》（即"大世界"），清楚地記錄著阿鑾故事目錄共有五百五十個。（《山茶》1981年二期《淺談阿鑾故事與佛教的關係》）

2. 寫在貝葉經裡的敘事長詩，在西雙版納能找到目錄的，就有五百部之多。（《思想戰線》1981年二期《貝葉經—傣族文學的寶藏》）

3. 巴利文《佛本生經》……把幾百個流行民間的故事匯集起來。（季羨林《印度文學在中國》）

4. 在《本生經》這部著作中，描寫與佛教有關的作品就有五百五十篇之多。（《東方文學專集㈠》中的《老撾古典文學簡介》）

5. 《經藏》，佛陀及其最早的門徒的佛教教義，載於五個集子和五百五十條有關佛陀故事的《本生經》中。

（印度·薩拉夫《印度社會》）

　　他認爲阿鑾故事是外來的，佛經故事對傣族文學的影響，主要表現在阿鑾故事上❶。而阿鑾類型敘事詩造成了傣族敘事詩的黃金時代。本論文將阿鑾類型故事收入，當然是爲了歸類方便，更重要的原因是，阿鑾原是傣族的英雄人物，阿鑾敘事詩和英雄史詩的結構近似，阿鑾幾乎都是神子或王室成員後代，阿鑾有被棄、流放過程，也有殺怪情節或難題求婚的關目，最後必定繼位當上國王，和一般英雄故事類似。本論文以爲屬英雄敘事詩的另一典型，專篇討論，似無不妥。然而，有些阿鑾敘事詩並未牽涉氏族、部落或民族間的戰爭，或寫阿鑾的愛情，或寫阿鑾的伸張正義，似無宏偉的篇幅或磅礴的氣勢。而且，一般學者習慣上也不太將有英雄事蹟的阿鑾故事稱爲英雄史詩，因此，本論文將之歸爲阿鑾類型敘事詩。

---

❶　刀保堯：《阿鑾故事瑣談》，收入《傣族文學討論會論文集》，中國民間文藝出版社，1982。

第一章　阿鑾的定義

有一本書，德宏叫《亥戛罕哈魯》，西雙版納叫《戛迫》，漢譯爲《白烏鴉》。根據盈江龔玉賢和芒市龔祥國、庄柏的口述，書中描寫五個神蛋的故事—阿鑾的由來：

在遙遠的果色果拱地方，有九十九座山，山上有九十九棵大樹，中間最高最大的一棵樹下的洞穴裡，有五顆像綠色寶石一樣的神蛋。有一天，一陣狂風把蛋吹刮了出來，飄落在不同的地方。

第一顆蛋飄落到雞的王國，由雞孵了出來，變成爲一個人，取名"瓜戛珊"。（西雙版納叫"召戛滴戛"。因爲他的養母是野雞，就以野雞的叫聲命名。）這是傳說中第一個佛祖。

第二個蛋被吹落到野牛王國，投胎於母牛肚裡而生下一個人，取名"古拉貢"。（西雙版納叫"戛沙八"，因爲他的養母是母牛而命名。）這是傳說中第二個佛祖。

第三個蛋被吹落到龍的王國，由龍孵出了人，取名"戛撒把"。（西雙版納傳說是被吹落到蛇的王國，取名"國達瑪"。）這是傳說中第三個佛祖。

第四顆蛋吹落到人間的一條河裡，這時恰好有個婦女在洗衣，拾起蛋，蛋裂開，出來一個俊秀的少年，少年對她說，是天神派他下凡修行的，他的名字叫"古德瑪"。

（西雙版納傳說，婦女的父親叫"叭戛瑪塔"，所以給他取名"古德戛瑪塔"。）小乘佛教稱現在是"古德瑪時代"，或者叫"荷花的時代"。據說，天神混西迦吩咐古德瑪，要他變成人間萬物，花草樹木，飛禽走獸，不斷輪迴轉世，經過五百五十代的磨煉，還要每年揀一粒細沙，直到揀完三籮細沙，完成修行，成爲佛祖。

最後一個蛋，被吹落到勐巴拉納西國王的花園裡（一說落到佛塔尖頂上，故佛塔上都有一圓球。）要等兩千五百年以後才會裂開，天神已爲他取名"召阿力米地亞"（西雙版納叫"阿納咩泰"）。等最後的蛋一裂開，最後的佛祖一出世，世界就進入了佛的極樂世界，人也能夠幸福生活。又有一說，認爲那時人類和世界就毀滅了❶。

阿鑾的由來和佛祖是結合的。

何謂阿鑾？根據德宏的傣族說，阿鑾這個詞，很難準確地翻譯成漢語，這是個外來語，也許就是巴利語。他們認爲阿鑾有以下的特點：他是一個長相異常漂亮的男子，心地善良，卻又嫉惡如仇，勇敢而又有本領。他不畏強暴，是天生注定有福氣的人，或者說，他是由天神冊定的，由天神派到人間來考驗，要經歷人間五百多代，即各個歷史時期的各種各樣的人，最後成爲佛祖古德瑪的化身。另一種說法，認爲阿鑾這個詞是來自印度的梵文，

---

❶ 《阿鑾故事集》，收入《雲南少數民族文學資料》第7輯，1980。

意思是很有學問的聖者，或者可以說就是英雄的意思。可是，印度本身卻並沒有這個叫法，更沒有關於阿鑾的五百五十部敘事長詩。但這個詞卻流傳很廣，泰國把"鑾"作爲皇家貴族的稱謂，凡皇家貴族，或被國王封爲貴族的都在名字前冠以"鑾"字。到了緬甸和我國傣族地區，卻又成了佛祖帕召古德瑪的專用名詞（當然也有英雄之意）❷。

曹成章先生以爲，阿鑾是傣族民間流傳的長詩中的主人公，他並非指某一個人名字，而是泛指那些出身貧寒，或雖出身貴族，但總是因爲家庭或社會原因，脫離家庭，從小受盡生活折磨，但有志氣，有抱負，機智勇敢，爲了達到個人理想，不畏艱難險阻，最後取得勝利的人❸。

刀保堯先生對阿鑾的定義更加周延，除了他的勇敢、善良、備受磨難外，更提及阿鑾和宗教的關係。他也以爲阿鑾故事中的主人公大多是窮苦出身，自幼喪失父母撫愛，寄人籬下，經過種種磨難，走過曲折的道路，後來得到神靈的啓示，增長智慧和力量，戰勝艱難險阻，求得幸福。有的雖然出身富貴之家，但因事不如願，於是遠走他方，完全同窮苦出身的青年一樣，爲實現自己的意願進行了不屈不撓的抗爭，終於如願以償。阿鑾是超凡的人，是下凡的神，是介乎人神之間的形象，他上連最高天神坤西迦，下接廣大民衆，是欲濟蒼生於塗炭，而最後還是自己從苦海

---

❷　王松：《傣族詩歌發展初探》，中國民間文藝出版社，1983，頁185-186。
❸　曹成章：〈阿鑾故事反映的傣族奴隸制〉，收入《傣族文學討論會論文集》，中國民間文藝出版社，1982。

中先登彼岸的天之使者。阿鑾的出世，起初是器物，後來是動物，自三十三代（或寫三十四代）起是人頭獸身。到了三十五代，才成爲人，先投生爲窮人，受盡人間折磨，然後投生爲富人、王子。最後"阿鑾"變爲佛祖。阿鑾故事所以有五百五十部，是因爲要講述古德瑪（釋迦牟尼）成佛前五百五十代的經歷，才成爲一套阿鑾故事體系❹。

這些阿鑾故事或長詩，都有下面幾個特徵：

1. "阿鑾"都是由天神册定的，是佛祖古德瑪的化身。

2. 幾乎每一部阿鑾長詩或故事，都出現過森林中修行的和尚"雅細"（西雙版納稱"帕拉西"）和天神"坤西迦"（西雙版納叫"叭英"）兩個人物，他們必定幫助阿鑾在人間戰勝一切困難和邪惡。

3. 絕大部分阿鑾故事，都有一個反面角色魔鬼"批排"（西雙版納叫"批雅"）。這些魔鬼有的很凶惡，有的卻是善良，甚至還有魔鬼國"勐批排"，裡面的百姓全是魔鬼。

4. 幾乎所有的阿鑾故事，都有一個正直、善良、美麗的姑娘或公主，往往爲了這個姑娘而引起一場戰爭。阿鑾幾乎都會在這場戰爭遇到生命危險，而由雅細或坤西迦幫助脱困，最後，姑娘成了阿鑾的妻子或皇后。

5. 阿鑾幾乎都有異乎尋常的本領，上天入地，無所不能，

---

❹ 刀保堯：〈阿鑾故事瑣談〉，收入《傣族文學討論會論文集》。

也會變成各種動植物，神話色彩很濃。但是，阿鑾的本領非與生具來，而是由雅細、坤西迦傳授，或者由一種神奇寶物帶給他的。

6. 幾乎所有的阿鑾故事都是大團圓收場。阿鑾最後幾乎都當了國王，沒有一部是悲劇❺。

　　阿鑾在長詩中被賦予介乎人神之間的英雄形象，然而，這個英雄形象卻是虛幻而空洞的，可以說，幾乎是屬於神話或宗教的英雄，而因為宗教上果報輪迴、禍福命定的思想太濃，造成阿鑾的英雄形象太模糊、俗套。

　　流傳於鄂西、四川東部的神農架《黑暗傳》八種版本中，其中之一就是用佛教的阿鑾輪迴轉世神話傳說來改造傳統的盤古開天闢地神話傳說，這個中原神話的阿鑾還吩咐佛神皮羅崩婆到東土開天闢地，到咸池去請日月。❻在漢族創世史詩《黑暗傳》中出現的阿鑾代表著佛教輪迴之神，並無絲毫英雄氣概，純粹是為了宣揚佛教而生。可見傣族阿鑾敘事詩的阿鑾和漢族阿鑾是有差距的。或許阿鑾原是為了佛祖而生，的確是輪迴之神，後來被賦予介乎人神之間的形象，而宗教色彩的摻雜又使得英雄形象變得空洞虛幻。

---

❺　《阿鑾故事集》，收入《雲南少數民族文學資料》第7輯，1980。

❻　《神農架黑暗傳多種版本匯編》，中國民間文藝研究會湖北分會編，1986，頁69。

第二章 阿鑾故事群

　　據說全部的阿鑾敘事詩，就是描述古德瑪五百五十代的經歷，而這個經歷，又分成三個階段：這一階段即古德瑪曾經歷過的各種器物或植物、動物生活與遭遇，共三十三代，到第三十四代才成為人頭動物身，第三十五代才成為人；第二階段是投生於窮苦人家，經歷過人間所有的痛苦與不幸，因此，他了解人生疾苦，同情窮人；第三個階段是投生於沙鐵（富翁）、國王之家，最後才完成全部修行，成為佛祖。如此說來，全部的阿鑾敘事詩應該就是宣傳佛教的宗教文學了。到底阿鑾故事的佛祖影子如何？他的五百五十代經歷或動物、人頭獸身和人的三階段遭遇又如何？在歸納各類型阿鑾故事中，可以稍微見出所謂輪迴轉世痕跡的只有一小部分，如《尼罕》、《婻慕木苹》、《山麻雀阿鑾》等，他們的前世各為岩羊、紅花、山麻雀，今生才投胎為人。第二種是出生時為某種器物或動物，後來才變為人，其實這是中國民間故事中典型的蛤蟆兒子型，如《含哈的故事》、《四腳蛇阿鑾》、《白蚌殼阿鑾》等都是。第三種類型中阿鑾兼有人的部分特徵，可是卻以異於常人的長相來凸顯其不平凡性，即所謂身體殘疾或畸型的不具兒，如《只有頭的阿鑾》、《口袋阿鑾》。第四種類型中阿鑾生下即為人，或為王子，或為富家子弟，這一類型有大部分屬於天鵝處女型故事，本文即以天鵝處女型為討論重點。

一、動植物投胎轉世的阿鸞

動植物投胎轉世而成人的阿鸞故事，應是佛教輪迴思想最濃厚的，極力強調因緣、恩怨的前世命定，半點由不得人。我們看以下的例子：

《尼罕》

尼罕即金岩羊之意。在翠竹綠茵的山谷，在野花盛開的土地上，有一隻美麗的岩羊，像山中高傲的公主，有一隻英武的岩羊，像山中出眾的王子。天神讓他們相會，結成夫妻。岩羊王子坤尼罕對岩羊公主婻尼罕發了誓：

> 我的心和你的心，就像山藤扭在一起了，假若碰著人家的刀口，就讓我們的生命同時斷掉吧。婻尼罕啊，就是沒有山草，我也不會叫你餓著；就是沒有岩洞，我也不會叫你受凍。讓我們一起向天神祈禱，讓我們共同向地神發誓。

兩隻岩羊到田野上玩樂，嚼著嫩綠的果葉，婻尼罕不小心落入了農人設的陷阱暗扣，她掙扎，她呼救，希望公岩羊能含水來滴在她滾燙的喉嚨裡。公岩羊睜著淚汪汪的雙眼在山林中到處找水；一個在哭泣中生命垂危，一個在奔跑中疲倦萬分。

可憐的公岩羊也陷入了農人的暗扣，他不停地朝著母岩羊在的方向哭嚎著：「怎樣才使你擺脫不幸？怎樣才使我倆幸福重逢？」

而另一方的母岩羊用盡最後的力氣發著誓言：

> 黃土可以把我埋葬，森林可以把我覆蓋，但，在我再生
> 的時刻，無論變成什麼動物，還是變成人，我要把恨化
> 爲行動，再不相信愛情還有眞誠，再不相信男性還有良
> 心。老天啊，希望你讓我再世成人，我要用鋒利的長刀，
> 殺盡無情的男人，像割韭菜一樣。

兩隻岩羊死了，天神將他們的靈魂收起來，決定讓他們重新托生。

公岩羊坤尼罕降生在靠砍柴度日的窮夫婦家裡，成了強壯的勝帕臘；母岩羊托生在勐賀罕的王宮裡，是漂亮的婻羅悅公主，然而痛苦的往事一直在她的心頭，她要向所有的男人報復。

公主帶著一群宮女，她們見了男人就動刀、放箭，毀掉了一條條無辜的生命，村寨發出慘叫，山林發出哭聲。

勝帕臘聽到了人們對公主的指責和咒罵，他知道前生失散的伴侶將誤會化成了仇恨。勝帕臘來到京城外公主常來懺悔的佛寺，不分白天夜晚，把自己的遭遇畫成畫，把公主的誤會寫在畫上。

殺氣騰騰的公主進了佛寺，她抬頭看見畫，流下了傷心的淚。勝帕臘走到公主面前，她跪下來嚎啕大哭，祈求諒解。

勝帕臘和婻羅悅回到了勐賀罕王宮，當上了國王和王后，過著幸福的生活❶ 。

---

❶ 《尼罕》，收入《金湖之神》，岩林翻譯，中國民間文藝出版社，1981。

《婻慕木苹》

　　獵人岩拇瑟在山裡打獵，跑了一天毫無所獲，他怕進寨子會被別的獵人笑話，又覺得沒臉見妻子。他跑累了，喝了一肚子泉水，疲倦地躺在草地上。忽然，他聞到了花香，找到了兩朵花，一朵火紅色的，一朵乳白色的。

　　岩拇瑟回到家，要把花獻給妻子，可是妻子被人拐走了。他想起了漂亮的王后，決定將花帶進宮去。

　　京城的路太遙遠，岩拇瑟走走歇歇，在菩提樹下睡著了。有一隻老鷹從高空下來叼走了紅花，吞進了肚子，向很遠的地方飛走了。

　　岩拇瑟醒後不見了紅花，傷心地哭了，只好將剩下的白花帶進王宮。

　　國王得到了奇異的白花，歡喜若狂，賞給岩拇瑟很多金銀。王后高興地將白花插在鬢髮邊，一上床就迷迷糊糊睡著了。這一天開始，王后有了身孕。人們都說這是坤西迦的恩賜，是阿鑾來托生。不久，王后生下了強壯的王子馬里貢。

　　吞了紅花的老鷹飛到勐沙國土，落在一棵大青樹上，被獵人射死了。獵人將老鷹賣給一個有錢的老人，老人將老鷹殺了泡酒給老伴治病，他們發現鷹肚子裡有奇異的紅花，也決定將紅花獻給勐沙國王。

　　國王將紅花戴在妻子的髮髻上。這天晚上，王后做了一個甜蜜的夢，夢見一顆明亮的星星飛落在她手掌心，她醒來一看，不是星星是紅花。王后從此有了身孕，她生下了公主婻慕木苹。

　　長大的嫡慕木苹非常美麗，僧人召雅細的養子建棟信變成鸚鵡來百花園中傳情。公主對建棟信動了心，她說：「要是我的愛只是自作多情，我眞想用竹片插進喉嚨死去。」然而，詩中說他不是嫡慕木苹的前世姻緣，召雅細囑咐建棟信，說嫡慕木苹是天上的有情花，她不會將眞正的愛情送給他。

　　各勐的王子全來求婚，勐沙國王命人將七棵栗樹削得又滑又圓，士兵們將七根栗木接起來，用滑油在柱子上塗一道，油膩的柱子連蒼蠅都難以停落。柱子的頂端有一間小屋子，嫡慕木苹坐在那兒，誰爬上頂端會公主，就是勐沙的女婿。

　　馬里貢站在馬背上向坤西迦合掌，天上掉落了一雙草鞋，馬里貢穿上後，草鞋發出金光，把他送上柱子頂端。嫡慕木苹以爲是鸚鵡少年，沒想到是勐罕王子。詩中強調他們是天生的恩愛夫妻，因爲紅花白花會面了，神子天女結合了。

　　然而，建棟信闖進王宮劫走了嫡慕木苹，馬里貢追趕上去。建棟信騎魔錘，握寶刀，他打敗了馬里貢。馬里貢在遠處呼喚嫡慕木苹，問她到底愛誰？公主傷心地說，她愛命中注定的人。馬里貢又向坤西迦求助，天神派下了天兵神將，和建棟信打了七天七夜仍是不分勝負。坤西迦用天鏡把建棟信和人馬照昏，他掙扎著和天兵格鬥。天神只好丟下一個圈圈，套住了建棟信的脖子，項圈越縮越小。建棟信不得不認輸，他痛苦地唱著：「嫡慕木苹啊，我以爲我們的相識是幸福，誰知道正是我的莫大痛苦！你留給我的只是寒冷，情誼只是一場惡夢。」坤西迦告訴建棟信，馬里貢與公主是命中情人，公主和他相識，那是她在尋找自己的伴侶！搶劫別人的幸福是犯罪的。

　　於是，紅花白花投胎轉世成了婻慕木苹和阿鑾馬里貢，而他們是命中的情人，注定要結今世的姻緣❷。

　　前一部長詩中強調金岩羊轉世為人，前世的誤會冰釋，二人注定再結緣。《尼罕》中唯一例外的是，阿鑾未經過戰爭就重新獲得公主的愛，繼承了王位。而《婻慕木苹》中也相當特殊，召雅細的養子建棟信本和公主真正相愛，卻成了坤西迦幫助的阿鑾的敵人，兩人為了愛情而戰，公主嫁給命中注定的人，並非原來的情人。全書洋溢的是宗教氛圍，並非歌頌愛情。《山麻雀阿鑾》中的阿鑾前世為母麻雀，因為猴子砸掉他生下的五個蛋，發誓來生復仇。猴子後來投生為國王，暴虐無道，要搶阿鑾的仙女妻子，終被阿鑾所殺❸。故事表面上強調輪迴轉世、因果報應的佛教思想，實際上有一大部分是天鵝處女型情節，阿鑾娶的是在湖裡洗澡的第七個仙女，這些和佛祖應是毫不相干的。

二、器物或動物阿鑾

　　阿鑾故事中有一類是出生時為某種器物或動物，後來才脫蛻皮、殼成常人。這一類型似乎應歸入所謂佛祖古德瑪三十三代以前的遭遇歷練，祂還在器物或植物、動物的階段。其實這部分屬於中國民間故事中典型的蛤蟆兒子型，鍾敬文先生列舉兩個型式：

第一式

❷　《婻慕木苹》，收入《金湖之神》一書中。
❸　《山麻雀阿鑾》，郁寶蘭翻譯，《山茶》1983年6期。

1. 有夫婦，老大無子，禱於神，但願得一個，像蛤蟆那樣亦好。

2. 未幾，得子，果如所禱求的。

3. 兒子大，欲得一美女爲妻。女家故出難題。

4. 兒子完成其所要求之物事，得娶女。

5. 結婚之後，兒子脱棄其皮，變成美少年。

6. 妻以姑或母的話藏其皮，兒子遂不復化蛤蟆。（異態：或因皮被毀，形骸立消，或日後得皮遁去。）

第二式

1. 有夫婦，老大無子，禱於神，但願得一個，像蛤蟆那樣亦好。

2. 未幾，得子，果如所禱求的。

3. 兒子長大，會國有兵事，他自請獻身手。

4. 破敵後，如約得尚公主。婚夕，脱皮變成美少年，與公主成婚。

5. 國王聞其皮可以自由穿脱，因竊取穿之，卒成蛤蟆。

6. 兒子得登王位❹。

傣族阿鑾故事類型的情形近似，器物或動物的兒子都是天神

---

❹ 鍾敬文：《鍾敬文民間文學論集·中國民間故事型式》（下），上海文藝出版社，1985，頁349－350。

所給，《白蚌殼阿鑾》中王后星孕而生，《四腳蛇阿鑾》是寡婦感生而孕，《含哈的故事》中國王夫婦年老祈神得子。唯一不同的是，傣族故事中從未出現第二式中的第5項，後面所談靈魂離體倒和這個關目比較接近，人鑽進對方的軀殼（死的鹿或鸚鵡）而復活，當然國王穿了蛤蟆皮會變成蛤蟆。下面就看看傣族阿鑾的《蛤蟆兒子型》故事：

《四腳蛇阿鑾》

勐達夏西納有個孤苦伶仃的寡婦，因為在河邊洗澡，一條四腳蛇從她的裙子上爬過去，回家後夜裡夢見年輕英俊的男子求婚，於是懷孕生下一條四腳蛇。她將骨肉取名"蛇郎"，還是像愛小孩一樣愛他，四腳蛇生下三天就會說話，聰明伶俐。

這個地方的王后，在四腳蛇出生的那天，也生下公主。公主長到十八歲，國王要為她做生日，邀請了十幾個鄰國來祝賀，人們載歌載舞，熱鬧異常。

蛇郎看到熱鬧的趕擺場面，也要求母親帶他去參加。母子來到城裡，蛇郎悄悄鑽入人群，爬到一棵大青樹上，看到美麗的公主，愛慕之心油然而生。

蛇郎回到家裡，要求母親請頭人去王宮提親。國王聽說是四腳蛇來求親，大為震怒，要處死前來的頭人。這時一位德高望重的大臣說：「蛇郎敢來求親，說不定是前世的姻緣，請國王先派他送一件重禮試試，看他能不能辦到。」於是國王下令，要他三十天之內架一座金橋到王宮門口，如果辦到，就招蛇郎為婿，如辦不到，就將他處死。

　　頭人回來轉告了國王的命令。蛇郎在鄉親們的幫助下,在山裡找到了三隻金娘(蝙蝠)生下三坑金三坑銀,並獲得一神秘老人的幫助如期架好了金橋。

　　國王沒有辦法,只好把公主許配給蛇郎,並爲他們舉行婚禮。公主看到自己的丈夫披著蛇皮,搖著尾巴,非常生氣,於是將蛇郎攆了出去。

　　深夜,蛇郎變成一個英俊的小伙子來和公主對歌。公主看到這個小伙子,非常高興。這樣過了半個月,白天蛇郎來看公主,晚上小伙子來和她對歌。蛇郎和小伙子的行蹤慢慢引起她的疑心。有一天,當小伙子又來對歌時,公主藉故走到門口,卻看見一堆蛇皮。她明白小伙子就是蛇郎以後,就要求他別再穿蛇皮了。小伙子答應了,從此他們相親相愛,國王給自己的女婿取名"項罕"(金蛇郎)。

　　鄰近的十幾個國家,曾經來向公主求過婚,後來聽說公主嫁給蛇郎,十分震驚,就聯合起來攻打。國王找來文武百官商議,都想不出辦法。這時蛇郎要求國王讓他帶兵禦敵。蛇郎勇猛過人,所到之處,敵人倉惶逃走,經過幾番激戰,終於打退了敵人。國王和大臣們稱讚不已,不久,蛇郎就當了國王❺。

　　書中出現神秘老人,明顯的是天神坤西迦化身,幫助阿鑾通過考驗。天神的出現正說明阿鑾以四腳蛇出生的不平凡性和神意。

《白蚌殼阿鑾》

---

❺　《四腳蛇阿鑾》,周體元翻譯,收入《阿鑾故事集》,《雲南少數民族文學資料》第7輯,1980,頁10-22。

　　勐巴拉納西的王后夢見星星而懷孕，沒想到生下的卻是一個白蚌殼。國王極為生氣，命令大臣將王后母子殺掉。大臣暗中派人把蚌殼裝在筏子上，順水放走，又將王后送到一個偏僻寨子的頭人那兒。

　　竹筏順著江水往下流，天神坤西迦看到了閃亮的白蚌殼，他放了一本紅色書在竹筏上，書頁是三張金紙，天神在第一頁注明小蚌殼是阿鑾，要經過三年三月三日三時才能變成人。竹筏又流啊流，流到了龍女洗澡的地方，龍女知道蚌殼是未出世的阿鑾，她在第二頁空白紙上寫說她是阿鑾的母親，阿鑾如果有災難，可以到勐拉戛找她。竹筏又往下流了，流到魔鬼國勐批排，流到魔女嫡琵排洗澡的地方，她知道蚌殼是快要脫生的阿鑾，就在紅皮書的第三頁寫上她是阿鑾的母親，將為他解決災難。嫡琵排將蚌殼和紅皮書都帶回去，天神的時辰到了，蚌殼中果真脫生了阿鑾。

　　經過嫡琵排餵養，阿鑾慢慢長大，也知道勐巴拉納西的父母親。他不顧嫡琵排的勸止，執意離去。阿鑾駕著雲，飛過了勐拉戛上空，和龍女媽媽相認後，又駕雲飛到勐沾巴過，和五百個放牛人遊玩。

　　勐沾巴過國王的第七公主一直未找到女婿，一百多個國家都來提親，國王十分煩惱，接受大臣提議，要趕擺七天，將高貴的王冠拋到高空，戴上王冠的人就是國王的女婿。沒想到王冠竟落在麻臉長牙、又窮又醜的阿鑾頭上。國王十分生氣，又不能食言，只好讓阿鑾和七公主搬到郊外的草房去住。

　　六個姊姊和姊夫認為七公主嫁這樣麻臉長牙的窮漢是不幸的，喪盡國威和國王顏面，一心想陷害阿鑾。於是，國王下令七個女婿每人去找一隻金鹿，找不到的人要被殺頭。阿鑾向天神坤西迦祈禱，得到兩隻金鹿交給國王，而且脫掉魔鬼批排的衣服，變成美少年看管森林中所有的動物，六個姊夫為了得到一隻金鹿，就讓阿鑾割掉他們鼻尖上的一點皮。後來，阿鑾又獲得天神幫助，捉到了金魚，也通過修築一座家門口到王宮的金銀橋的考驗。

國王要六個女婿向阿鑾道歉，並將一半權力交給他。阿鑾接受道歉，並用起死回生的南西塔聖水擦好他們的鼻子。阿鑾聽說勐巴拉納西國王自從殺害王后和蚌殼，一直沉迷於鬥雞，不管國事，就決定帶雞前往。阿鑾的雞因為在翅膀下裝了死去的龍女和魔王公主的牙齒，所以嚇退了從無敗績的國王的雞。國王只好認輸，將勐巴拉納西讓給阿鑾。

阿鑾當國王之前，舉行七天七夜的大擺，也和王后母子相認團圓了❻。

這一類型的故事幾乎都有鍾先生所列舉第一式的3 ，阿鑾總會為了娶公主或仙女而經過婚姻考驗，最終必繼承王位。另外，《含哈的故事》（含哈即癩蛤蟆）中，蛤蟆未娶美女，其皮是在長成後自動脫掉，書中只一味強調其繼承王位後的勤政愛民❼。還有一個可以歸入此類故事中的是《丹秀》，丹秀即綠瓜之意，他自小生活窮困，為了減輕母親負擔，將自己變成綠瓜。綠瓜經過婚姻考驗娶了公主，因為公主痛苦，故自動從綠瓜中出來變為美少年和公主見面，後來並繼承王位❽。

---

❻ 《白蚌殼阿鑾》，朱光燦、王思寧翻譯整理，同前書，頁260- 275。
❼❽ 《傣族民間故事選》，傅光宇等編，上海文藝出版社，1985。

器物或動物型的阿鑾故事都具有世界性的共同變形因素，我們後面所談的天鵝處女型故事中鳥類化為仙女，或者如荷馬（Homer）的《奧德賽》（Odyssey）中愛爾喜昂（Alcyone）變成海鳥，海神(Neptune)幻形為獅子、野豬等。變形神話是傣族敘事詩中極重要的一環，無非是在強調阿鑾的不平凡性。這一點在《感生與動植物崇拜》一節中會再詳加討論。

三、畸型兒阿鑾

一般的資料都說明古德瑪在第三十四代是人頭動物身，即是有人頭動物身的阿鑾。然而，筆者所見並無人頭動物身的阿鑾例子，只見有生下來是肉皮的阿鑾，或生下只有頭的，甚至多一隻眼的，這似乎都屬於身體一部分有殘缺或畸型的不具兒，正如《晉書·苻生傳》：「既自有目疾，其所諱不足不具。」不具的阿鑾似乎和人頭動物身的佛祖無關，甚至可以說和佛教毫不相涉，只是有時刻意強調因果報應觀念。《只有頭的阿鑾》和《口袋阿鑾》是最典型的例子。

《只有頭的阿鑾》

有對窮夫妻，過得十分困苦，在丈夫病死的當晚，妻子生了一個兒子，這個兒子只有頭，沒有身子，也沒有手腳，取名貢馬拉。

貢馬拉在七歲那年到村中的富翁家看牛馬。每天，母親將貢馬拉放在竹籬筐裡，拿到牧場上，傍晚再接他回家。富翁家的牛馬都溫馴的在貢馬拉周圍吃草，一點也不麻煩。而且，日子一天天過去，貢馬拉放的牛馬都繁殖得很快，富翁更加有錢了，決定出外經商。貢馬拉要求同行，富翁也同意了。

富翁的五百艘船全部出發，他把貢馬拉放在船頭的竹籃裡。幾天後船隊到了另一個國家，富翁和伙計們將全部貨物搬到街上去賣，貢馬拉就留在船頭看守。

這時，貢馬拉看見老龍王領著龍女們正在沙灘上曬太陽。沒想到突然飛下一隻大鵬鳥攻擊老龍王，龍女們飛快地鑽進水裡逃走了，只有年老的龍王來不及逃掉，然而，龍王嘴裡的寶珠可以噴火發熱，大鵬鳥仍打不過龍王。大鵬鳥搖身變成和尚向佛寺的雅細請教，雅細叫它攻擊龍王的尾部。結果，大鵬鳥叨著龍尾把龍叨上天空。貢馬拉看了大吼一聲，大鵬和老龍都墜落在地，搖身變成人。貢馬拉勸說他們要和睦相愛，他們聽了極受感動，答應以後要幫助貢馬拉，龍王並且將嘴裡的寶珠送給貢馬拉。

貢馬拉因為守船順利，所以得到貨物，就隨船隊回家了。回家以後不久，天神坤西迦托夢給貢馬拉，要他去娶國王混賀罕的女兒。

國王說貢馬拉如果能在七天內「銀子鋪路，金子搭橋，翡翠做芭蕉，綠玉做甘蔗，絲綢七層架天上」，就可以來迎親，否則就被砍頭。

貢馬拉向天神坤西迦求助，天神都完成了他的心願，國王實現諾言，答應將公主嫁給貢馬拉，可是，六個公主都嫌棄只有頭的阿鑾，只有七公主聽從國王安排，和貢馬拉成婚，而且一點也不嫌棄。結婚當晚，貢馬拉就變出身子，長出手腳，成了英俊無比的小伙子。

　　國王做了夢，請算命卜卦的摩古拉解夢，摩古拉嫉妒貢馬拉，解夢說貢馬拉是鬼該處死。貢馬拉拆穿摩古拉的讒言，摩古拉被趕出宮，然後山崩地裂，他被大地吞埋了。

　　貢馬拉當了國王，從此過著幸福生活❾。

《口袋阿鑾》

　　劼巴拉納西七、八十歲的老夫婦無兒無女，天天到佛寺賧佛，向天神求子。天神坤西迦聽到他們祈禱，所以老婆婆夢見白老鼠懷了孕，沒想到卻生下一團肉皮的東西，像個口袋，老夫妻沒辦法，也只好取名"依統"，將他餵養大。

　　轉眼間，依統長到十六歲，他要求母親放一些瓜種籽在他口袋裡，將他掛在牛馱子上，讓他和五百個牛商販一起去做生意。母親勉強答應了，將口袋兒子託付給牛商販們。

　　商隊出發到一個沙灘，依統說他要在那兒種瓜，請牛商販們幫他蓋一間草棚，然後將他掛在柱子上，回程時再帶他一起返家。牛商販答應了。

　　牛商販幫依統蓋了草棚，把他掛在柱子上，然後商隊就去做買賣了。晚上，依統向天神坤西迦祈禱，請他幫忙耕耘播種。一夜之間，就完成耕耘播種的工作。七天裡，瓜種就發芽、開花、結果。

---

❾　《只有頭的阿鑾》，龔肅政譯，收入《阿鑾故事集》，《雲南少數民族文學資料》第7輯，1980。

七仙女下凡到海灘洗澡，看見又香又大的瓜忍不住就偷吃了瓜。依統趁她們洗澡時藏了她們的衣服，七仙女只好拿出一顆會飛的寶石來換回衣服，並答應以後要幫助依統解決困難。

香瓜的清香飄進大海龍宮裡，過了七天，龍女們也在戲水前偷吃了瓜。依統藏了她們的衣服，要求她們拿一顆寶石來換。

依統得到了兩顆寶石，五百商販也回來了。依統送五百商販香瓜，也叫剛到岸邊的另外五百船商運一些香瓜回去。

依統回家以後，聽說有一百多個國家向勐巴拉納西的公主求婚，他也要求母親去提親。依統要求了七次，母親被國王罵了七次。

後來國王同意了，條件是七天內要搭一座金橋銀橋從依統家到王宮，否則就殺掉他一家。

依統拿出龍女送的寶石，說出他的願望。金橋銀橋真的修好了，國王也答應了婚事。沒想到相鄰一百多個國家知道公主要嫁給一個肉皮口袋，非常憤怒，七天以後要聯合來攻勐巴拉納西。國王為此悶悶不樂，依統說他有辦法應付。

深夜，依統變成一個英俊的少年，嘴裡含著仙女送的會飛的寶石，飛向高空。鄰國的聯軍已經全部來到邊界上，正要大舉入侵。依統對著龍女送的寶石：「快變濃煙烈火，燒死來犯軍隊。」很快地，濃煙滾滾，烈火熊熊，鄰國聯軍已經潰敗逃亡。

勐巴拉納西打了勝仗，依統從口袋中鑽出來變成英俊的勇士。國王為女兒女婿的婚禮趕擺七天七夜，後來，依統就繼承了王位❿。

---

❿ 《口袋阿鑾》，朱光燦翻譯整理，收入《阿鑾故事集》。

　　《只有頭的阿鑾》和《口袋阿鑾》似乎也有某些情節接近蛤蟆兒子型，後者七、八十歲的老夫婦禱神而得子，生下一塊肉皮，前者則在困窮夫死情況下生出只有頭的兒子，而兩者都蒙天神眷顧，可見他們降生出自神意。和鍾敬文先生所列蛤蟆兒子第一式相同的是，不具兒的阿鑾也都會為了娶公主仙女為妻，要經歷一連串婚姻考驗。結婚之後，肉皮的阿鑾、只有頭的阿鑾也會輕易地出脫成美少年。

　　阿鑾以身體殘缺或畸型的所謂不具形象，似乎都在強調其出生的神聖性，就像第二篇洪水後兄妹婚生下的肉球、肉塊一樣，也是為了說明他的不平凡性、神意。不具的阿鑾必定不平凡，而兄妹婚生下的肉球、肉塊剁碎後必定變成民族的始祖。日本《古事紀》中伊邪那岐、伊邪那美二神結婚生下不具的水蛭兒也具備神聖性。

　　用異於常人的長相來凸顯其不平凡性，還有另一種方式，如《三眼阿鑾》中，用多出的一隻來說明他的超凡能力，第三隻眼毀壞後，阿鑾就回復為常人，又如印度神話中的大梵天有四個頭，毗濕奴有四隻手，而濕婆則有三隻眼、四條手臂，《羅摩衍那》中的羅波那有十個頭，於是傣族《蘭嘎西賀》也有十頭王的故事。

　　身體殘缺或畸型的不具，實際上和三眼、四頭、四手的情形類似，都用異於常人的長相來凸顯其不平凡性、神聖性。洪水後兄妹婚生下肉球、肉塊那一節曾經詳細討論過，不再贅述。

四、天鵝處女型故事

　　阿鑾類型敘事詩中，有的情節沒有投胎轉世之說，阿鑾不是器物、動植物變形，也非不具兒的形象，阿鑾是正常的人，窮人或王子，而這些身爲常人的阿鑾都有一個現象，會遇見七個在湖邊洗浴的仙女，阿鑾必定會娶最小的仙女，必定要經歷一番磨難。《千瓣蓮花》和《召樹屯》就是所謂這種“天鵝處女型故事”（Swan Maiden Tale）最好的例子。

《千瓣蓮花》

在富饒美麗的勐巴拉納西城外，有個男孩叫“召捧勒”（“召”是王或主，“捧”是天神，“勒”是揚名或慕名的意思，連起來就是連天神也慕名的王子）。小時候，父親就死了，和寡母受盡窮困煎熬，討飯度日。

這個地方的國王過得窮奢極侈，仍然貪得無厭，有一次，他夢見仙女拿著一朵金光燦爛的千瓣蓮花向他走來。醒後，國王下令全城的人去爲他尋找千瓣蓮花。人們四處奔走，找遍每個角落，仍然一無所獲。國王仍不甘心，親自帶領人馬去尋找，當他的隊伍到達召捧勒的村寨時，召捧勒只顧玩自己撿來的石頭，一不小心，石頭砸傷了國王乘坐的大象的腳。國王下令要把他處死，在母親的百般哀求下，國王決定罰他去找千瓣蓮花。

從此召捧勒離開村寨，到遠方去尋找千瓣蓮花。他路過一個個陌生的村寨，熱情好客的人們接待他、幫助他；他走過一條條小河，河邊挑水的姑娘挽留他、安慰他；在路上遇到妖魔鬼怪，天神送給他克敵制勝的寶螺，而他喝了寶螺中的仙水變得更英俊、勇敢，渡過一個個險境難關。他在江邊遇到患難中的猴王，就見義勇爲，打敗猴王的弟弟，幫助猴王找回自己的妻子，猴王也就送他渡過大江。

　　為了找到千瓣蓮花，召捧勒一直走啊走啊！再大的困難也不畏縮，再美的風光也不留戀。他經過兩個魔鬼國，娶了兩個魔王公主。

　　召捧勒歷經千辛萬苦，最後在前後兩位僧人帕拉西的幫助下，終於找到千瓣蓮花。原來千瓣蓮花是天上飛來的七仙女，她每說一句話，嘴裡就飛出一瓣蓮花。

　　召捧勒在湖邊等候，每隔七天雲山的七個仙女就會到湖中戲水。仙女們將衣裙放在青石上，就下湖戲水。召捧勒馬上將衣裙偷走，然而，他忘了帕拉西的囑咐，回頭看赤裸的七個仙女，因此馬上昏死過去。帕拉西用仙水救了召捧勒，又送他護身寶石。七天後，七個仙女又來戲水，召捧勒又偷了她們的衣裙，要求和最小的蓮花仙女結婚。召捧勒終於得到千瓣蓮花，也獲得蓮花仙女的愛情。

　　不幸的是，在飛回勐巴拉納西途中，蓮花仙女被金山國魔王擄走。然而，魔王一接近蓮花仙女，她就發燒如火海，使魔王不能垂涎。傷心欲絕的召捧勒到雲山國報告，國王派了天兵天將攻打金山國魔王，召捧勒發揮寶螺和神棍威力，找回蓮花仙女。

　　召捧勒和蓮花仙女又坐上會飛的塔樓"帕沙"，像寶鳳凰一樣飛回勐巴拉納西，沿途又接了另外兩位魔王公主，帶著三個妻子回家鄉。

　　召捧勒他們飛到勐巴拉納西上空，人們都從四面八方來觀看這個奇蹟。召捧勒叫國王趕快來接千瓣蓮花，國王伸出雙手，由於他心腸狠毒，被蓮花仙女身上的光芒，狠狠射倒滾下大象背，摔在石板上死了。最後，人們推舉召捧勒當勐巴拉納西的國王⓫。

《召樹屯》

在古老的勐板加，王后瑪茜娜夢見一隻老鷹落地在她的屋頂，十個月後，她生下一個男孩，算命的摩古拉預言他是堅強勇敢的王子，所以取名召樹屯。召樹屯長大以後，很喜歡打獵，又長得英俊，勐板加的百姓都很喜歡他。

在遙遠的地方有另一個叫勐董板的孔雀國，國王有七個公主，最美麗的要算是最小的嫡諾娜。每隔七天，孔雀公主就要飛到大森林裡的金湖去游水。

召樹屯打獵時追金鹿到了湖邊，見到孔雀公主，她們驚慌地飛回勐董板去了。召樹屯十分苦惱，他去請教佛寺裡的僧人帕拉西，怎樣才能獲得他們的愛情？帕拉西將他嘲笑一番。召樹屯想起他的老朋友神龍，神龍將孔雀公主的秘密告訴他。

七天以後，七位孔雀公主又飛回金湖中戲水，召樹屯按照神龍指示，取得嫡諾娜的孔雀衣。然後，他放聲歌唱，六個姊妹穿著孔雀衣飛了，嫡諾娜沒有孔雀衣，只好躲在花叢中。召樹屯不停歌唱，宣洩他的愛情；嫡諾娜受了感動，一對情侶在金湖畔漫舞輕唱，互訂終身。

⓫ 《千瓣蓮花》，岩府、刀光祥翻譯，收入《傣族民間敘事詩》第二輯，西雙版納傣族自治州民委古籍研究室編，1988。

另外雲南大學中文系所編《雲南民族文學資料》第四集中收錄了四種德宏版本的《千瓣蓮花》（有兩篇不全），還有一篇流傳於勐遮地方。內容幾乎雷同。

召樹屯和婻諾娜的拴線婚禮舉行不久，勐董板派兵來攻打，為了保衛國土，召樹屯不得不出征。正當召樹屯節節勝利的時候，昏庸的國王做了一個夢，夢見腸子離開他的身體，飛出來繞城三周，算命的摩古拉嫉妒婻諾娜，故意說這是災難的徵兆，只有將婻諾娜殺掉才能免除。國王決定殺害婻諾娜，她只好穿起孔雀衣，傷心欲絕地離開了勐板加，飛回勐董板去了。

召樹屯凱旋回來卻不見婻諾娜，他不顧一切要去找尋。他又到了金湖邊，帕拉西把婻諾娜留給他的一隻金手鐲還給他，神龍給他起死回生、解除疲倦的兩種靈藥和一支神箭，神箭可以打破一切阻擋。

召樹屯走了三百三十三天，一條黑河阻斷去路，河面上出現的巨蟒橫跨在黑河兩岸，召樹屯把神龍的靈藥塗在腳底，從巨蟒身上過了河。又走了三百三十三天，前面出現三座奇怪的石山，正在旋轉著相互撞擊，召樹屯用神箭射向石山，然後立刻穿過石山。又走了三百三十三天，召樹屯來到沸騰的砂石的海岸旁邊，連飛鳥也飛不過去。正絕望時，他聽見一對世界上最大的鵲哈西林鳥正在談論要去勐董板。召樹屯非常高興，他用劍削開鳥的毛孔，自己鑽進去躲在裡面。鵲哈西林鳥就把他帶到勐董板。

召樹屯到了勐董板，就將婻諾娜留給他的手鐲放在挑水侍女的金鍋裡，婻諾娜在洗澡時見到那隻手鐲，她告訴國王，國王派人接召樹屯進宮。

召樹屯到了勐董板宮廷，又經過國王一連串考驗，才得以和婻諾娜團圓❷。

---

❷ 《召樹屯》，王松等翻譯整理，雲南人民出版社，1979。

流行在德宏的敘事詩《嫡倪罕》，情節和《召樹屯》雷同，阿鑾蘇旺納，娶了七仙女中的嫡倪罕❸。這個故事類型通過佛教的傳播，在亞洲各國流傳很廣，各國的叫法也差不多，如印度叫《樹屯和曼諾拉》，泰國叫《素屯和諾娜》、或叫《娘曼諾拉》，老撾叫《樹屯坡別》（即坐著弩箭飛越喜馬拉雅山的樹屯）等等。在泰國、緬甸和老撾，認爲樹屯就是佛祖釋迦牟尼轉世，不只出了各種有關樹屯的佛教書籍，而且把這些故事畫在佛寺的牆上❹。

泰文版的故事和傣族《召樹屯》極爲近似。在北潘查拉國東邊有一座蓮花池，這裡住著那伽族國王。西邊有個瑪哈潘查拉國家，這個國家因爲饑荒嚴重，因此國王決定把那伽族國王捉來，驅逐旱魔，使他的國家富裕起來。瑪哈潘查拉的國王請來一個懂魔法咒語的婆羅門，叫他去活捉那伽族國王。可是，獵人救了那迦族國王，把婆羅門打死了。獵人在森林裡遇見一個隱士，隱士告訴獵人，鳥姑娘常來蓮花池裡洗澡，洛伽山國的公主曼諾拉也常來，獵人決定要把曼諾拉捉來，於是那伽族國王送他一條有魔力的套馬索。獵人套住曼諾拉，然後將她送給北潘查拉國的王子樹屯。樹屯和曼諾拉剛結了婚，就出征打仗。北潘查拉國國王做了惡夢，他決定把曼諾拉拿來當祭品，曼諾拉飛走了。樹屯回來後見不到妻子，便馬上去尋找，走了七年七月零七天，才到洛伽山，與妻子團圓後，再回到北潘查拉國❺。

印度版的樹屯則在後半部的尋妻過程和傣族《召樹屯》雷同。哈

❸　《嫡倪罕》，收入《金湖之神》，岩林翻譯，中國民間文藝出版社，1981。
❹❺❻　王松：《傣族詩歌發展初探》，中國民間文藝出版社，1983，頁149－
　　　151。

斯金納普國的王子樹屯，有一天奉父王之命去鄰國參加祭祀活動。鄰國的風俗是要捕捉人間一切能見到的生物做爲祭奠的犧牲，結果鳥國公主曼諾拉也被捉來了。樹屯來到鄰國見到曼諾拉，立刻被她的美麗所吸引，曼諾拉也愛上儀表不凡的樹屯。樹屯用禁止殺生的佛教教義說服了國王，把所有百姓獻來的生物都放了。樹屯和曼諾拉相愛，並把她帶回國，可是，國王非常生氣，把樹屯關起來，又把曼諾拉攆走。曼諾拉飛回喜馬拉雅山的途中遇見一個獵人，她把不幸告訴獵人，並留下戒指，如果樹屯來找她，請獵人將戒指交給樹屯。不久，樹屯果然來了，在獵人和隱士的幫助下，樹屯到達鳥國，見到鳥王德魯瑪。鳥王很高興，爲他們舉行盛大慶宴，讓夫妻團圓，又回到人間❶❻。

　　樹屯在每個國家的身分都是王子，娶的一定是會飛的鳥國公主，而婚姻必然受阻，都要經過外力的幫助才能尋回妻子。人頭鳥身的羽衣型故事是傣族敘事詩很普遍的題材，例如西雙版納的《召洪罕與娘拜芳》和德宏地區的《召西納》，故事說的同樣是，每隔七天，有七個人頭鳥身的仙女到金湖洗澡，很不幸地被蜘蛛精偷走了神羽衣，仙女全部被困蜘蛛洞裡。獵人救了七仙女，最小的仙女嫁給獵人。蜘蛛精回頭來攻擊獵人，獵人死了。仙女趁機殺了蜘蛛精，僧人或天神則用仙水救活獵人，獵人和仙女夫妻團圓❶❼。王子的身分換成獵人，"天鵝型處女故事"（Swan Maiden Tale）的架構不變。前面所論《千瓣蓮花》也是天上飛來洗澡的七個仙女，召捧勒偷走羽衣而得到最小的蓮花公主爲妻。這

---

❶❼　《召西納》，收入《金湖之神》。

應該是和《召樹屯》屬於同一個母題，並非定如學者所言脫胎於《樹屯本生經》和《千瓣蓮花經》❸。或許較合理的解釋應是，東南亞的這些樹屯故事類型是佛經文學吸收世界性的天鵝處女型故事後的結果。

約瑟·雅科布斯（Joseph Jocobs） 所修正的哥爾德（S. Bring Gould）《印度歐羅巴民間故事型式》中，記載"天鵝處女型故事"的情節如下：

1.一男子見一女在洗澡，她的"法術衣服"放在岸上。
2.他盜竊了衣服，她墮入於他的權力中。
3.數年後，她尋得衣服而逃去。
4.他不能再找到她❹。

日本學者西村眞次並提出一種"基本型"：

1.天鵝脫去羽衣，變成天女（人之女性）而沐浴。
2.男人（主要的，爲獵師或漁夫）盜匿羽衣，追天女與之結婚。
3.結婚後，生產若干兒女。
4.生產兒女之後，夫婦間破裂，天女升天。
5.破裂原因，即由於發現了"在前"爲"結婚原因"的

❸ 王國祥：〈傣族長篇敘事詩與佛教〉，收入《傣族文學討論會論文集》，中國民間文藝出版社，1982。
❹❹ 鍾敬文：《鍾敬文民間文學論集·中國的天鵝處女型故事》(下)上海文藝出版社，1985。

被藏匿的羽衣。

　　西村眞次認為這個故事開始傳播的時間，至少應該在"新石器時代"終了以前，而現在地球上各處所流布著"五花八門"的形態，都是從這種"基本型"分化、加減而成的❷。在中國境內，晉代干寶《搜神記》就出現關於這類天鵝處女型的故事記載❷。另一個大家所熟悉的故事就是董永行孝變文中，有了仙女池邊洗浴和偷竊天衣的情節。後來天鵝處女型故事又引渡到牛郎織女故事上，所以自董永遇仙傳話本後，就有了七仙女出現，而織女是仙女中排行第七的說法❷。鍾敬文先生《中國的天鵝處女型故事》中所列舉的幾組故事型式，有一組和《召樹屯》的情節十分酷似：

　　1.一男子有某種美德。

　　2.他以動物或神仙的幫助，得一有超自然力的女子為妻。

　　3.女子生子後，自動或被動地離去。

　　4.女子的父或母，以異力謀害男子。

　　5.他以妻子的幫助得免。

　　6.女子的父或母寬恕了他們，或他自己反受禍❷。

---

❷　《搜神記》卷十四記載：豫章新喻縣男子，見田中有六七女，皆衣毛衣，不知是鳥。匍匐往，得其一女所解毛衣，取藏之。即往就諸鳥，諸鳥盡飛去。一鳥獨不得去，男子取以為婦，生三女。其母後使女問父，知衣在積稻下。得之，衣而飛去。後復以迎三女，女亦得飛去。

❷　洪淑苓：《牛郎織女研究》，台灣學生書局，1988，頁117-119。

❷　同⑲。

　　《召樹屯》的情形在第3和第5項有些出入，仙女通常是被男子的父親逼迫或強人所劫而離開，在女子之父以異力謀害男子時，援助的常是仙人，最後必定是男子和女子團圓，獲得富貴。而七仙女的情節，並不限於《召樹屯》中。《牧羊阿鸞》、《口袋阿鸞》中也有飛到湖邊或海邊的七仙女，阿鸞藏了她們的衣服（羽衣），七仙女答應聽阿鸞使喚，幫助他渡過難關，這個類型中阿鸞並未娶仙女為妻，應是屬於“天鵝處女型故事”的變例。

　　雖然，《千瓣蓮花》、《召樹屯》、《嫡倪罕》、《召洪罕與嫡拜芳》，《召西納》等長詩不可避免地也有佛教的影子，但是將其歸為“天鵝處女型故事”的範疇似乎更為適當。除了《尼罕》及《嫡慕木苹》有明顯地輪迴轉世思想外，其他的阿鸞故事佛教色彩並不濃厚，甚至都包含著我們熟悉的一些情節，和鍾敬文先生《中國民間故事型式》可以互為印證。例如《金殼烏龜》、《柚子姑娘》、《檀香樹》、《麻喔羞》等都具備“蛇郎型”的大部情節，這一點在後面所談《鬼魂信仰》中會再詳細介紹。而《稀奇古怪》、《阿鸞金亂》故事則屬於“百鳥衣型”，阿鸞得美女為妻，為此戀家廢工，妻令帶己（她）像往工作，妻像後為風吹去，豪強之人獲得，要強娶阿鸞妻子，後來用計脫困。《阿鸞金亂》的一部分又涉及所謂“螺女型”故事，只不過故事中的美女不是田螺，而換成金魚罷了。《金牙象》、《七頭七尾象》則有“求活佛型”的情節，故事明顯受《西遊記》影響。

　　由此可知，阿鸞類型敘事詩或故事中應該並不僅僅是講佛祖五百五十代的經歷，它也具有世界神話和中國民間故事傳說的共同要素，反映著相同的文化因子。

第三章　超凡的英雄

　　傣族的阿鑾一向被認爲是超凡的人，下凡的神，有介乎人神之間的形象，而由前面所舉的阿鑾故事中，也可以大略窺見幾種共同的特質。因爲阿鑾是天神所冊定的，他的出生總充滿了不平凡性。首先，感生的情形特別多，常會以動植物的面目出現，而且擁有神賜寶物。在阿鑾成人後，都要娶公主或仙女爲妻，而這場婚姻往往要通過一連串的考驗或戰爭；有時阿鑾會死亡，死亡後總會被森林中僧人或天神以仙水救活，而結局總是千篇一律，阿鑾得到富貴。阿鑾也被稱作英雄，他的確也具備了許多英雄特有的生平遭遇，然而，他和一般傳統英雄仍有許多殊異處。

一、感生與動植物崇拜

　　在感生而孕的例子中以夢星或夢寶石較普遍，《白蚌殼阿鑾》中王后夢星而孕，《松帕敏與嘎西納》中王后夢星而孕，《稀奇古怪》中老婆婆夢星而孕，而在英雄敘事詩《蘭嘎西賀》中王后也夢星而孕，愛情悲劇長詩《娥并與桑洛》中桑洛母親夢星而生桑洛；和星孕有相同意象的則是夢寶石而孕，如《嫡倪罕》、《阿鑾射星》及《線秀》中都有夢寶石而感生情事。寶石的意象或形狀其實和星星一樣，《嫡倪罕》及《線秀》中都言明寶石來自天上如同墜落星子，而《阿鑾射星》中阿鑾出生時有一顆星子墜落。夢寶石和星孕應無二致，在傣族都有吉祥美麗的象徵，長詩中的王后或老婆婆在夢星或夢寶石後，總會感謝天神，以爲那是祂賜福的吉兆，而生下的總是漂亮又聰明的孩子。

星星在原始時代被視爲人類所變，農人常很注意某種星的出沒，以爲他們是管理氣候的。南非的祖魯人（Zulus）稱金牛宮的七曜星（Pleiades）爲掘星，等它出現時，人們才開始掘地。星星又被認爲能夠主宰人一生的命運，當一個人出生時天上某星升起，他將來的命運便被這星所影響。英語災禍（disaster）一字，後半部即是希臘語星星（aster），災禍的原意便是被不幸的星星所主宰之意。中國人一向也有命宮魔蝎的話，以爲魔蝎宮是凶星，能使人一生不幸❶。如蘇東坡和韓昌黎就自以爲屬魔蝎宮，一生多災多難。而在以農業爲主的傣族心目中，閃爍的星星象徵吉祥美麗，應是緣由流星的偶爾墜落，成爲原始初民最熟悉、最崇拜的神秘物，因而和天神冊定的阿鑾結合，成爲不平凡誕生的象徵。

《新唐書》中寫李白：「白之生，母夢長庚星，因以命之。」詩人太白星謫降的命運早就決定了。《水滸傳》中梁山泊的一百零八條好漢，有三十六名是天罡星投胎，有七十二名是地煞星轉世，天罡地煞降塵寰，上應星魁，來替天行道。這樣的星辰神話似乎不無宿命的思想，就像傣族阿鑾的降生一樣，是天神所命而來人間，因此超凡的色彩負有神聖的英雄使命。

而漢族很多帝王的出生也都和星辰有關：

---

❶　林惠祥：《文化人類學》，台灣商務印書館，1981年七版，頁286。

黃帝母曰地祇之子，名附寶，之郊野，大霓繞北斗樞星，感附寶，生軒轅❷。

帝摯少昊氏母曰女節，見大星如虹下流華渚，既而夢接意感，生白帝朱宣❸。

瑤光之星如虹貫月正白，感女樞於幽星之宮，生黑帝顓頊❹。

修己見流星意感，生帝戎文禹，一曰文命❺。

　　這種帝王星孕神話似乎和傣族阿鑾故事不同，倒是較接近習見的感日所生神話。而感日所生卻是傣族罕見的。

　　漢武帝的出生是其母王夫人"夢日入其懷"❻。南北朝帝王出生因感日精而孕的更是屢見不鮮，北魏太祖道武皇帝是其母遊於雲澤時「夢日出室內，寤而見光，自牖屬天，欣然有感」所生❼，前趙開國之祖劉淵是匈奴之後，出生時其母見有神魚所化之人，持一物如雞子，光景耀目，與之曰：「此是日精，服之得生貴子❽。」北魏世宗，其母為日所逐，避於床下，日精化為白龍，繞己數匝，即而有孕❾。另外，北齊後主、遼太祖阿保機、成吉思汗之祖、扶餘國的始祖東明王、高句麗的始祖朱蒙、百越遠祖都慕王，都是其母感日精而孕生。日本對馬之天童是其母向日尿

────────────────

❷❸　黃奭：《河圖》，收入嚴靈峰無求備齋《易經集成》，台北成文出版社。

❹❺　黃奭：《河圖緯》，收入《易經集成》。

❻　《漢書 · 外戚傳》

❼　《魏書 · 太祖紀》

❽　《晉書 · 載記》

❾　《魏書 · 帝紀》

溺，感日光而孕，以及豐臣秀吉之母夢日輪入懷而孕，似乎都是
受了中國朝鮮感日精而孕神話的影響❿。

　　三品彰英曾經列表分類漢族及滿蒙朝鮮日本各族的感生神話，結
論是漢民族的感生神話是以感星辰及雷電為主，滿蒙諸族則以日
光感精為主，此日光感精神話並且擴展到南方各地和朝鮮日本，
是不同於中原漢民族的另一型民族文化。日光感生神話，所以多
見於蒙古、鮮卑、契丹、高句麗諸族之間，與這些民族所具有的
太陽（天）信仰及實際施行的宗教儀禮有密切的關連，這是以太
陽或太陽光具有使女子懷孕能力的咒術信仰⓫。傣族星孕的情形
較多，感日精而孕的例子較少，值得提的是《金皇冠阿鑾》，公
主的美麗感動了太陽神，太陽神使公主懷孕，生下兒子蘇利亞，
蘇利亞就是巴利語太陽神之意。然而，傣族感日精而孕的例子畢
竟只是特例，星孕的神話也和中原漢族的帝王星孕不同，似乎都
不能歸入三品彰英的結論裡面。

　　王國祥先生以為，傣族敘事詩中常見老年夫婦祈佛後夢見星
宿落入懷抱而生子女的情節在佛經中不乏例證，應是受佛經影響
⓬。傣族敘事詩和佛經的淵源的確很深，這個說法似乎不無可能。
然而筆者所見佛經中的感生故事罕有星孕情形，似乎仍待查證。

　　星孕和夢寶石另一個值得探討的問題是，石頭的崇拜。流星

---

❿　三品彰英：《對馬の天童伝説》，王孝廉《中國的神話世界》(上)引錄，
　　台北時報出版公司，1987。
⓫　三品彰英：《神話と文化史》，《中國的神話世界》(上)引錄。
⓬　王國祥：〈傣族長篇敘事詩與佛教〉，收入《傣族文學討論會論文集》，
　　中國民間文藝出版社，1982。

是天上降下的隕石，夢星和夢寶石同樣道理，而在另一節的《寶物》中寶石佔了很大份量，是石頭崇拜的延伸。

　　傣族的星孕類型和中國古代帝王的感星辰、感日精而孕迥異，並不具備真命天子或政權鞏固的因素，只單純強調阿鑾降生的不平凡性，強調上天賦予的英雄使命。這和其他類型的感生神話意義相同。《召樹屯》中王后夢老鷹而孕生堅強勇敢的王子，《三牙象》中貧窮的老婆婆夢象而生阿鑾，《四腳蛇阿鑾》中阿鑾的母親是因四腳蛇從裙上爬過而孕的寡婦，《口袋阿鑾》中阿鑾出生是由於年老的母親夢見白老鼠，《白虎阿鑾》中處女喝虎尿而生子，而在早期的敘事詩《魯允章》中就有寡婦喝象腳印中水而懷孕情節，而在傳說故事中也不乏寡婦或處女吃牛咬過的菠蘿或椰子水而孕的例子❸。不管是星孕或夢鷹、夢象的感生情事，應該都和動物型的阿鑾或口袋、只有頭的阿鑾一樣，強調迥異於常人的不平凡性，而這種不平凡性緣由學者們公認的變形轉化而來。

　　德國卡西爾（Ernst Cassirer）論及神話思想基礎時說明，由於一種突然的變形，一切事物可以轉化為一切事物。原始初民深深地相信，有一種基本的不可磨滅的生命一體化（Solidarity of life）溝通了多種多樣形形色色地個別生命形式，他們並不認為自己處在自然等級中一個獨一無二的特權地位上❹。樂蘅軍先生說，神話在描述這個世界的時候，極盡幻設之能事，它無視

---

❸　鹿憶鹿：〈試論傣族的感生故事〉，《漢學研究》第八卷第一期，1990年6月。

❹　德．卡西爾：《人論·神話與宗教》，甘陽譯，上海譯文出版社，1986。

於生存境遇裡現實情理的阻礙，卻無窮盡地展露著創造的天眞。而表現這創造天眞最淋漓盡致的，又莫過於變形的神話，在變形中，一切不可能的成爲可能，一切不相關的成爲相關，於是人可化成魚，鼓可變爲蛇，而蟾蜍乃連屬於人的生命⑮。

李豐楙先生也認爲，初民以一種莊嚴的態度來敘述神話，而神話有解說性及人格化的特質。首先，神話企圖解釋或說明宇宙間的萬事萬物起因或性質。其次爲人格化：即據對人的想法，聯想萬物也同具生命、性格，萬物有靈，自然被人格化。現代人相信物類各有一己的範疇，古人的觀物方式卻認爲生命是流動的可變化的，萬物一律平等，同稟於大自然的生氣。因此，動物可變爲植物，人可變爲動、植物，這是原始而素樸的觀物方式⑯。初民認爲生命是流動的，人可變爲動、植物，當然動、植物也可變爲人，人的父親是動物、植物，也就不足爲怪。萬事萬物既然都可孕育生命，日月星辰也就負起動物或植物的使命，能使女人感生致孕。

萬物有靈觀使動物、植物的變形轉化成爲可能，而初民對自然和動植物的虔誠崇拜，使感生神話有不平凡降生的象徵。

對大自然的崇拜是人類最早的宗教意識活動，也是對自然界最初認識的反映，像費爾巴哈所言「自然是宗教的最初對象」。因而初民把自然界神秘化，繼而超人化，加以崇拜。星孕和感日

---

⑮ 樂蘅軍：《古典小說散論·中國原始變形神話初探》，台北純文學出版社，1976。

⑯ 《山海經─神話的故鄉》，李豐楙編撰，台北時報出版公司，1987，頁15。

精而孕除了說明英雄不平凡的降生，也反映初民的星辰崇拜、太陽崇拜。

　　而阿鑾故事中普遍的夢老鷹、夢象、夢白老鼠而孕，正透露初民動植物崇拜的思想。除了夢兆外，喝汁液也是孕生子嗣來源，《白虎阿鑾》中處女喝虎尿，《魯允章》中寡婦喝象腳印水，或者寡婦、處女喝公牛咬過的菠蘿或椰子水的例子。這些情節其實在佛經中彷彿可見，《修行本起經》卷上、《方廣大莊嚴經》卷第二、《太子瑞應本起經》卷上、《佛本行集經》卷第七等都有菩薩母夢白象而孕生菩薩的記載。可見傣族夢象而孕生阿鑾顯然受佛經影響。

　　傣族英雄史詩《蘭嘎西賀》中神猴阿奴曼的出生也極不平凡，是他母親嫡裴喝下風神叭魯的尿液而懷孕的，喝後「覺得一肚子感到甜蜜，就像喝下一碗糖水，全身感到舒爽輕快❼。」風神回報了嫡裴的愛情，讓她生下神聖不凡的兒子阿奴曼。這個故事的靈感似乎也來自佛經，《大方便佛報恩經》卷第三就有雌鹿舐仙人小便而孕生鹿女情節。另外，傣族敘事詩《蘇文納和她的兒子》中又有魚精吞吃男人洗澡污垢而孕生英雄兒子情事❽；這個當也不排除佛經影響，因為雌鹿舐仙人小便之前，也喝了他浣衣的汁垢。傣族的感生故事或動植物崇拜情事，的確充滿著印度色彩。

　　傣族的食果感生的地點都在河邊，都經過水的飄流，如果非

---

❼　蘇達萬：《蘭嘎西賀》，岩溫扁譯，收入《雲南少數民族文學資料》第5輯，1981，頁44。

❽　《蘇文納和她的兒子》，雲南省民族民間文學德宏調查隊翻譯整理，雲南人民出版社，1978。

吞食漂洗過的果子，也必定是飲椰子汁液或腳印水，甚至喝尿液。阿奴曼的母親是在江邊喝下風神的尿液，而佛經中也載明雌鹿是為了去飲泉水才舐小便有孕。故事全和水或河邊、江邊有關，應不是一種巧合？

世界上的大河如尼羅河(Nile)、台伯河(Tiber)、泰晤士河(Thames)都有“父親”的稱呼，在藝術上則被雕刻為人形。在印度的古書上，關於神聖的恒河有美麗的故事流傳，說他是從天上流下來保佑這個世界和洗滌人類罪惡的。（按：《羅摩衍那．童年篇》就記載羅摩引下恒河，它能使人升天又得子。）聖泉、神井到處都有，自古到今的人們都以為聖水是可以祛除鬼魔、妖邪的，這可以證明水的崇拜是早已根深蒂固了的⑲。傣族的食果感生故事何以多在水邊似乎是能夠理解的。

川滇邊境的永寧卡瓦村阿布流構山的岩洞有個平台，納西族稱為“丘巴黃”，即漢人稱燒香的灶。由於岩洞內有下垂的鐘乳石柱，所以平台上的凹洞內積有不少水。當地的納西族把這種積水叫“合吉”，即祭祀的水，與精液“達吉”一詞意義相通。納西人相信到那兒去可以幫助生育。其中有一步驟就是求育的婦女和結婚時的伴娘到洞內的水池裡洗澡，認為經過洗浴後，婦女才能生育⑳。可見原始初民對水能致孕的想法是有趨同性的。

一併要討論的問題是，阿鑾故事中的異類造型。從前文可以看到阿鑾生下時可能是四腳蛇、有時是蛤蟆、或者是一個白蚌殼、綠

---

⑲　林惠祥：《文化人類學》，頁282。

⑳　嚴汝嫻、宋兆麟：《永寧納西族的母系制》，雲南人民出版社，1983，頁206。

瓜，長大以後盡蛻其殼皮，成為英勇美少年，屬於中國民間故事中典型的蛤蟆兒子型。另一種阿鸞故事是，阿鸞由植物（如紅花、白花）或動物（如岩羊、麻雀）投胎轉世而來。這些似乎是動植物崇拜的信仰表現，阿鸞的動植物造型正暗示他異於常人的不平凡性。初民的萬物有靈觀使他們相信，動植物和人一樣是有靈魂，動物的能力有時甚至超越人類，因而初民崇拜動植物，尤其動物崇拜的現象更是普遍。例如，巴比倫神話中的神有許多還具有動物形狀，而埃及神話所信奉的神大都有非人的形狀，每個神的名稱都以象形文字的聲音而不是圖形來表示，如"Anup"是豺，"Har"是鷹，"Hekt"是蛙，"Ba"是羊，"Tahuti"是狒狒等❷。這正是動物崇拜的反映，將人敬畏的神加以動物形象化。

　　而弗雷澤（J.G.Frazer）在《金枝》（The Golden Bough）一書中提及，在初民眼中，整個世界都是有生命的，花草樹木也不例外。樹木通常是被看作有生命的精靈，它能行雲降雨，能使陽光普照，莊稼豐收，六畜興旺，婦女多子。他舉例說印度北部把椰子看作一種最神聖的果實，稱之為斯里法拉，或斯里，即繁育女神之果。它是豐產的象徵，整個印度地區都把它供在神龕裡，每逢婦女前來求子，祭司就贈予這種神果。希臘神話傳說也講到，勒托在臨產孿生子女阿波羅和阿爾忒彌斯之前擁抱過棕櫚樹、橄欖樹和月桂樹，說明了古希臘人相信某些樹有幫助婦女順利分娩的功能❷。

---

❷　朱狄：《原始文化研究》，三聯書店，1988，頁767，頁776。

❷　弗雷澤（J.G.Frazer）：《金枝》（The Golden Bough），徐育新等譯，中國民間文藝出版社，1978，頁178-182。

　　自然崇拜、動植物崇拜是初民才有的現象，而傣族阿鑾故事以感生來凸顯阿鑾降生的不平凡性，有時，感生又和動植物崇拜結合，更強化了阿鑾的超凡英雄色彩。

二、寶物與復活

　　原始初民的所謂寶物，主要是指一些能夠幫助人們戰勝自然，具有神奇功用的動植物或各種各樣的工具。後來，寶物的定義變得狹隘，大部分的寶物就是指價值連城的珠玉珍玩之類，寶物成了財富的代名詞，甚至寶物還和皇權、神權結合，成了權力的象徵。傣族阿鑾類型敘事詩中寶物仍是屬於前者，寶物能夠禦敵、能夠化解各種危難，甚至使人起死回生。

　　有關阿鑾故事中的寶物情節可分兩方面：天神或仙和尚、龍王、龍女所送寶物，另一種則是爲國王所迫而去尋寶。

　　阿鑾是下凡的神、超凡的人，擁有寶物才能襯托他的神聖性，使他成爲無往不利的英雄。阿鑾平白無故獲致神賜寶物的情形俯拾即是：

> 《帕罕》，天神坤西迦送阿鑾帕罕鳥，帕罕是萬變的寶岩石，落地成石，騎上天成鳥[23]。
> 《婻倪罕》，阿鑾擁有祖傳的護身紅寶石、臘聖亞寶刀、鋼哈象弩箭[24]。

---

[23] 《帕罕》，收入《金湖之神》，岩林翻譯，中國民間文藝出版社（雲南版），1981，頁13。
[24] 《婻倪罕》，收入《金湖之神》，頁99-100。

《阿鑾貢馬納》，仙和尚雅細送銀鉢、袈裟、篾帽和能起死回生的草藥，魔鬼送護身的魔杖，天神送寶刀❷⑤。

《吾賴》（《花蛇王》），龍女送寶石❷⑥。

《紅寶石》，天神告知阿鑾去尋鋼哈象弩箭及臘聖亞寶刀❷⑦。

《阿鑾莫協罕》，天神坤西迦送阿鑾寶刀、寶劍❷⑧。

《千瓣蓮花》，天神叭英送阿鑾寶螺，寶螺中有神藥、仙水，吃穿樣樣都在裡面，吹響寶螺則可以除掉魔鬼猛獸。也有版本寫魔王送神棍、仙和尚帕拉西送寶石❷⑨。

《金螺姑娘》，仙和尚帕拉西送阿鑾寶石，含上沾蜜寶石可以止飢，有力量戰勝艱難、避邪除災❸⓪。

《召樹屯》，神龍送阿鑾兩種靈藥和一枝神箭，一種靈藥可以解除疲倦，另一種可以起死回生，神箭則能抵擋一切阻攔❸①。

《七頭七尾象》，阿鑾爲了尋七頭七尾象，意外獲得天神留下的寶劍，起死回生神藥、醫百病的仙水和夜明珠。西雙版納的敘事詩《金牙象》情節類似，阿鑾得到的是

---

❷⑤　《阿暖貢馬納》，劉輝豪、岩林搜集整理，《民間文學》1982年1期。

❷⑥　《花蛇王》，岩溫扁翻譯，收入《傣族民間敘事詩》第二輯，1989，頁747。

❷⑦　《紅寶石》，岩林翻譯，《山茶》1981年1 期。

❷⑧　《阿鑾莫協罕》，收入《金湖之神》。

❷⑨　《千瓣蓮花》，收入《雲南民族文學資料》第4 集，雲南大學中文系編，1979。

❸⓪　《金螺姑娘》，刀興平翻譯，收入《傣族民間敘事詩》第二輯，頁373。

❸①　《召樹屯》，岩疊、陳貴培翻譯整理，雲南人民出版社，1979，頁610。

天神送的寶刀和飛鞋❸。

《三時香姑娘》（《嫡歡三養》），仙女送給阿鑾能住進幾萬人的寶螺、起死回生的仙草，能戰勝一切妖魔鬼怪的金手鐲，還有能大能小、能騰空飛翔的白石象❸。

《阿鑾麻哈哈》，仙人送阿鑾四件寶物：南溪達聖水、天秤、飛鞋、金棍棒。又得到吃了上天成仙、下地成人的麻哈哈仙果❸。

《白蚌殼阿鑾》，魔王公主送阿鑾鋼哈象弩箭、寶劍❸。

《阿鑾麻利嘎》，仙和尚送阿鑾可以乘坐飛翔的金拐杖，杖尾指人會死，杖頭指人會活。天神坤西迦則送阿鑾可以起死回生的南溪達仙水❸。

《口袋阿鑾》，仙女送阿鑾會飛的寶石，龍女則送可以發出濃煙烈火而禦敵的寶石❸。

《阿鑾射星》，仙和尚雅細送阿鑾鋼哈象弩箭、寶劍❸。

《柚子姑娘》，仙和尚雅細送阿鑾神刀❸。

除了神仙主動送寶物給阿鑾外，也有刻意前往尋寶的情節。

❸ 《七頭七尾象》，刀安祿搜集，收入《阿鑾故事集》，《雲南少數民族文學資料》第7輯，1980，頁112。

❸ 《三時香姑娘》，刀安祿搜集，同前書，頁175。

❸ 《阿鑾麻哈哈》，楊麗珍翻譯整理，同前書，頁144。

❸ 《白蚌殼阿鑾》，朱光燦、王思寧翻譯整理，同前書，頁264。

❸ 《阿鑾麻利嘎》（神馬），方峰群翻譯，同前書，頁223-224。

❸ 《口袋阿鑾》，朱光燦翻譯整理，同前書，頁255-256。

❸ 《阿鑾射星》，朱光燦翻譯整理，同前書，頁62。

❸ 《柚子姑娘》，王思寧翻譯，同前書，頁151。

《三牙象》，國王夢見京城大火，又夢自己變成大樹而只剩枝椏，三夢大湖乾涸，四夢三牙大象闖進王宮。卜卦的摩古拉解夢，因此國王逼迫阿鑾找尋使國家避免火災、乾旱的東海避火龍珠和西大瓦湖的甘泉，最重要的尋寶活動是得到三牙大象，三牙象可以使國家永久平安❹。

《金牙象》，國王逼迫阿鑾尋找金牙象。此故事流傳於西雙版納❹。

《七頭七尾象》，國王逼迫阿鑾尋找七頭七尾象。此故事流傳於德宏。

《千瓣蓮花》，國王夢見香飄千里的千瓣蓮花，逼迫阿鑾去尋找。

《紅寶石》，國王命令阿鑾尋找代表吉祥的紅寶石。

《金皇冠阿鑾》，拉戛納國有三寶，除了公主外，另外兩寶是神奇的綠寶石和吃了長生不老的神靈樹。阿鑾為拉戛納國王到龍王那兒找回神靈樹❹。

《慕滅注》，王后生了重病，國王逼迫阿鑾尋找能醫治百病、起死回生的滅注花❹。

《九顆珍珠》，阿鑾為百姓尋找醫治百病、起死回生的仙水、仙草❹。

---

❹　《三牙象》，楊明熙、楊振昆搜集整理，雲南人民出版社，1983，頁4-5。
❹　《金牙象》，西娜翻譯，收入《傣族民間敘事詩》第一輯，1988。
❹　《金皇冠阿鑾》，郗保常翻譯，《山茶》1981年1期。
❹　《慕滅注》，晚相牙翻譯，《民族民間文學資料集》第二集，1980。
❹　《九顆珍珠》，雲南人民出版社，1982。

從以上所舉的例子約略看出一點端倪，仙和尙或天神送的寶物離不開寶劍、寶刀或弩箭，而阿鑾自行尋找的寶物則大多是代表吉祥的蓮花、滅注花或寶象；前者是戰爭禦敵的武器，而後者才是眞正具有神奇作用的寶物。寶石和起死回生的仙水、仙藥在兩種情形中都有，賜寶情形中，寶石常是武器或護衛阿鑾的工具，如《帕罕》、《嫡倪罕》、《金螺姑娘》、《口袋阿鑾》，而仙水則是拯救阿鑾的護身符；在尋寶情形中，《紅寶石》則成了舉國平安的象徵，而仙水也是使所有百姓長命的聖品。比較起來，在阿鑾類型敍事詩中，尋寶並不如賜寶普遍，賜寶是阿鑾故事常見的一個情節，擁有寶物使阿鑾獲得超凡的形象，成爲半人半神的英雄，扮演人神之間橋樑溝通的角色。

中國古代同樣也有所謂的寶物神話，如《山海經·南山經》有：“食之不飢”的祝餘草和“佩之不迷”的迷穀，也有“食之不妒”、“食之無臥”、“食之不疥”或“佩之不聾”的動植物，在《西山經》中則有使人不溺、不忘、甚至不畏雷的動植物。程薔先生認爲這些動植物被誇大和渲染的奇異功能，顯然是滲透著先民們的一種幻想。正是在這種探索、理解並力圖征服、支配自然的努力中產生出來的幻想，使他們把某些動植物在實際上看成了不同凡常的寶物。又如上古神話中鯀盜帝之息壤以堙洪水的故事，能夠自孳自長以至於體積無限的息壤、息石所有的神奇功用，也同樣滲透著先民們的寶物幻想❹。然而，阿鑾故事中的寶物並不容易和力圖征服、支配自然的幻想聯結起來。有學者認爲這些情節

---

❹　程薔：《中國識寶傳說研究》，上海文藝出版社，1986，頁16。

或來源於佛經❹，因為傣族敘事詩《千瓣蓮花》、《吾賴》、《口袋阿鑾》等都寫到阿鑾遇到龍王，或去海底龍宮，而龍王、龍女送他戰勝困難的寶物，和佛經文學有許多類似之處，如《入海求珠》寫菩薩入海求龍王頭上的如意珠以濟世，還有《大意抒海》、《慈童女》、《如意珠》等，也寫到入海探寶求珠的故事。傣族敘事詩有濃厚的佛經文學色彩是不爭的事實，然而阿鑾遇龍王、或到龍宮獲寶，並非是得寶或尋寶過程的重點，賜寶的關鍵是天神叭英（或坤西迦）和仙和尚帕拉西（或雅細），仙和尚正是天神在人間的代表，每部阿鑾故事的賜寶情事都在說明人的超凡神力是藉由神來完成，如果沒有神的幫助，阿鑾就不成其為阿鑾，沒有代表神力的寶物，阿鑾就成為空殼子。

　　神賜寶物和代表天神冊定的感生神話，同樣是構成阿鑾超凡的條件，阿鑾像懸絲傀儡，天神是拉線者，沒有天神，阿鑾無法扮演他的角色。就如前文所舉敘事詩《嫡慕木苹》中，阿鑾無法制服情敵，只好求助天神，天神幫阿鑾打敗情敵；我們見到空有英雄頭銜的阿鑾，他的一切完全是天神所成就的。

　　在創世史詩中提到包括英叭在內的天上神祇幾乎都有不朽不死的情況，而由天神所冊定的阿鑾固然逃不過死亡的威脅，卻有起死回生的特權，這種特權當然是由天神所賦予的。阿鑾的起死回生千篇一律藉助仙水或仙草，而仙水幾乎是由天神叭英（坤西迦）或仙和尚帕拉西（雅細）掌管。

---

❹　秦家華：〈佛經與傣族文學〉，收入《傣族文學討論會論文集》，中國民間文藝出版社，1982。

在討論賜寶內容中，醫治百病、起死回生的仙水、仙草也是常見的寶物，如《阿鑾貢馬納》、《千瓣蓮花》、《召樹屯》、《七頭七尾象》、《三時香姑娘》、《阿鑾麻哈哈》、《阿鑾麻利嘎》等敘事詩都有，而起死回生的仙水、仙草應是初民心目中能夠尋求的寶物，《慕滅注》、《九顆珍珠》兩部敘事詩的主題就是尋找起死回生的仙花、仙水。即使敘事詩中沒有寶物情節，必也少不了起死回生和痊癒母題。

《召西納》，阿鑾慘死在蜘蛛精手中後，天神坤西迦在屍體上洒仙水，第一回洒了九十九滴，死者不再發出臭味，膚色慢慢恢復；第二回洒了九十九滴，死者四肢開始動彈；第三回洒了九十九滴，死者兩眼慢慢睜開❹。

《尖達巴佐》，阿鑾為了救母親挖出自己的心，心被放回胸膛以後，天神叫英幫他抹了仙藥，阿鑾的傷口馬上復原；心也正常跳動，天神又滴仙水在他嘴裡，阿鑾復活❹。

《阿鑾麻哈哈》，阿鑾被國王毒死，屍體已經腐爛、發臭了，仙人用南溪達仙水洒過以後，阿鑾仍然復活。

《帕罕》，天神將仙水洒在阿鑾發臭的屍體上，阿鑾復活。

《阿鑾麻利嘎》，阿鑾用拐杖頭指著百姓屍骨，百姓復

---

❹　《召西納》，收入《金湖之神》。

❹　《尖達巴佐》，岩溫等翻譯整理，收入《傣族民間敘事詩》第二輯。

活，用南溪達仙水洒在國王、神馬屍體上，他們也復活。

《九顆珍珠》，阿鑾在公主發臭的屍體上洒了三次仙水，抹了三次仙草，公主復活。

《婻慕木苹》，天神用仙水救活公主❹。

在創世史詩中談到天上神祇是不朽不死的，而阿鑾的不死是屬於起死回生式的暫時不死，是藉由外力而獲得復活。初民在面對生命是脆弱而短暫的這個無奈事實後，難免會有所幻想，就像在古代帝王尋求長生不老藥一樣，他們也相信神祇掌有不死或起死回生的大權，英雄阿鑾既由天神冊定，天神理所當然要盡一切力量保住阿鑾易死的生命。古代也有食之不死的藥或植物，《列子·湯問篇》及《山海經·海內經》中就有食之不死的植物，《淮南子·覽冥訓》記載一個大家熟悉的故事，嫦娥偷服西王母的不死藥而奔月。希望能夠不老不死是原始初民的幻想，仙水、仙藥成了幻想式的寶物。

和傣族分布在相同地區的哈尼族也有起死回生形態的神話，總稱為“起死回生的故事”，情節的模式如下：主人公因種種緣故，遭受人生磨難，然後得到神異力量，如龍女、神靈、智者的幫助，得到起死回生的寶物（藥草、寶石等），戰勝了天神、地神或人間的在上位者，並且娶到他們的女兒。這種模式幾乎和阿鑾類型敘事詩如出一轍。起死回生母題應該也是許多原始民族所共有的思維方式。

---

❹　《婻慕木苹》，收入《金湖之神》。

卡西爾認爲，在原始思維中，死亡絕沒有被看成是服從一般法則的自然現象。它的發生並不是必然的而是偶然的，是取決於個別的和偶然的原因，是巫術、魔法或其他人的不利影響所導致的。那種認爲人就其本性和本質而言終有一死的概念，看來是與神話思維和原始宗教思想完全相斥的。在某種意義上，整個神話可以被解釋爲就是對死亡現象的堅定而頑強的否定❺。

澳大利亞土著和美洲、非洲、亞洲一些稍爲文明的部族都有一種信仰：死亡從來就不是自然的事。土人絕對不把死亡理解爲來源於自然因素，非洲人堅信任何死亡都是橫死。初民意識中的死既是指橫死，那麼，不死就是橫死的袪除。死既是非自然原因造成，是異己力量（鬼怪、巫師）作用的結果，要袪除橫死而起死回生，就必需通過巫師的神異功能乞求神靈，因此學者認爲所謂的"不死藥"應是遠古的巫術❺。

英雄起死回生的母題也是一些史詩中常見的。史詩中描述的死亡形式是在戰鬥中被棍棒打死、被箭射死或被劍刺死，或者被毒蛇咬死。並非人人都具有魔力使死者再生、使受傷的被支解屍體重新復原和復活，而是少數被賦予醫治魔力的人，通常是仙女。和傣族阿鑾敘事詩相同的是，史詩中的英雄本人也有的同樣被賦予魔力，他能治癒負傷的馬匹和人體，使死者起死回生，像傣族《九顆珍珠》、《阿鑾麻利嘎》中的阿鑾。在蒙古史詩中，"用藥物使人復生"和"用救命水使人復生"的母題不乏其例。起死

❺ 德．卡西爾：《人論·神話與宗教》，甘陽譯，上海譯文出版社，1986。
❺ 史軍超：〈哈尼族神話中的不死藥與不死觀〉，《民族文學研究》1989年第二期。

回生母題最重要的行動是用聖水洒在死者身上，洒三下或者抹三下。布里亞特敘事詩稱這種水作"永恆之水"，蒙古史詩中稱作"生命之水"，大多數稱作"聖水"。蒙古史詩《格斯爾》中，凡是講到救命水，就是梵文中的聖水Rasiyan，和從屬於菩薩釋迦牟尼的蒙古天神霍爾木斯塔的地方一樣，都受到佛教強烈的影響❷。弗雷澤的《金枝》中就主張宗教起源於巫術，聖水母題受佛教影響，在另一種意義上是否也說明它是一種巫術信仰？

　　作爲普羅米修斯"前身"之一的吉爾伽美什（King Gilgamesh）曾跳進深淵取得長生仙草。神話學家們認爲《吉爾伽美什》裡的長生草是最早見於文獻的"生命樹"（Tree of Life）。就像我們前面所言，在崑崙神話崑崙文化區裡也有類似的"生命樹"（食之不死）和玉樹。蘇雪林先生等已經發現中國"不死樹"與巴比倫、希伯來、希臘、北歐的"生命樹"是對應物。「生命樹的來源極古，演變極多，而且對於中國，對於全人類的影響也極大❸。」

　　而所謂的"不死藥"、"生命樹"在中國不只漢族、傣族有，也流傳在蒙古族、納西族的神話裡。蒙古族敘事詩中的英雄江格爾從老鼠那裡搶來神樹的葉子治好了自己的傷，又從香檀神樹上採摘二十片樹葉去援救屍骨已經變成綠草的朋友❹。納西族的冒米巴羅山上長著延壽草，山下有回生水的甘泉，英雄崇人抛鼎去尋

---

❷　德·W·海希西：〈蒙古敘事詩中的起死回生和瘞癒母題〉，王步濤譯，《民族文學譯叢》第二輯，中國社科院少數民族文學研究所編，1984。

❸　蕭兵：《中國文化的精英》，上海文藝出版社，1989，頁903-909。

❹　《江格爾》，色道爾吉譯，人民文學出版社，1983。

找不死藥，他看到吃了毒草的白鹿、喝了毒水的野豬，嚙食仙草，略飲神泉以後起死回生，於是他找到了仙草、神泉❺❺。

死亡是人類最大的恐懼，仙水、不死藥、生命樹都是人類試圖克服死亡的母題呈現的共同思維。然而，長生不死是神祇的事。古添洪先生說：「在蘇味尼安（Sumerian）神話裡，喬賈米殊王（即吉爾伽美什）也同樣有過尋找不死藥的事蹟。克服死亡這一母題是喬賈米殊王神話的中心所在。當他歷盡千辛萬苦獲得不死藥以後，那不死藥卻戲劇化地給一大蛇所吞噬了。所以蛇是長壽的。不死藥爲蛇所吞這回事正暗示著人類無法獲得長生❺❻。」人無法獲得長生，不死藥所以爲蛇所吞；長生不死是神祇的專利，傣族阿鑾所獲的仙水、仙草必定來自天神或仙和尙、龍王，即使阿鑾擁有仙水、仙草，他這位人間的英雄仍不能永生，只不過是袪除了非自然因素的橫死，以幻術寶物暫時起死回生罷了。阿鑾類型敍事詩中的仙水、仙草從來只強調它返老還童或起死回生的神異功能，並未涉及長生不死。

正如古添洪先生所說：「無論如何，不死藥曾一度爲人們所得，帶給人們無窮的希望。這不死藥得而復失的神話，是一戲劇性的、象徵性的處理，使我們的感情（渴望不死）與理智（死亡爲必然）得到一平衡❺❼。」阮籍說：「一死不再生」。生命的不再性造成幻想永在母題的出現，因此有了不死藥、生命樹、仙水

---

❺❺　《納西族民間故事選·崇人抛鼎尋不死藥》，麗江地委宣傳部編，上海文藝出版社，1981。

❺❻❺❼　古添洪：〈希拉克力斯和后羿的比較研究〉，收入《從比較神話到文學》，陳慧樺、古添洪編，台北東大圖書公司，1977。

的追尋過程。

　　阿鑾類型敘事詩中的英雄幾乎都有苦難的一生，而他一定也有天賜寶物幫助他通過種種試煉，即使死了仍能起死回生。王孝廉先生在分析始祖或英雄式的“磨難”或“試煉”事績時曾說：「這類的神話內容，是在說明建國始祖在成業之前，都必經的種種試煉，這種試煉是各民族的英雄傳說所不可缺的構成要素，如求黃金羊毛或金蘋果的希臘神話，『阻窮西江，巖何越焉』西上崑崙求不死之藥的中國后羿的神話等等，都是神子通過迷路、試煉、放逐、受難的歷劫而到自我完成，神子必須通過這樣的過程才能取得神助或天（神）的認可❸。」阿鑾中的感生神話是身為神子的象徵，寶物是通過試煉的條件，不死則為克服苦難後的自我完成。

三、難題求婚

　　有學者曾歸納出傳統的英雄模式，其中就論及英雄成年時，「戰勝了國王或者龍、大力士、野獸以後，他娶了一位公主❸。」傣族的一種英雄類型敘事詩中，英雄幾乎都會娶到公主或仙女，而在這場婚姻中必定受到一連串的考驗。日本學者把表現這一類求婚考試的故事歸納為所謂“難題求婚”式❸。

---

❸　王孝廉：《中國的神話世界》（上），台北時報出版公司，1987，頁 117-118。

❸　洛德·拉格倫（Lord Roglan）：〈傳統的英雄〉，收入《世界民俗學》，阿蘭·鄧迪斯（Alan Dundes）編，陳建憲、彭海斌譯，上海文藝出版社，1990。

蕭兵先生說這種婚姻考試的主要模式是：「英雄爲了娶得某一身份高貴特殊的姑娘不得不去經歷一系列常人難以想像的艱險，完成一系列人力所不能及的勛業。考驗的倡導者和主持人往往是"聖處女"的長輩或保護人（常爲父親，即英雄未來的岳父）。他們和英雄之間通常要發生激烈的戲劇性衝突，通常以英雄的勝利告終。」蕭先生並引了一些原始初民的習俗，在英屬圭亞那（Guiana）的阿剌瓦克人中，候選的女婿必得証明他的射術，要他從駛行的船上射中啄木鳥的窠，還得証明他的勇力，要能在指定時間內清除一塊田並且捕蟹滿若干籃。這些事情自然是要試驗這位候補者有無養家活口的能力。在北美印第安人詩歌及故事中，本領最好的獵人才是理想的女婿。這不但是表現"可惡"的丈人掌握無尚的權威，而且男性的英雄總是要獲得勝利和頌揚❻。"聖處女"的父親往往成爲考驗的倡導者或主持人，除了是表現丈人的無尚權威外，應是他對另一個男性英雄的敵視，正像另一種形式的難題求婚——英雄與對手的"化身鬥法"。"聖處女"的父親所扮演的，難道不像一個"情敵"的角色？

---

❻ 伊藤清司將"難題求婚"型故事分作A、B兩種。A型是姑娘的父親向求婚的小伙子出難題，B型是有權勢者爲了霸佔別人的妻子或女兒而向該人或其父出難題。（見〈中國古代典籍和民間故事〉)學者的看法，「B型故事屬於有權勢者企圖佔有或已佔有他人妻女並倚勢壓人，對女主角親人進行刁難，是一種貌爲"比賽"；實則威逼的強迫性較量。這種逼婚較量故事，應當說是源於因而也晚於求婚考驗故事。」(見傅光宇〈＜阿詩瑪＞難題較量探析〉，《民間文學研究》1990年3期)所以本文將B型故事排除於"難題求婚"型之外，只討論A型。

❻ 蕭兵：《中國文化的精英》，上海文藝出版社，1989，頁474。

　　日本學者君島久子女士把難題婚姻和所謂 "羽衣" 傳說（天鵝處女）結合起來論述說：「難題型故事幾乎遍布全中國，達斡爾族、內蒙古的漢族、山東、江蘇、浙江以及海南島的黎族、廣西的壯族、彝族、納西、藏族，還會發現有更多的人在傳講**❻❷**。」公主或仙女的所謂 "聖處女" 才值得英雄經歷一系列常人難以想像的艱險、考驗，也才印證了 "聖處女" 的不平凡性，英雄並藉由這場考驗完成他的勛業，難題婚姻和 "羽衣" 傳說所以有結合的條件。

　　「北方漢族流傳的若干故事中，往往給男方出些如何驅除蟲蛇之害一類的難題（與出雲神話中大國主所出的難題同屬一類）。在南方少數民族中，在從事燒荒開地的苗、瑤血統的人的傳說裡，淨是些一天之內把森林伐光，燒荒後就地耕作、下種、收穫之類的農耕方面的題目。從事水稻栽種的傣、壯血統的人的傳說裡，則是些如何挑選出大米和別的東西，以及反映人們生活的題目。因此，難題中也有反映各個民族生活體驗的內容，這些內容賦與民間傳說以種種個性**❻❸**。」引人興味的是，居於山地的民族所出難題常是充分反映其生存方式，比如說砍一大片樹，燒好田，播種、收穫，甚至射鳥取穀等。而從事水稻栽種的傣族給英雄出的難題常是射穿岩石、射石牆或射大山，或是搭造金橋銀橋。根據筆者所知，燒田、揀米穀的難題關目幾乎是從事刀耕火種的氐羌

---

❻❷　君島久子：〈羽衣故事的背景〉，劉曄原譯，《民間文藝集刊》第八集，1986。

❻❸　君島久子：〈金沙江竹娘的傳說—藏族傳說與〈竹取物語〉〉，《民間文學論壇》，1983年3期。

族群專利❻，因而種植水稻的壯、傣民族有不同的難題內容。壯族仍有一些難題表現實際生產形態的內容，傣族卻全然沒有，所見到的就屬拉弓射箭和搭金銀橋最普遍。

（一）

在燒地耕作而後射鳥取穀的關目中，弓箭似乎成了難題求婚型故事裡英雄的武器。蕭兵先生曾說：「在這許許多多的"試題"裡，最常見的是比賽射箭──弓箭本來就是"野蠻時期"最銳利的武器，誰能掌握這原始的"導彈"，誰就佔有利益，光榮和勝利❻。」

印度史詩《羅摩衍那》裡就有拉弓的情節，大自在天濕婆（Shiva）有一張神弓送給國王遮羅竭的祖先。許多國王都向遮羅竭的養女悉多(Sita，即"犁溝")求婚，遮羅竭便用拉弓來選擇女婿。國王說：「牟尼呀，如果羅摩能夠把那弓弦裝上，我將把無母的悉多，送給十車王的兒郎❻。」結果羅摩(Ramo) 不但拉上弦，而且把弓都拉斷了，娶得悉多。

傣族英雄史詩《蘭嘎西賀》也有拉弓的婚姻考驗情節。天神英達賜給西拉的國王養父一張神弓，弓臂堅如十九萬斤岩石。一百零一個國家的王子都來向西拉求婚，天神告訴國王說：「明天

---

❻ 鹿憶鹿：〈難題求婚──從西南少數民族談起〉，高雄師大《第一屆中國民間文學國際學術會議論文》，1991年12月。

❻ 同❻，頁480。

❻ 蟻垤(Valmiki) ：《羅摩衍那·童年篇》，季羨林譯，人民文學出版社，1980，頁360。

您叫王子們來試，誰能拉得動神弓，並把三枝箭射出去，你就把漂亮的西拉交給他。」連"力氣抵得十八條大象"的蘭嘎十頭王奉瑪加也只是舉動神弓卻挽不起弦，最後，召朗瑪王子在婚姻考驗裡取得勝利，他輕輕挽上弓弦，連射三箭❻❼。楊麗珍先生說：「傣族長詩中幾乎每篇都有的那些神弓上弦、張弓折箭的比武招親擇婿的情節，顯然都是《羅摩衍那》中情節的演化❻❽。」

　　傣族的阿鑾類型敘事詩中的難題求婚情節也的確常見張弓射箭的場面。

　　《阿鑾射星》的故事中阿鑾用鋼哈象弩箭射下星星而娶得公主，國王又命阿鑾到魔鬼國找來魔鬼公主的乳汁爲他治病❻❾。

　　敘事詩《召樹屯》中，孔雀公主婻婼娜的父親要考驗召樹屯，「他傳令用鐵擋住道路，再把石頭堆成石牆，第三層的石牆又釘上鐵釘」，要召樹屯一箭打開石牆。然後「又叫人搭了一個平棚，用布把四面遮住，上面還繡了花朵，中間挖了一千個眼睛一樣大的小洞，他叫了九百九十九個姑娘陪著婻婼娜，每人從棚裡伸出一個手指。」讓召樹屯從一千個手指頭中去認出婻婼娜❼⓿。

　　另一部敘事詩《婻倪罕》，也寫婻倪罕的父親雷恩國王要考驗女婿蘇旺納，他讓女婿以傣族傳說中無敵的弓箭鋼哈象射倒三

---

❻❼　蘇達萬：《蘭嘎西賀》，岩溫扁譯，收入《雲南少數民族文學資料》第4輯，1981，頁154-168。

❻❽　楊麗珍：〈＜羅摩衍那＞對傣族敘事敘事詩的影響〉，《雲南師範大學報》1986年三期。

❻❾　《阿鑾故事集》，收入《雲南少數民族文學資料》第7輯，頁65。

❼⓿　《召樹屯》，岩疊、陳貴培、劉綺、王松翻譯整理，雲南人民出版社，1979，頁75-78。

座雷紹劻大山，又叫女婿用傣族傳說中無敵的寶刀臘聖亞將三堵
石牆砍成灰塵。雷恩國王接著又要考驗阿鑾的智慧，「他叫婻倪
罕和六個姊姊穿起一樣的衣衫筒裙，又叫僕人們擺設一道屏風，
讓頭蓋綢緞的七仙女躲後面，只伸出一隻白嫩的手，看蘇旺納怎
樣把妻子辨認？」阿鑾又藉由天神的幫助通過了婚姻考試❼。

　　傣族的婚姻難題故事中，射箭似乎是英雄首先要通過的考驗。而
關於開闢易武的傳說也有類似的情節，公主利用都城趕擺比箭的
機會，在她的高樓閨閣上掛了一個很小的銀圈，誰騎馬能射中銀
圈，誰就是她的丈夫。最後，只有曾搭救過公主的小獵人射中目
標❼。

　　如果傣族敘事詩中射箭比武招親情節是《羅摩衍那》的演化，我
們應該也不能忽視印度另一部史詩《摩訶婆羅多》(Mahabharata），潘
遮羅(Panchala)國王德路巴陀(Drupada)希望因陀羅神(Indra)之
子有修當公主德珞帕娣(Draupadi)的駙馬，他知道有修是潘達閦
兄弟中的大箭手，特地建立一根高柱，在上面的一個疾轉輪上裝
置一條金魚。國王通知各國的國王與王子來參加選婿大會，能拉
開巨大的硬弓，將箭射中魚眼睛的人可以娶美麗的公主。各國的
國王、王子即使用盡力氣也彎不動弓，或連弦也上不了。最後，
有修舉弓拉弓，向諸神祈禱，「他將弦一撥，箭便發出嘶的一聲
飛向天空，正中魚目，金魚鏗然落地❼。」

❼　《金湖之神·婻倪罕》，岩林翻譯，中國民間文藝出版社（雲南），1981，
　　頁110-112。
❼　《雲南少數民族文學資料》第3輯，1981，頁131。
❼　《印度兩大史詩》，糜文開譯，台灣商務印書館，1967，頁112-116。

　　以比賽射箭來當成婚姻考試的項目實際上是東西方神話中都習見的情節。希臘神話傳說裡，俄卡利亞(Oechalia)國王歐律托斯(Eurytus) 宣布，誰的箭術能夠勝過他和他兒子，就能娶他美麗的女兒伊俄勒(Iole)。希臘神話中最偉大的英雄赫剌克勒斯(Heracles)贏得這場射箭比賽❼。不過，國王拒絕將女兒嫁給英雄，還因此結怨。

　　荷馬史詩中也有射箭的難題婚姻情節，人們謠傳英雄奧德賽斯（Odysseus）在特洛伊戰爭中死了，眾多的求婚者來困擾著英雄的妻子潘妮洛碧(Penelope)，她不想再嫁，只好以拉弓的辦法來應付，她說：「我把奧德賽斯的弓放在你們面前，誰若拉得動這個弓，射一根箭貫穿十二個圓環，我就嫁給他。」所有的求婚者全失敗，只有化裝成乞丐的奧德賽斯輕鬆地拉開弓，就像熟練的樂聲撥動琴絃似的，他的箭射穿過十二個圓環，並且射死所有無恥的求婚者❼。

　　射箭的考試中一個引人注目的關鍵是天神，《阿鑾射星》、《召樹屯》、《嫦倪罕》中阿鑾接受婚姻考驗時，都曾獲天神賜福，擁有神秘弓箭；《羅摩衍那》中的神弓是大自在天濕婆所有，《蘭嘎西賀》的神弓是天神所賜，《摩訶婆羅多》中有修在舉弓拉弓之際，向諸神祈禱，而奧德賽斯在射死眾多求婚者時，曾獲宙斯之子雅典娜鼎力相助。唯一沒有外力資助的似乎只有英雄赫

---

❼　德國・斯威布（Gustav Schwab）：《希臘的神話和傳說》（Gods and Heroes），楚圖南譯，人民文學出版社，1988，頁175。

❼　德國・愛筍斯・赫米爾敦(Edith Hamilton)：《希臘羅馬神話故事》，宋碧雲譯，台北志文出版社，1986，頁159-260。

剌克勒斯，他雖然贏了比賽，娶公主的權利卻被剝奪了。射箭成了選婿大會習見的方式，似乎代表天授職能，擁有婚姻認可權，達到兩性結合的目的，這其中是否也具備性的暗示？

少數民族的洪水神話似乎成爲創世神話的一環，而洪水爲患只是神話的背景，兄妹婚再傳人類才是內容核心。通常兄妹會以兄妹關係不能婚配爲由而不願婚配，起碼身爲妹妹的都會極力躲避，於是有難題考驗的卜求天意關目出現，妹妹總會要求滾磨、拋竹、合煙、繞山或穿針引線，藉此訴諸天意，其中也有射箭一項。例如傈僳族神話《民族的起源》中兄妹射箭，如果兄妹發出的兩支箭同時射在一處，則則可結爲夫婦；《天地人的形成》故事中則是：妹妹拿針做箭靶，哥哥抬弩箭射針孔，若是連射三箭中針孔，便是天也容來地也允，快快成婚把人繁衍❼❻。而怒族的《臘普和亞妞》及《洪水滔天》中則是把弩箭射在織布架的四棵椿上和織布機上❼❼。射箭爲了訴諸天意，是占卜儀式，是原始宗教中的巫術觀念。而且和滾磨、穿針引線、合煙、擲貝殼一樣，似乎都含有性暗示。

難題婚姻中的射箭項目和西南洪水神話中兄妹婚的射箭占卜應有某種程度的關連，似乎具備相同的意義。占卜是原始初民生活中相當平常的事，梁釗韜就曾列舉古代占卜的社會作用至少有十方面：帝位、祭祀、征伐、生子、狩獵、婚姻、入社式、犧牲、夢占、疾病❼❽。婚姻的占卜吉凶應是沿襲已久的巫術觀念，只不過

---

❼❻❼❼　《中國少數民族神話選》，谷德明編，西北民族學院研究所印行，1983，
　　　頁391-401，頁582-583。

❼❽　梁釗韜：《中國古代巫術—宗教的起源和發展》，中山大學出版社，1989，
　　　頁90。

在兄妹婚配中更強調天意而已。左傳中就有許多占卜婚姻吉凶的情況❼⑨。難題求婚型故事的射箭關目除了證明英雄的本領之外，占卜的意義也不能忽略，而似乎又帶著男女兩性結合的象徵。如此東西方神話中難題求婚裡常見的射箭比賽關目，才能有一個較合理的解釋。

（二）

難題求婚型故事中另一項比較特殊的例子當屬傣族習見的搭橋關目。

敘事詩《秀批秀滾》（"秀"意即同庚，"批"指鬼，"滾"指人，詩名即人和鬼交朋友）的孤兒罕榜向公主求婚，國王要他七日內架座金橋銀橋，而且做個金槽銀槽，才能娶公主，否則就砍掉他的頭。最後，孤兒搭好金橋銀橋，做好金槽銀槽，娶了公主❽⓪。

傣族阿鑾類型故事中也常見搭橋情節。

《四腳蛇阿鑾》中，四腳蛇想娶公主，國王以三十天之內自家門口搭金橋到王宮刁難。

《白蚌殼阿鑾》寫阿鑾在娶公主後，經歷捉金鹿、金魚

---

❼⑨　《左傳·莊二十二年》：陳公子完初娶其妻懿代時，其妻占之曰吉。
　　《左傳·僖四年》：初，晉獻公欲以驪姬為夫人，卜之不吉，筮之吉。
　　《左傳·僖十五年》：晉獻公嫁伯姬於秦，占之不吉。
　　《左傳·襄二十五年》：崔武子卜娶齊棠公之寡妻，筮之，史皆曰吉。

❽⓪　《秀批秀滾》，刀志達、楊勝能譯，收入《傣族民間敘事詩》第二輯，1988，頁250–256。

及修築金銀橋到王宮的考驗。

《口袋阿鑾》中，阿鑾生下是一塊肉皮，他向公主求婚，國王限他七天之内修金橋、銀橋。

《只有頭的阿鑾》寫阿鑾想娶公主，國王要他「銀子鋪路，金子搭橋，翡翠做芭蕉，綠玉做甘蔗，絲綢七層架天上❽。」

《丹秀》中阿鑾是個綠瓜，向公主求婚，國王要他在大江上搭一座金橋和一座銀橋，把勐巴拉納西的東西兩邊連接起來。國王的意思是：「他有這非凡的本領和這麼多金銀，做我的女婿也不損王家光彩❽。」

敘事詩《婻慕木苹》寫公主和阿鑾結婚，「把勐罕和勐沙緊緊相連，他們的愛情就是友誼的金橋。」傣族英雄史詩《蘭嘎西賀》寫塔打臘達國爲王子向哥孫國公主求婚，哥孫國國王說：「他們帶著王國的友誼，帶著珍貴的禮品，來和我們連接金絲銀線，架起兩勐友誼的金橋❽。」金橋象徵情誼，象徵兩國要結姻親。

另外，故事中的阿鑾都是不平凡長相，或是四腳蛇、白蚌殼、綠瓜，或是只有頭、一塊肉皮，是畸型、窮困的，想娶的都是公主，同樣被國王要求從自家門口搭金橋、銀橋到王宮。金、銀是財富，國王要求阿鑾造金銀橋似乎帶輕視味道，他希望能有門第

---

❽　《阿鑾故事集》，頁15-30，頁257-271。

❽　《傣族民間故事選·丹秀》，上海文藝出版社，1985，頁109-110。

❽　《金湖之神·婻慕木苹》，頁193。

相當的親家，做女婿要「不損王家光彩」，要「有這非凡的本領和這麼多金銀。」除了考驗造橋的本領之外，還要求女婿的財富。

最有名的架橋情節要算是《蘭嘎西賀》中，朗瑪王子要遠征蘭嘎城，搶回妻子西拉的一幕，群猴在神猴哈奴曼帶領下於大海上架橋通到蘭嘎城，工程極其艱辛浩大[84]。而這個架橋的關目當然沿襲自《羅摩衍那》[85]。在生活簡單的原始初民眼中，架橋是相當困難的工作，因而它成為難題求婚的關目之一。架橋情節所以常見於難題求婚故事中，也說明它在傣族生活中的重要性，橋似乎是和傣族生存的環境密不可分的。

> 水擺夷、思茅、威遠、寧洱有之。性情柔懦，居多近水，結草棚居之，男女皆浴於河。《普洱府志》
> 花擺夷，性柔軟，嗜辛酸，居臨水，以漁稼。《伯麟圖說》

傣族（舊稱擺夷）喜歡臨水而居幾乎是公認的，一直到現在，他們還大多沿瀾滄江邊居住。而傣族的先祖越人喜歡濱水而住也是不爭的事實，文獻上常有記錄。

> （越人）陸事寡而水事眾。《淮南子·原道訓》
> 越非有城郭邑里也，處溪谷之間，篁竹之中。……地深昧而水多險。《漢書·嚴助傳》

---

[84]　《蘭嘎西賀》，《雲南少數民族文學資料》第5輯，頁142-143。
[85]　《羅摩衍那·戰鬥篇》（上），頁89-93。

> 金齒百夷，……風土下溼上熱，多起竹樓，居瀕江，一
> 日十浴。元・李京《雲南志略》
> 其地……夏秋多雨，……四時皆熱，五六月如水沸湯…
> …百夷家多臨水。(明・朱孟震《西南夷風土記》)

　　傣家多臨水而居，彼此往來常需藉住橋樑，架橋就成了他們生活上十分重要的大事，因而就常出現在難題求婚的情節中。

　　傣族難題求婚的架築金銀橋又不禁令人聯想到，這是否和牛郎織女的鵲橋會意義近似？烏鵲塡天河，橋成後報請織女會牛郎。烏鵲塡河成橋是爲了渡織女，阿鑾築金橋銀橋也是爲了向金枝玉葉的公主求婚。學者認爲橋作爲一種生殖崇拜的巫術象徵的觀念，存在於漢族地區，也流傳於少數民族地區，每年二月初二的架橋或祭橋行爲更常見於西南的少數民族地區。「橋與男女聯情交合的生殖崇拜的節日活動具有密切的關係。可以說，橋的生殖感染力正是來自人的生殖崇拜的性儀禮。最初，人們選擇橋邊河畔爲性儀禮的集會場所，後來，橋作爲聖地逐漸獨立出來，成爲生殖崇拜的一種聖物❻。」橋也的確與男歡女愛的節日集會有某種關連，如侗族所謂的 "玩花橋"，頹佬族將架橋習俗叫 "補做風流"，而水族、土家族、瑤族、毛南族、壯族、苗族、納西族也都有架橋積德求子嗣的習俗信仰，甚至還過祭橋節，橋神不但是送子娘娘，還保佑孩子健康成長。有些族家家戶戶都有自己的

---

❻　張銘遠：〈橋——一種生殖崇拜的巫術象徵〉，《民間文學論壇》一九九一年一期。

橋，宗族共有一座大橋，每年大祭一次**❽**。

　　納西族的抒情敘事詩《蜂花相會》，以蜂象徵男子，花象徵女子。蜂與花被金沙江隔絕了，他們想起一個辦法：「江面雖然寬，有情隔不斷，搭起一座橋，蜜蜂來過江。花杆做橋柱，花枝做橋梁，花葉做橋板，花蕊做欄杆。」這樣蜜蜂就「踏著彩花橋，渡過了大江。」可是，蜂與花之間仍隔著銀城、金城和玉城，花兒有了好主意：「一座是銀城，我要搭銀橋；一座是金城，我要搭金橋；一座白玉城，搭起白玉橋。」蜜蜂渡過三座橋，蜂花終得相會**❽**。搭橋、渡橋似乎有男女兩性結合的象徵。納西族的創世神話《人類遷徙記》中英雄崇仁麗恩娶了天女，三年仍無子嗣，因為「不會用空心的大麻株杆搭置一座男女之間順心的橋**❽**。」搭橋即指男女交媾事。

　　筆者曾在麗江東巴文化研究所觀賞過東巴（納西語指智者，演唱東巴經的經師）舉行祭風儀式的影片，據東巴解釋《超渡達勒烏莎命經》和民間傳說的祭祀風鬼，達勒烏莎命愛上牧羊青年，父母卻將她許配給不相識的遠地人家。出嫁當天，她騎騾走到紅岩地的一座橋時，突然想起梳子忘在家裡，便回頭一望，沒想到左邊刮白風，右邊刮黑風，把她吹到江對面的岩壁上。於是，達勒烏莎命成了風鬼，即情死鬼，納西族的祭風儀式就是超渡祭祀情死鬼。在這個民間傳說中，達勒烏莎命出嫁時要過的橋是個關鍵，橋

❽　《中國各民族宗教與神話大詞典》，學苑出版社，1990，頁408，466，473，547，582，640，764。

❽　《雲南少數民族文學資料》第2輯，頁46-47。

❽　同**❽**，頁499。

是分界，過橋是少女到少婦的通過儀禮。王孝廉先生說，許多神話「都是通過迷路、試煉、放逐、受難的歷劫而到自我完成，這種自我完成也就是由俗到聖，由虛幻到永遠，由死之再生，由人到神的“通過儀禮”（Rites of Passage）❾❶。」《桃花源記》的小洞是俗世和仙鄉的分野，過小洞就和俗世隔絕，而傣族難題婚姻的搭橋過橋關目也應該有同樣的咒術象徵，渡過橋，即由此岸到達“彼岸”，表示和“聖處女”的身分告別，迎向另一個階段。

《格薩爾王傳》貴德分章本沒有一般格薩爾賽馬娶珠毛王妃的情節，而是兩人在河邊相遇，珠毛一過了橋就與格薩爾結緣❾❶。過橋是珠毛由少女向少婦告別的關鍵，搭橋過橋是“通過儀禮”。

再一個引人興味的問題是，婚姻考驗中築金銀橋關目的主角全是未成人形的阿鑾，阿鑾故事據說就是講佛祖古德瑪五百五十代經歷的一向有明顯的佛教色彩，造橋似乎正如佛家所言：爲自渡渡人而用。因此，傣族常有賧佛（獻財）築橋鋪路來積功德求子嗣的信仰。或許這也正是其他民族的難題求婚未見有築橋關目，而全民信奉小乘佛教的傣族常見造橋情節的關鍵。

（三）

日本學者伊藤清司先生認爲難題求婚實際上是成人儀式，正如吉奈普（A.V.Gennep）和艾利亞德（M.Eliade）等學者的主張，

---

❾❶ 王孝廉：《中國的神話世界——各民族的創世神話及信仰》（下），台北時報出版公司，1987，頁597。

❾❶ 《格薩爾王傳》，貴德分章本，王沂暖、華甲譯，甘肅人民出版社，1981。

是"生命儀式"的一種。

　　過去，小伙子到了可以成爲部族成員的年齡時，爲了取得當部族成員的資格，他們必須從長老或長輩那裡接受各種教育，並且經過各種各樣的神裁的、嚴酷的甚至是死亡的考驗（Ordeal）。在"難題求婚"故事中，主人公需要經受肉體上的痛苦而殘酷的考驗，特別是經受"死亡"考驗，然後才被允許結婚等等，這類考驗實際上是與成人儀式的考驗非常相似的。如果我們把民間故事中出難題的姑娘之父放到部族長老或長者的位置上，那就能立即發現，所謂"死亡考驗"的難題就是那種以獲得結婚資格爲前提的成人儀式考驗的反映。伊藤先生並舉日本《古事記》中大國主命的故事，說明"難題求婚"中的考驗有時是特殊化的成人儀式，即就任王位之前的考驗，其目的是考查他有無當社會、政治領袖的能力和素質，像大國主命在經過"死亡"的考驗以後，從其岳父即黃泉國國王那裡獲得特殊許可，被准予攜帶具有法力的武器——刀、弓和琴，並被推舉爲王。獲得了象徵王位魔力的寶器，這件事以及大國主命這一主人公的名字都說明這個問題❷。

　　成人儀式或是就任王位之前的考驗應該都是難題求婚故事的目的，英雄一定攜帶具有法力的武器（或寶物），最後終於娶得公主或仙女，而且通過"王權繼承儀禮"的考驗。

　　君島久子女士提到北方漢族或南方少數民族的難題求婚型故事，並未論及北方少數民族，而據筆者所知，北方以游牧爲生或

---

❷　伊藤清司：〈中國古代典籍與民間故事〉，收入《神話——原型批評》，葉舒憲選編，陝西師範大學出版社，1987。

過馬上生活的少數民族難題求婚型故事極少。爲何北方罕見難題求婚型故事，而多流行於南方少數民族呢？難題求婚型故事除了反映各個民族的生活體驗外，似乎也與他們的婚姻習俗形態有關。

一般說來，游牧民族、騎馬民族最早採取的似乎是一種掠奪式的婚姻型態❸，並不需要接受什麼"婚姻考驗"。而衆所皆知的，南方有許多少數民族一直到晚近仍有"不落夫家"的習俗，即男女結婚後，女方並不住夫家，要到娘家住幾年，然後才到夫家定居，如彝族、壯族、普米族、哈尼族、布依族等。而有的民族是所謂的"從妻居"，男方請人到女方家說親時，女方就要和媒人議定從妻居的時間。男子到妻家居住時，父母都會適當分給農具、牲畜、種子等，讓兒子帶到妻家。據說拉祜族、傣族、苗族、瑤族、布朗族分布的有些地方都盛行"從妻居"習俗。另外，佤族的某些地區新郎在婚前得到女家幫忙農作一段時間，婚後夫妻雙雙也還要回女家幹活幾天，作爲女子出嫁後給女家失去人手幫忙的補償。怒族則是在婚禮後三日陪妻子回門，然後住岳家三日三夜幫忙砍柴耕作，才能帶妻子正式回家❹。

"不落夫家"、"從妻居"的婚姻型態下，使得男子必須到

---

❸　男子通過掠奪其他民族部落婦女的方式來締結婚姻，稱"掠奪婚"Marriage by capture)，又名搶婚。中國古代歷史上的室韋、靺鞨等族都有掠奪婚習俗，現在中國古方的赫哲族、滿族則爲靺鞨後裔，蒙古族、鄂倫春族則爲室韋後裔。

見《中國大百科全書》(民族)，中國大百科全書出版社，1986，頁373。

❹　《雲南少數民族婚俗誌》，楊知勇、秦家華、李子賢編選，雲南民族民出版社，1983。

《少數民族民俗資料》(中)(下)，全國民俗學少數民族民間文學講習班。

女家砍柴耕地。有人稱這種習俗爲"短期服務婚"或"服勞役婚"，就是指男子在結婚前後，必須到女方家從事一段時間的生產勞動，作爲對女方家庭養育女兒所費財力的一種補償，和後來結婚的聘禮含意是相同的。

　　難題求婚型故事的產生似乎也和"不落夫家"、"從妻居"婚姻型態有某種程度的關係。

第四章 巫術與宗教的結合

　　傣族自言阿鑾是講述古德瑪佛祖成佛前五百五十代經歷的，阿鑾是佛祖的化身，神農架《黑暗傳》就直接解釋阿鑾是佛教輪迴之神，阿鑾敘事詩的佛教色彩不言可喻。然而，前面已經提及，阿鑾敘事詩中的佛祖影子並不明晰，也有模糊微妙的原始宗教信仰混合的現象。

一、巫術和鬼魂信仰

　　阿鑾敘事詩中有時並未刻意強調輪迴轉世、因果報應，或者積善修行、自渡渡人的情節。相反地，天神的權威凌駕佛祖或僧人帕拉西之上，洋溢著巫術信仰或鬼魂觀念的氣氛，常出現詳夢或占卜的例子。在阿鑾敘事詩中，可以明顯地看見宗教思想、自然崇拜、原始巫術和神話傳說結合，宗教信仰和傳統的祈祀儀式是神話傳說的外衣。

占卜和咒語

　　在阿鑾敘事詩中，算命卜卦的摩古拉（或寫作摩劻）是個重要角色，他是人神之間的橋樑，負責占卜戰爭、婚姻、生子的吉凶，連國王做的夢，摩古拉也有解析的權利。摩古拉是原始宗教信仰的代表。

　　《召樹屯》中皇后生下王子，國王請來摩古拉翻開曆書，在四十六格子裡爲王子尋找幸福，經過算命後，王子取名召樹屯。而在召樹屯出征時，國王做了怪夢，夢見自己的腸子飛出肚子繞著城池轉三轉又回到身上。摩古拉又來占卜吉凶，說是要殺掉召樹屯的妻子嫦婼娜，才能免除一切災禍。摩古拉的權力很大，負責爲王子命名、爲國王占夢。《嫦倪罕》中皇后夢見寶石飛入王宮，國王也請摩古拉卜算，說是有王子要降生，摩古拉因此獲得國王賞賜的珍珠金銀和綢緞。而在王子蘇旺納出征時，國王同樣也做了夢，夢見王子的腸子被長矛戳通，摩劢被請來詳夢，他剖開雞頭一算，必須要拿王子的妻子嫦倪罕來當祭品獻給劢神寨鬼，才能免去全國的災難。

　　《只有頭的阿鑾》中，國王夢見仙人提三個問題，摩古拉藉著占夢而嫁禍阿鑾是鬼，不能當女婿，應予除去。《獨角黃牛》的傳說中，龍王公主生下來就有滿頭臭髮，摩古拉卜卦，說要阿鑾的黃牛的獨角做成梳子，才能把公主的頭髮梳好。

　　《三眼阿鑾》，故事中摩古拉被收買，陷害三眼的阿鑾召三達。召三達死後，劢薛國來攻，但是一直不能打敗召三達的國家，摩古拉不停算卦，說是召三達的靈魂作祟，劢薛國根據摩古拉的辦法，才使得召三達的國家覆滅。

　　《召瑪賀的故事》，國王夢見遍地戰火，人民生活困苦，摩古拉卜算吉凶，說是人間要降生一位福大命大的人。國王千方百計想將危害他寶座的人殺掉。

　　《白蚌殼阿鑾》，皇后夢見星星墜落手中，摩古拉說是喜兆，有王子降生。皇后生下蚌殼被逐出王宮，村寨的頭人夫婦又爲了是否收留皇后而請人卜算。

《五百個牧童玩遊戲的故事》，一個八歲的孩子組織五百個牧童，國王以爲是不好的預兆，要將他們全部殺掉，爲國王算卦的摩勐替他們說情，五百人和阿蠻免於一死。

《尚希扎阿蠻》，摩古拉卜卦說有一個將要出世的人，本領會超過國王，國王在摩古拉的慫恿下，將全國孕婦殺掉。

《金孔雀》，敘事詩中兩個雙胞胎王子，出世時，月亮忽然暗淡了，摩古拉爲國王卜卦，說是王子十二歲以前要躲開太陽和月亮，才能避免災禍。所以兩位王子被放入岩洞宮殿撫養。

《章響》，敘事詩中天神英叭的兒子和蘇佳膿公主有愛情，私自下凡和公主成親。國王見公主不婚而孕，就請摩古拉卜卦，說是禍害，於是將公主和嬰兒放竹筏上，讓江水把他們淌走。

《仙芒果》，敘事詩中的摩古拉有超越凡人的眼力，竟能透視皇后乳上有顆黑痣，就指示畫師將黑痣也畫上，不意惹來國王震怒，要將摩古拉斬首。大臣稱讚摩古拉是全國的驕傲，是知識淵博的人才，請國王赦免。後來，摩古拉既爲國王解決難題，又爲王子治療怪病。

傣族敘事詩中的摩古拉會卜卦算命、命名詳夢，甚至知識淵博，也會用草藥爲人治病，扮演著原始社會的巫師角色。原始時代的巫師兼爲醫者，是中外都有的現象。蕭兵先生就認爲《離騷》中的巫咸「以太陽神爲首席巫師兼爲神醫和醫神」。而《大荒西經》巫咸所在的靈山即「百藥爰在」。《御覽》卷七百九十引《山海經》：「巫咸國在女丑北，右手操青蛇，左手操赤蛇，在登葆山，群巫所從上下也。操藥往來。」引《世本》：「巫咸，堯臣也。以鴻術爲帝堯之醫。」又引《論衡》：「巫咸能以祝（咒）延人之病。」
巫醫常連用，醫字就從巫作毉❶。《論語‧子路》也說：「人而
無恆，不可以作巫醫。」

　　姜亮夫先生說，巫咸本殷之賢者而爲巫者。巫在古代就是所
謂的祭司長，其位至尊，爲初民知識的保有及傳播者，黃帝、堯、舜、
禹時都有其名。巫咸可能爲古人權力最大，爲人所崇敬之聖哲❷。
傣族敘事詩中的巫師摩古拉和國王的關係密切，很明顯地享有極
高的地位和榮寵，國王對摩古拉也言聽計從。王子、公主的名字
由摩古拉負責，甚至阿鑾、公主的命運也掌握在摩古拉手裡，
《嫡倪罕》和《召樹屯》中的女主人公都受到摩古拉的迫害，阿
鑾更是摩古拉要鏟除的對象。

　　除了《五百個牧童玩遊戲的故事》及敘事詩《仙芒果》中的
摩古拉，扮演著正面的角色外，其他的摩古拉全是和阿鑾對立的。摩
古拉是算命卜卦的傣族巫師，阿鑾是佛祖的化身，摩古拉和阿鑾
的對立，似乎暗示原始宗教信仰和佛教思想的衝突。傣族社會原
有多神信仰，小乘佛教傳入以後幾乎全民奉佛，而早期的寨神勐
神等祖先崇拜也一直存在，敘事詩中摩古拉的巫師角色就說明這
個現象。

　　摩古拉雖是敘事詩中的重要角色，然而扮演的卻常是反面的、邪
惡的魔鬼，結果也常注定失敗，阿鑾總是勝利，登上王位，這應
是佛教徒普遍以後的情形，代表佛祖的阿鑾征服原始宗教的巫師，佛

---

❶　蕭兵：《楚辭與神話‧巫咸爲太陽神巫考》，江蘇古籍出版社，1987。
❷　姜亮夫：《楚辭學論文集‧秦詛楚文考釋》，上海古籍出版社，1984。

教慢慢佔了上風。

在《難題婚姻》一節中曾提及古代占卜的社會作用有十方面，其中就包括生子、夢占情事。《左傳》一書就有許多爲生子、夢占而卜卦的例子❸，而《番愚雜編》所列的卜法就有雞、鼠、米、蓍、牛骨、雞卵、田螺、篾竹等❹。傣族叙事詩中未明言如何卜卦，只在《嫡倪罕》中約略提到雞頭，或有雞卜。百越民族本有鳥卜習俗，雞卜應是理所當然的，《史記·封禪書》中就有越人雞卜習俗，巫道多用禁咒來攘鬼，《抱朴子·至理》也記載：「吳越有禁咒之法。」從屈原楚辭中更能見到楚國盛行巫術之風，尊崇巫咸即其一端，姜亮夫先生說：「《離騷》使靈氛占之而不

---

❸ 《左傳·閔公二年秋八月》：成季之將生也，桓公使卜楚丘之父卜之。曰：男也，其名曰友，在公之右，間于兩社，爲公室輔。季氏亡則魯不昌。又筮之，遇大有☰☰之乾☰☰，曰同復于父，敬如君所。生子。

《左傳·成公十年》：晉侯夢大厲，被髮及地，搏膺而踊曰：殺余孫不義，余得請于帝矣。壞大户及寢門而入。公懼，入于室，又壞户。公覺，召桑田巫，巫言如夢。……　夢占。

《左傳·成公十六年》：呂錡夢射月，中之，退入于泥。占之曰：姬姓，日也；異姓，月也，必楚王也。射而中之，退入于泥，己亦必死矣。時晉楚方戰也。　夢占

《左傳·成公十七年》：初，聲伯夢涉洹，或與己瓊瑰食之。泣而爲瓊瑰盈其懷，從而歌之曰：濟洹之水，贈我以瓊瑰，歸乎歸乎，瓊瑰盈吾懷乎。懼不敢占也，還自鄭。壬申，至于貍脤而占之，曰：余恐死，故不敢占也。夢占

《左傳·昭公五年》：初，穆子之生也，莊叔以周易筮之，遇明夷☷☲之謙☷☶，以示卜楚丘。曰：是將行。而歸爲子祀，以讒人入，其名曰牛，卒以餒死。　生子

❹ 梁劍韜：《中國古代巫術—宗教的起源和發展》，中山大學出版社，1989，頁117-133。

驗，乃言"巫咸將夕降兮，懷椒糈而要之"，視巫咸高于靈氛矣（靈氛即靈山十巫之巫盼也）。於是由人世之格人，升為上天之大神，遂為楚人之所常祠❺。」《漢書・地理志》記載：「楚人信巫鬼，重淫祀。」王逸也說：「昔楚國南郢之邑，沅、湘之間，其俗信鬼而好祠，其祠，必作歌樂鼓舞以樂諸神。」所以有史學家就把「華夏文化分為南北兩大系統。北方為史官文化，南方為巫官文化，楚文化就是具有巫官文化的性質❻。」傣族當也承襲了南方的巫官文化，染有楚越民族禁咒巫道之習。

　　傣族阿鑾敘事詩中除了摩古拉的占卜外，另一項值得注意的就是咒語的使用，阿鑾幾乎都會使用咒語、吹仙氣。

　　《九顆珍珠》中，卞亞干塔從戈謝爽那兒學到神奇的法術和咒語，他可以「變出滾滾黃沙，淹沒敵軍馬隊；變出怒吼颶風，推倒敵軍象隊。」他念咒語又吹仙氣，「神象轉眼長得像山峰一樣。」卞亞干塔只要唸起咒語吹一口氣，困難就迎刃而解。

　　《阿鑾莫協罕》中，阿鑾南達納去向百歲的僧人學高強武藝和變化萬千的法術。敘事詩中有一場阿鑾和魔鬼佐佶比鬥魔法的情節，寫得精彩又神奇，「佐佶轉身吹氣，天空剎時雲霧騰騰變黑夜，大風大雨撲地而來，葉落房搖沙飛石走，雷電閃閃大地在搖晃。南達納抬頭把仙氣吹出，雲霧立刻消散，天地一片明朗。佐佶隨手抓土撒向四方，土粒變成螞蜂把人追趕。南達納揮手劃

---

❺　同❷。
❻　易先根：〈黑祖傳說與巫文化〉，收入《巫風與神話》，湖南文藝出版社，1988。

了一個圓圈，螞蜂成了茅草紛紛掉落地上。……」

《金螺姑娘》敘事詩中，阿鑾在妻子金螺姑娘昏倒後，「輕輕在她胸口吹仙氣，又用聖潔透明的涼水滴入她嘴裡，然後閉上眼睛念著咒語。」金螺姑娘因此甦醒過來。

《花水牛阿鑾》中的天神坤西迦教阿鑾各種本領和咒語。阿鑾和魔王打起來，魔王念咒語，「天上的矛箭鋼刀似雨落下來」，阿鑾也念咒語，「頓時天空一片黑暗，雷聲隆隆，立刻掀起一陣狂風暴雨，那暴雨全是碎沙碎石，震得大地動搖。」接著他又念咒語，說願望「射出去的弓箭支支打中，一個不留，打死的魔鬼不要起死回生。」於是，阿鑾戰勝魔鬼。

《嫡嘎罕》中，達嘎索國王一念咒語，就吹起妖風；而幫助阿鑾的神鳥姑娘嫡嘎罕就吹仙氣對付。「她朝那些雲朵輕輕一吹，突然間天地大變，烏雲滾滾，遮天蓋日，地上飛沙走石。嫡嘎罕又吹了一口氣，立刻就雷鳴電閃，捲起狂風，下起暴雨。」嫡嘎罕再吹氣，達嘎索國王被雷電劈得四分五裂。

《阿鑾麻利嘎》，故事中太子大拿從僧人雅細學了法術，「他吹聲口哨，熊熊的烈火頓時熄滅；他用腳一劃，大地上立刻現出洶湧澎湃的江河；他識鳥語，能變飛禽走獸。」

《阿鑾蘭剎》中，蘭剎昏死過去，仙女吹了三口仙氣，蘭剎立即起死回生。

傣族阿鑾敘事詩的戰爭場面中，念咒語和吹仙氣成了致勝的關鍵，天神坤西迦和僧人雅細（或帕拉西）幾乎都會法術和念咒，阿鑾到森林中修行，總是學會法術和念咒，並非學會吃齋念佛。從天神和僧人的行為看來，似乎沒有佛教色彩，倒像原始巫術的反映。

　　梁釗韜先生引英國墨菲教授（Prof. John Murphy）說的例子，我們現在常看見耍弄魔術把戲的魔術師向道具吹一口氣，道具似乎就會感應這種氣而發生幻術，這就是原始巫術的遺留。而《七劍十三俠》這一類小說也總寫元貞子怎樣吹氣化作一道白光來鬥法，又怎樣用手一揚，氣從掌中出，中間有劍、丸，能與人鬥法或殺害妖怪❼。

　　《抱朴子》中就寫到“氣”的作用是一切巫術的重要因素，有了“氣”就可以運用一切法術，達到預期效果，在積極方面，可以直接殺害敵人，甚至控制蛇蟲、虎豹、精靈、鬼物、盜賊等；在消極方面，可以起厭勝作用，預防天災及求得平安。

　　阿鑾敘事詩中，念咒可以呼風喚雨、殺敵致勝，吹氣則能除怪救人，具備了原始巫術的消極、積極作用。天神和僧人都會法術咒語，似乎具備著巫師的形象。

　　摩古拉是占卜的巫師，天神和僧人卻似佛祖和人間的媒介，扮演中間人角色，然而這角色又帶巫師的形象，似乎巫術和宗教的融合、混淆的確是存在一段時期。而傣族的阿鑾敘事詩也不適合特別強調是描寫佛祖成佛前的經歷，畢竟原始巫術的色彩並未全然褪盡。所以有些人類學家甚至指出，今日的僧侶和傳教士，其淵源不過也是巫師。在巫術與宗教混為一體的時代，巫師同時也是宗教法師（Priest）。例如秘魯的高等僧侶，既司祭祀，又是人與神的中介者—巫師。不過學者卻認為這二者不能同等看待，因

---

❼　同❹，頁52。

爲普通人所說的巫師，其職能只限於黑巫術（Black Magic），惡意的巫術；至於僧侶，雖然有時兼做巫術，多數卻是屬於白巫術（White Magic），即善意的巫術❽。由此當有助了解，何以阿鑾敘事詩中的巫師摩古拉大多扮演反面角色，而有巫師色彩的僧人帕拉西通常負有幫助阿鑾通過考驗的使命。阿鑾敘事詩是巫術和宗教混淆時代的產物。

　　一直到現在，西雙版納傣族的宗教祭祀活動中，仍有世襲的祭司和祭祀輔助人員，他們不但祭祀寨神和勐神，還從事各村落的乞雨、驅逐瘟疫以及各種禳災的活動。他們在進行宗教活動時穿著一件特殊的巫衣，通過咒語和法具來施展巫術。平常幫人醫治疾病的巫醫摩雅也是在巫術思想支配下形成的❾。在全民奉佛的傣族社會，巫術、原始宗教長期以來都存在著，阿鑾敘事詩當然也免不了這種影響。

　　弗雷澤就認爲宗教和巫術的混淆還一直殘留在那些文化程度較高的民族中。古代巫術正是宗教的基礎。可能的一種情形是：在人類發展進步過程中巫術的出現早於宗教的產生，人在努力通過祈禱、獻祭等溫和諂媚手段以求哄誘安撫頑固暴躁、變幻莫測的神靈之前，曾試圖憑藉符咒魔法的力量來使自然界符合人的願望。人們同時對神靈喃喃地念著禱詞又念著咒語，他並不注意他的行爲和理論之間的矛盾，只要能設法獲得其所需就好❿。

---

❽　同❹，頁196。

❾　宋恩常：《西雙版納傣族巫術的初步調查》，收入《雲南民族民俗和宗教調查》，雲南民族出版社，1985。

❿　英·弗雷澤(J.G.Frazer)：《金枝》，徐育新等譯，中國民間文藝出版社，1987，頁81-84。

鬼魂信仰

　　傣族認為阿鑾類型敘事詩是講佛祖成佛前五百五十代經歷的，應該是佛教傳入傣族社會後的產物。那麼，在佛教傳入之前，傣族是否已有敘事詩？王松先生以為就內容和形式看，《馬海》、《魯允章》、《沙里》、《秀批秀滾》、《松帕臘》等都是佛教傳入以前的作品⓫。《論傣族詩歌》的作者卻認為《松帕臘》是根據佛教經書改編的，而此書筆者無緣見到，並不詳其內容，至於其他四部書的內容倒是真的沒有佛教色彩，《馬海》、《魯允章》是原始的動物崇拜，《沙里》講靈魂離體，《秀批秀滾》講人和鬼交往。動物崇拜容後再討論，我們先談《沙里》、《秀批秀滾》兩篇敘事詩中的魂、鬼問題。從魂、鬼問題是否就可斷定其屬於佛教之前的作品？阿鑾敘事詩中及現今的傣族社會並未脫離鬼魂信仰的影響。

　　《沙里》，敘述沙里和他的結拜兄弟吉達到深山學本領，神仙精通變幻莫測的神術。二人不久就學會一種神術，能把人的靈魂和軀殼分開，靈魂也可以使一個已死的軀殼復活。吉達誘騙沙里鑽進死鹿的軀殼，而自己進入沙里的軀殼中，回到村子後，吉達霸佔了沙里美麗的妻子。沙里的靈魂後來又離開鹿的軀殼，而進入死鸚哥體內，他飛去向妻子說明原委，妻子誘使吉達的靈魂離開沙里的軀體，進入死老虎體內。沙里的靈魂終於又回到自己的軀體。

⓫　王松：《傣族詩歌發展初探》，中國民間文藝出版社，1983，頁122。

《秀批秀滾》，"秀"是同庚，"批"譯爲鬼，"滾"譯爲
人，即人和鬼交朋友的故事。講一個窮孩子罕榜在路上遇到一個
鬼，兩人由打架結成朋友，鬼幫助人致富，而且娶了公主爲妻。

《沙里》、《秀批秀滾》屬於佛教傳入前作品，這一點似乎
值得商榷。因爲敘事詩中的沙里及孤兒罕榜明顯具有阿鑾形象，
出身卑微，歷經磨難困苦後，得到幸福，這是阿鑾類型敘事詩的
標準模式。《沙里》中兩個結拜兄弟到深山學本領，那個精通變
幻莫測神術的神仙不正像僧人帕拉西（或雅細）嗎？阿鑾敘事詩
中的僧人都擁有非凡的本領，能指點阿鑾化險爲夷，《沙里》中
的神仙教導沙里和吉達如何將靈魂和軀體分開，要去幫助善良的
人度過困境。如果做傷天害理的事，神術就會變成懲治惡人的武
器。這不就是佛祖慈悲爲懷、善惡果報的理念嗎？

《秀批秀滾》這篇敘事詩中更是充滿濃厚的佛教色彩。孤兒
罕榜和小鬼是同年同月同日生、死，一生一死同庚，所以具備成
爲朋友的因緣。敘事詩中明言罕榜本是佛祖前身，在人間受盡苦
難後，最終成了釋迦牟尼佛祖，而與罕榜一起救苦救難的鬼，因
爲積善修行，最後升天成仙，變成佛祖的馬夫，又變成佛祖身旁
的羅漢，接受天下信佛的人膜拜。

即使是講述佛祖前身的阿鑾敘事詩，仍在鬼魂信仰上大力著
墨。《沙里》的強調靈魂離體，《秀批秀滾》的人死成鬼，鬼能
跟人交往的觀念，實際上應該都是佛教以前的產物。

學者們認爲巫術是宗教形成的最初階段，有靈崇拜是中間階
段。而首先提出宗教起源於萬物有靈觀學說的泰勒（E.B. Tylor），他
在《原始文化》、《人類學》等著作中，對靈魂觀念和靈魂離體

進行過詳細研究❷。傣族敘事詩《沙里》中的情節和印度的一個傳說故事可資比較，有一位國王的靈魂誤入一個婆羅門死者的身軀；國王的身軀則被一個駝背人的身軀佔住了。於是這個駝背人成為國王，國王則成了婆羅門。後來有人引誘這個駝背人顯示本領，讓他的靈魂進入一隻死去的鸚鵡體內。這時，國王的靈魂便趁機重新返回自己體內❸。

　　馬來人也有靈魂離體的類似故事，有位國王的靈魂不慎誤入一個猴子的體內，一位大臣趁機把自己的靈魂鑽進國王軀體，並且佔有王后和王位，而真正的國王卻以猴子的外形在宮廷裡受盡折磨。有一天那假國王觀看公羊抵角並且還下了很大賭注，不料他下賭金的那頭羊鬥敗身亡，用盡各種辦法都不能使死羊復生，假國王出於運動員競賽中特具的本能，讓自己的靈魂進入死羊體內，死羊終於復活了。真國王的靈魂在猴子體內發現自己時機到來，立即撲進自己體內，重新擁有自己的身體，那個篡位者的靈魂在公羊體內得到被屠殺的下場❹。

　　初民認為，人、動物活著並且行動，是因為身體裡有一個小人或小動物在操作著，而這個小人或小動物就是靈魂。睡眠是靈魂暫時離體，死亡則是永恆的離體，預防死亡的辦法就是不讓靈魂離體，如果靈魂離體，要想辦法保證它儘快回來，萬一靈魂被阻長久不得返回體內，則此人必將因失去靈魂而死亡❺。靈魂操

---

❷　英·愛德華·泰勒：《原始文化》，連樹聲譯，上海文藝出版社，1992，頁484-500。

❸❹❺　同❿，頁269－279。

作人的行動，所以傣族叙事詩《沙里》中，沙里的妻子見到丈夫返回，就察覺有異樣，因爲沙里的軀殼內是吉達的靈魂，他的行爲全是吉達的樣子。沙里的靈魂千辛萬苦地要找回他的住處，否則，軀殼就是吉達的了。

靈魂被阻長久不得返回體內，則此人必將因失去靈魂而死亡。反之，軀殼也許死亡，靈魂卻仍活著，靈魂活著仍能有所作爲或者復活、變形。《三眼阿蠻》中，召三達被殺害，靈魂還在，它開始寄託在金雞上，又魂附黃龍或白馬，不時保衛他的疆土；卜卦的摩古拉一一迫害著召三達的靈魂。可見活著的人對死者靈魂仍是存有忌諱的。

鍾敬文先生就列舉了原始初民對靈魂與軀體關係的四種觀念。初民有時承認靈魂脫離軀殼，仍然可以生活，甚至與生前一樣和人同居，而人不覺怪異，如我國文籍上許多人鬼婚媾故事；有時認爲靈魂須藉軀殼才能存在，軀殼摧毀，靈魂也不能單獨存在。有時又謂靈魂必須找到寄寓物，才能從事於活動，例如相信死者能托棲在巫婆身上與家人談言聚會。初民有時則謂靈魂能無憑藉地變形爲各種獸類或怪像的人，以出現於人間，這在故事中是最常見的。鍾先生還提及蛇郎故事的原始模型，其中蛇郎妻的冤死變形，是極重要的情節：

1. 一父親有幾個女兒。

2. 一天，他出門去，爲蛇精所困，許以一女嫁之。

3. 父歸遍問諸女，唯幼女肯答應嫁蛇。

4. 幼女嫁蛇得幸福，姊姊妒羨而殺之，代以己身。

5.妹妹魂化為鳥，以詈咒其姊，被殺。

6.又變形為樹或竹，姊姊又恨而伐之。

7.姊姊卒困於妹妹的變形物，受傷或致死。

　　而蛇郎妻冤死變形第一次差不多無例外都是"鳥"，第二次所變的有"樹"與"竹"兩種，第三次所變則較複雜，有的說是金菩薩，又有說變竹、蛇、麵包、白龜、火星、青銅錢、小媳婦的，應有盡有**⓰**。

　　傣族對靈魂與軀殼關係的觀念似乎不盡一致，在敘事詩《沙里》中，認為靈魂必須找到寄寓物，才能從事於活動，如軀殼被吉達的靈魂佔去後，沙里的靈魂先寄在死鹿身上，又寄在死鸚哥體內。而《金殼烏龜》、《柚子姑娘》、《檀香樹》、《麻喔羞》等阿鑾類型故事中，都具備蛇郎妻冤死變形的情節，靈魂無憑藉地變形為各種動植物或器物。

　　《金殼烏龜》中，大老婆被小老婆害死，首次變形為金殼烏龜，而這金殼烏龜會因愛女到湖邊哭訴還原成人身。金殼烏龜又被烹殺，再變為菩提樹。大老婆的女兒也在菩提樹庇護下嫁給王子後被殺害，被害以後藉著麻栟罕果托生復活。敘事詩中似乎還透露著靈魂不死仍能復活的訊息。《檀香樹》的情節和《金殼烏龜》雷同，大老婆被小老婆害死後先變形為金魚，金魚又被烹煮，再變形為檀香樹；在檀香樹的庇佑下，愛女帕算嫁給王子。然而，

⓰　鍾敬文：《鍾敬文民間文學論集·蛇郎故事試探》(下)，上海文藝出版社，1985。

帕算又被小老婆害死，冤死後變形爲鸚哥，再變爲梨樹，三變爲
洗衣棒而後復活。兩個故事中的女兒同樣得以復活，和王子團圓，而
大老婆變形爲樹後就不再恢復人形，可能是後者只是故事中的配
角，不需復活。

《柚子姑娘》中，柚子姑娘嫁給王子，不幸被麻子姑娘所害，她
的靈魂變形爲綠鸚鵡，飛到王宮詈罵麻子姑娘，被殺，又變成芒
果樹，再變爲槌衣棒和麻子姑娘對立，被焚燒後，柚子姑娘的靈
魂托夢給王子，最後復活而且復仇。《麻喔羞》講仙女住在仙果
麻喔羞中，被阿鸞娶回家，不幸在途中仙女被另一女人打死，那
女人僞裝成仙女嫁給阿鸞。仙女冤死後變形蓮花，輾轉被送進王
宮，又被女人埋葬，後來又變形爲芒果樹而復活。可惜復活的仙
女來不及和阿鸞團圓又被害死，她死後，血化爲一個又清又甜的
小湖，身體變爲大青樹，而手變爲潔白蓮花，眼睛則變爲一對紅
嘴鸚鵡。故事中的兩句詩正是傣族靈魂不死的觀念反映：「明亮
的月兒缺了還會再圓，美麗的嫡琵（仙女）死了還會復生。」死
過兩次的仙女又和阿鸞結爲夫妻。

在萬物有靈觀的觀念影響下，人死後的變形可以無奇不有，
從動物植物到器物都能寄寓人的不死靈魂，也因此初民普遍相信
鬼魂的存在，他們舉行祭鬼、招魂、占卜和巫師治病等巫術活動。西
雙版納傣族認爲他們居住的曼（村落）好像一個人的身體，在身
體的心臟有一個靈魂。作爲村落共同體的靈魂宰曼有兩種象徵物，通
常是木椿，少數是巨石，在埋沒或豎立時都要舉行隆重的祭典。
除了靈魂宰曼，每個村都有自己的丟拉曼，即村落神或寨神。丟
拉曼通常是建寨期間死去或者爲了保衛本村而獻身的著名成員。

丟拉曼分爲善惡兩種，善者是爲了保衛本寨而獻身的英雄，惡者是被消滅的仇敵。傣族人以爲儘管人已死，但其靈魂還繼續存在，善死者能保佑族人，而凶死者仍然繼續爲害本村❼。初民的萬物有靈觀，使傣族相信靈魂能夠離體，而死後靈魂仍繼續存在，當然他們普遍相信有鬼魂，阿鑾敍事詩中有各式各樣數不清的鬼（或魔鬼），鬼和人一樣，有惡鬼善鬼。

　　《秀批秀滾》中的鬼自始都沒有可怕的言行，孤兒罕榜甚至一拿出拴鬼法線後，小鬼就心驚膽顫，還被罕榜拳打腳踢，痛哭流涕了一番。小鬼到龍宮時，美女都爭相來看"美若天仙"的鬼，而龍王也覺得小鬼是"英俊"的神醫。可見傣族對鬼的觀念不但有善惡之別，和人一樣，鬼也有美醜不同，鬼並非都"鬼形鬼狀"，讓人毛骨悚然，甚至也有英俊、"美若天仙"的。《秀批秀滾》中的小鬼甚至還會在月明星稀的晚上拿著定琴去串姑娘，有個姑娘愛上小鬼，可是他卻無法娶她爲妻，因爲「他如今還不是活人，他的鬼期還沒過完。」

　　不過大部分的鬼在阿鑾故事中都扮演反面角色，善良的不多，甚至還有魔鬼國"勐批排"，裡面的百姓全是魔鬼。《秀批秀滾》中的陰間鬼王先柯衣領導衆鬼臣，「鬼臣們長得奇形怪樣，有的像虎，有的似狼，有的長著長毛，有的長著尾巴，有的露出獠牙，他們發出各種怪叫……」。鬼王聽說公主美麗，頓生邪念，要把公主弄來做妻，他先後派出蛇鬼、鬼鳥、飛鼠，千方百計要把公主的靈魂喚出身體，帶公主進入陰曹鬼國。《白螞蟻阿鑾》、《阿

---

❼　同❾。

鑾蘭刹》中魔鬼都將公主搶走，一是爲了當食物，一是爲了當妻子。《阿鑾打草》中的女鬼偷了兩位王子的飯吃，王子抱住女鬼，要將她丟進江裡餵魚，女鬼求饒，答應醫治兩位王子的瞎眼。

　　傣族的魔鬼泰半如一般人所想，都是會害人吃人的。《阿鑾麻利嘎》中的魔鬼最具代表性，他能夠裝扮成慈眉善目的僧人雅細，然後將熟睡的國王截成幾段，大口吞吃，又扮成國王模樣，到王宮吃人，他吃過神馬麻利嘎，也變成綠鸚哥將小王子細拿撕成兩半吃了。魔鬼「吃人當早餐和晚餐，他先吃犯人，獄中的犯人吃光，便吃宮女，宮女吃光了，便吃大臣。他把骨頭藏在後宮的小樓上。宮中的人被吃得只剩下王后和一位老臣。」《白蚌殼阿鑾》中阿鑾見到的魔鬼國景象是：「只見近處白骨成堆，遠處隱隱傳來麂子、馬鹿和人的哭喊聲，又見一群青面獠牙的批排（魔鬼）。」《麻喔羞》中寫看守仙果的是四個批雅批排（按：德宏稱魔鬼批排，西雙版納稱批雅），他們都有血淋淋的嘴，又高又大，令人毛骨悚然。不過，四個批雅批排的身子，會隨著太陽的升高而漸漸縮小，到太陽當頂時，他們便縮進土中，休息去了。似乎傣族的觀念也像一般人所想，鬼只在黑暗或夜晚活動，太陽出現後鬼就藏匿起來。鬼不但能裝扮成僧人、國王，變成綠鸚哥，甚至能任意變美變醜，《阿鑾射星》中阿鑾娶了三個美麗的魔鬼公主，美麗的魔鬼公主爲了嚇唬人間的殘忍狠毒國王，就又變回魔鬼模樣，「青面獠牙，額骨突起，兩眼凹陷，臉又瘦又長。」後來，她們又變成人的模樣，而且比人間的公主更美麗。

　　因爲相信靈魂不死，所以有鬼的存在，鬼和人一樣，有善有惡，有美有醜，也要吃飯，也怕疼痛，也會痛哭流涕，也有愛恨情感，會生子女。鬼魂通常連用，鬼必有魂，有魂時必能變形，變形爲綠鸚哥或蛇、飛鼠、鬼鳥、黃麂。

傣族原始宗教中對鬼的觀念有兩個階段：最初，傣族認爲鬼是人的靈魂，是人死之後變成的，由於死者多數是具有豐富生活經驗及知識的老人，因此又認爲鬼是人的祖先的靈魂，鬼比人聰明、比人有智慧，人不知道的事鬼知道，人不會做的事鬼會做，鬼會保護人，人也要保護鬼，人和鬼可以交朋友，正如敘事詩《秀批秀滾》中所描寫的。可是，崇拜鬼的時代很快地轉變，人的世界有善惡，鬼的世界也有善惡，產生害人吃人的鬼，傣族習見的《驅鬼歌》就是這樣形成的，初民由對鬼的不信任而思驅離。《驅鬼歌》中說要將鬼的腦袋劈成碎片，要驅逐各種各樣的鬼：「住在鼠洞裡的鬼」、「住在米斗裡的鬼」、「使人精神失常的鬼」、「毛臉的惡鬼」、「判了死刑的罪惡鬼」、「老象般高大的鬼」、「老牛般笨的鬼」、「妖豔的女鬼」、「會喚魂的貓頭鷹鬼」、「流浪的餓鬼」、「螞蟻堆裡的惡鬼」、「墳地裡的鬼」、「亂草叢裡的鬼」……，鬼無處不在，會使人精神失常、掉魂、得病甚至過江河時發生危險，傣族人對鬼又敬又畏，講鬼的歌謠很多，除《驅鬼歌》外，還有《祭鬼詞》、《送鬼詞》、《攆鬼詞》等**⓲**。

爲了避免死亡或生病，除《驅鬼歌》外，就是叫魂歌或拴魂歌，魂拴好後，睡覺不怕惡鬼驚嚇，也不會讓魂誤入鬼國或地獄陰曹。傣族認爲人有三十二個大魂如頭魂、手魂、腳魂等，大魂中又包括著九十二小魂，如髮魂、眉毛魂、眼珠魂等。而傣族的

⓲ ⓳ 《傣族歌謠集成》，岩溫扁、岩峰主編，雲南人民出版社，1989。

叫魂方法共有八十一種，最高的叫魂形式稱《叫黑姑娘魂》，其他還有《招魂詞》、《叫魂詞》、《叫雞魂》、《拴牛魂》、《叫穀魂》、《拴小魂歌》、《嬰兒滿月告魂詞》、《給小孩拴魂歌》等⑲。

從傣族社會及民間歌謠所流行的原始鬼魂信仰中，可以確定阿鑾類型敘事詩要脫離這些影響，完全爲佛教代言是不可能的。

二、模糊的佛祖影子

傣族人認爲整套的阿鑾故事，是講述古德瑪（釋迦牟尼）成佛前五百五十代經歷的。既是講釋迦牟尼成佛前的經歷，當然阿鑾敘事詩的佛教色彩必是很濃厚的。

一般人習慣說傣族全民信奉小乘佛教，即南傳佛教。南傳佛教被大乘佛教貶爲小乘佛教，是因爲大乘佛教自稱能運載無數衆生超渡苦海而達到彼岸，卻說小乘佛教只能運載少數衆生到達彼岸。其實南傳佛教國家的佛教徒並不自稱爲"小乘佛教"，他們稱自己所信的佛教爲"上座部佛教"⑳。本文稱傣族信奉佛教爲小乘佛教只是隨俗，當然並無貶意。其實，南傳佛教（小乘佛教）有其基本特色：

1. 認爲佛陀是人類導師和理論的指導者，並非神明或什麼神秘人物。

---

⑳㉑　鄭全德：〈大乘佛教〉，收入《佛教與東方藝術》，吉林教育出版社，1989。

2.修行者的最終目標是阿羅漢（聖者），主張求得自我的
解脫，即要求自利而非利他，並不對眾生做出平等地
改善工作。

3.強調悟道全憑嚴格的自我訓練：即禪定、心力集中、
隱遁等方法。

4.離開輪迴的世俗痛苦，進入涅盤境界，只有少數人才
能辦到❷。

　　傣族信奉的小乘佛教大致分爲兩大派："擺孫派"（田園派）和
"擺壩派"（山林派）。"擺壩派"持律精嚴，保有原始佛教的
一些特點。此派最初並無佛寺，只在山林中搭草棚代替，後來才
在村寨中建立佛寺。僧侶生活在深山密林當中，每日只進食一頓，不
食葷、不娶妻、不殺生，以麂皮爲墊，樹葉爲被，石頭爲枕，行
路以扇遮面，目不斜視，終身獨處，幾乎不與世人交往，只以苦
修爲事，以苦爲榮。西雙版納、德宏的傣族僧侶大多信奉戒律不
如"擺壩派"嚴格的"擺孫派"。"擺孫派"開始就有佛寺，建
在村寨當中。僧侶日居佛寺，與村民頻繁往來。出家還俗，十分
隨便。並爲病者驅魔，爲死者開路，每逢宗教節日，都主管宗教
儀式。此派寺院有寺奴、寺田，收入頗豐。寺主本身或經商、或
放高利貸，群眾布施的財物，他可以分享三分之一，所以僧侶都
有財產❷，而且生活舒適，可食肉、吸煙、乘車，可披毛呢袈裟，

---

❷　羅照輝、江亦麗：《東方佛教文化》，江西人民出版社，1986，頁132－
133。

睡臥可用被褥㉓。

傣族佛教只奉釋迦牟尼爲教主，不相信其他菩薩。在教義上雖然也承認人空、色空、我空，但不同大乘佛敎的四大皆空，而認爲"人空法有"。傣族佛教也不像大乘佛教那樣以成佛爲目的，而以在現世證阿羅漢果爲理想的最高果位，因此，提倡積德行善，謀求自我解脫，以達到極樂世界。然而，傣族佛教因在流傳過程有很多變異，戒律實際上已極爲寬鬆㉔。

傣族因其信奉戒律較寬鬆的佛教教派，即使提倡積德行善，也都屬自我解脫的自利，而非普渡衆生的利他精神。就像富有的傣族僧侶一樣，阿鑾敘事詩千篇一律有求富貴的情節；而佛家所一向主張的果報、輪迴思想，更是敘事詩所要闡揚的重點。

追求富貴

傣族敘事詩中的阿鑾不管出身窮困與否，最後總會求得富貴，和公主結婚，繼承王位，擁有現世的幸福，並不強調修來世。

《四腳蛇阿鑾》中，披著蛇皮的阿鑾因爲神秘老人（天神化身）幫助，尋得三坑金三坑銀，娶得公主，而且繼承王位。

《只有頭的阿鑾》中，阿鑾隨著商人去做生意，得到財貨，後來也娶公主。

《口袋阿鑾》，似一塊肉皮的阿鑾和牛商販一起去做生

㉓㉔　張公瑾：《傣族文化》，吉林教育出版社，1986，頁146－147。

意，後來也娶了公主，當了國王。

　　阿鑾敘事詩中強調的常是，阿鑾如何出身窮困，經過各種煎熬磨難，然而，得到神靈的幫助，戰勝艱難險阻，得到富貴。即使是出身富貴，也得歷經各種考驗打擊，才能如願以償。據說阿鑾故事是講述釋迦牟尼成佛前五百五十代經歷的，然而，整篇敘事詩或故事中的情節，只讓人看到阿鑾如何爲了娶得公主而大費周章。窮困的阿鑾爲何一定得向公主求親？向公主求親代表的不就是財富和王位嗎？綜觀阿鑾一生，追求的也不過是娶得公主、當上國王，改變他原本卑微的身分，擁有現世的快樂。這大概就是所謂的求自利而非利他，並不對眾生做出平等的改善工作，反映的是小乘佛教的特色。

　　敘事詩中似乎也偶有"解救眾生"的阿鑾，《九顆珍珠》一書中阿鑾卜亞干塔爲百姓去尋找起死回生、醫治百病的仙草、仙水，這樣爲了"運載無數眾生超渡苦海"的利他情操在阿鑾敘事詩中並不多見。不過，阿鑾爲了"解救眾生"還是得到富貴，娶了四位公主。

　　佛教一向主張戒殺戒色，主張積德行善，而受苦受難的芸芸眾生必須修來世才能求得幸福。然而，是佛祖前身的阿鑾卻積極的參與一場場的戰爭，試圖用戰爭手段去戰勝邪惡；除了戰爭，阿鑾必涉男女之情，甚至有多妻現象。未見其修來世，在現世就享有幸福富貴。

　　很顯然地，阿鑾敘事詩在追求成佛的過程上，充斥的盡屬自利的今生幸福，利他的精神十分薄弱。在這一點上，宗教的色彩不濃厚，反映的是傣族原始社會的現象，部落間的紛爭，大家爭著當領袖。像《九顆珍珠》中，阿鑾卜亞干塔娶了四個妻子，就是當時社會上習見的多妻制婚姻形態，並不涉及佛教戒色問題。《雲南通志》記載：「僰夷，頭目之妻百數，婢亦數十人，少者數人，庶民亦有數十妻。」長詩所寫正是這樣的社會現象，絲毫不涉及佛教的色戒思想。

阿鑾敘事詩中還有很多做生意的情節，阿鑾和五百名商人的船隊到海外做生意，《口袋阿鑾》、《只有頭的阿鑾》、《丹秀》等都是，《酸魚酢阿鑾》中則是阿鑾將腌製的酸魚酢請求要出外做生意的五百個船商捎去賣。藉著做生意，阿鑾求得富貴，娶了公主，當上國王。這個情節明顯地從佛經來。《六度集經》卷四《彌蘭經》有彌蘭和五百商人入海求寶；《賢愚經》卷九《善事太子入海求品》也寫善事太子和五百商人入海求寶；而《善求惡求緣品》中善求、惡求二人都想學做生意，各帶五百人入海求寶；而《六經集經》卷六《殺身濟賈人經》、《生經》中的《佛說墮珠著海中經》也有五百人入海求寶情事。雲南是內陸，所以出現五百船商甚至龐大船隊出海做生意，應是受佛經影響，連五百的數目都原封不動照舊。佛經中做生意、入海求寶的故事層出不窮，當然阿鑾敘事詩也不能免俗，前者通常爲了布施而入海求寶，後者似乎只爲自我解脫，免於貧困之苦，而且並不刻意宣揚佛教思想，只單純地敘述阿鑾致富顯貴的經過。

阿鑾故事當初或許眞是要寫佛祖成佛前經歷，到了傣族社會滲入傣族文化後，展現具有特色的傣族風貌，佛祖的影子就漸漸模糊了。

講輪迴

阿鑾類型敘事詩中，有的阿鑾是由動植物投胎轉世而成人，成人後又繼續前世的因緣，強調冥冥中早已注定，半點由不得人。

《尼罕》一書寫母岩羊誤會公岩羊遺棄牠獨自逃生，死後投胎轉世為公主，她為了報復男人的薄情而濫殺無辜。公岩羊死後則投胎轉世在砍柴的窮人家裡，他向公主澄清了前世的誤會，兩人又結為連理，並且繼承王位。

《婻慕木苹》一書中，公主婻慕木苹是紅花投胎轉世，她原本和建棟信相戀，然而由白花轉世的阿鑾馬里貢出現了，所以天神幫助阿鑾打敗了建棟信，紅花白花重續前緣，公主嫁給命中情人。書中歌頌的並非公主和建棟信的情愛，卻一味強調公主和阿鑾有命定的姻緣。

《四腳蛇阿鑾》中蛇郎和公主成婚，公主因為郎君披著可怕的蛇皮而流淚。蛇郎說：「你不要害怕，我是你前世戴在頭上的花。」暗示蛇郎前世和公主即有情分，今世投胎轉世結成姻緣。蛇郎娶得公主原是輪迴、命定。

《婻歡三養》，富翁夫婦建大橋做功德後，天神讓最上層仙界的阿鑾下凡當老夫婦的兒子，婻歡三養和阿鑾一起脫去仙殼下凡投胎。仙界守花園的凶鬼為了搶奪婻歡三養做妻子，也下凡投胎。到人間後，阿鑾和婻歡三養結為夫妻，結婚前，婻歡三養即知阿鑾是她前世的姻緣。而垂涎婻歡三養的凶鬼雖投胎為王子，卻遭到阿鑾懲治而死。阿鑾和婻歡三養輪迴又成夫妻。

《阿鑾莫協罕》，阿鑾和京亞麗公主在天上已作伴一千年，兩人托生到人間，「一顆寶石各含一半，一雙戒指各戴一支，一對金銀手鐲，各戴在左右手腕。」同年同月同日同落人間，阿鑾投胎窮苦人家，天女成了京亞麗公主，二人憑藉三樣信物仍舊結爲連理。

以上所舉的例子見不到阿鑾受磨難的情節，只一味強調輪迴觀念。公岩羊前世的夫妻情份今世來續，阿鑾根本不費吹灰之力就娶了公主，當了國王。紅花和白花分離十幾年又再度重逢，阿鑾馬里貢不需要靠自己爭取，紅花投胎的公主就由天神送到他面前。而蛇郎爲何要娶公主，因爲他是公主前世戴在頭上的花。阿鑾和嫡歡三養的姻緣更是注定的輪迴，在仙界就言明下凡投胎後要結爲夫妻，嫡歡三養一聽到阿鑾彈三十二弦琴，就知道她的前世姻緣來了。《阿鑾莫協罕》更是早做了安排，天女和阿鑾下凡之前連信物都已準備，窮困的阿鑾一拿出信物，京亞麗公主就知道他是她命中注定的丈夫。

阿鑾敘事詩太刻意強調輪迴、命定思想，使故事內容流於俗套、僵化，當然這些完全是佛教思想洗禮後的結果，或者是傣族人爲了將阿鑾敘事詩拿來宣揚佛教而有的舉措。

重果報

不管是大乘佛教或小乘佛教，都重因果報應。主張世界無始無終，一切法因由因果關係來加以解釋，因果律（The Law of Causation）非但在道德世界普遍有效，在自然世界也一樣，有因必有果㉕。因果報應思想的反映大概是阿鑾敘事詩受佛教影響

㉕　鄭金德：《大乘佛教》，收入《佛教與東方藝術》。

最濃厚的一環，而且幾乎都是現世報，善人馬上得到眷顧，惡人必定慘死。

《金烏龜》一書中，大富翁的小妻將善良的大妻迫害，接著又害死大妻嫁到宮中當皇后的女兒，然後以自己的女兒矇騙，不意被國王識破。結果，惡事做盡的大富翁和小妻不但染上可怕的惡瘴，而且他們的牛馬雞豬都死絕，田地寸草不生，甚至，他們行走的大地突然裂開一條巨縫，將二人吞沒了。

《召溫邦》，敘事詩中寫後娘虐待溫邦，想要害死他。滅絕人性的人，神靈並沒有饒過他們，書中一再說明這樣的觀念。最後，溫邦當上國王，後娘被趕出王宮，「她腳下的土裂開縫口，狠心的後媽被大地吞沒。」

《帕罕》，敘事詩中敘述阿鑾及母親被六位妃子及六位王子弟弟迫害，後來冤屈洗刷了。國王將妃子及王子趕出王宮，他們才走出京城，「忽然在他們腳下一聲巨響，天崩地裂沙石橫飛，無情的大地將他們吞進肚裡。」

《婻倪罕》，敘事詩中國王因為王子娶了仙女婻倪罕而疏忽占卜的摩劮，摩劮懷恨在心，趁王子出征時，用讒言使國王逼走婻倪罕。後來，摩劮被治罪，「他表面很認罪，心裡依然藏陰謀，他仇恨地望著金樓，眼睛裡的凶光陰森可怕。但是他瞞不住坤西迦，突然，他腳下大地裂開，摩劮掉進地獄。」天神懲罰了摩劮的罪行。

《只有頭的阿鑾》中，卜卦的摩古拉想迫害阿鑾貢馬拉，被國王趕出王宮，他一走到國境邊上，就被裂開的大地吞吃了。

《白螞蟻阿鑾》，國王的兩位妃子、侍女和四個卜卦的摩古拉迫害王后及兩位王子。有一次，「他們七個突然被土地裂縫吞去半腰，大喊救命。」國王一問，才知道他們招供的罪行，他們一說完，「土地就把他們七個全部吞沒。」

《阿鑾維納》，狠毒殘暴的國王要殺七歲的阿鑾維納，百姓的抽泣、詛咒聲震動天神，於是，「當劊子手舉起屠刀向維納砍下時，紅光一冒，轟然一聲，維納原先站的地方，裂成一個寬闊的荷花塘，維納站在一朵碩大的荷花蕊上。國王拔劍向維納砍去，荷塘忽然合攏，惡貫滿盈的國王被埋葬在地下。」典型的果報論，而阿鑾在荷花蕊上正是佛祖在蓮花座的象徵。

除了惡人被大地吞噬的習見情節外，《千瓣蓮花》中狠毒邪惡的勐巴拉納西國王則是被香蓮花公主的光芒射落象背摔死，而蓮花的光芒不正是佛祖的光芒嗎？蓮華本是佛家語，《華嚴經》中佛菩薩座就是蓮花座，蓮花光芒正象徵佛祖意旨。而《阿鑾麻哈哈》中陷害阿鑾的國王、公主、奸臣則全部變成猴子，那也是報應的結果。

另一部相當特殊的敘事詩《秀批秀滾》，故事中的鬼因為在鬼國積善修行，最後升天成仙。孤兒罕榜本是佛祖前身，在人間受盡苦楚後，最終成了釋迦牟尼佛祖，而與罕榜一起救苦救難的鬼，則變成佛祖的馬夫，最終則成佛祖身邊的羅漢，接受天下信佛的人膜拜。敘事詩中不斷強調積善修行、念經信佛的人和鬼都能得到善報，升天成佛成仙。

阿鑾類型敘事詩雖然宣揚輪迴、果報思想，然而卻不講來生，做善事的阿鑾在今生就能得到富貴，娶了公主，繼承王位。做壞事使詐的人馬上就遭致報應，天神必定顯靈，讓大地把他們吞噬，不會再繼續危害世人，延遲至來生才嚐苦果。再者，我們所見的反面人物迫害的對象幾乎只針對阿鑾，這點似乎暗示著，對佛祖不敬就會遭致天譴，而信佛的人必定有善報。在佛教色彩外卻也有另一種痕跡，所謂鬼神的觀念或預卜吉凶等原始信仰，我們不得不承認，阿鑾敘事詩中的佛祖影子並不明晰，有模糊微妙的宗教巫術混合的現象。例如《秀批秀滾》敘事詩中，佛爺讓孤兒罕榜去化緣，準備讓他當和尚。然而，「罕榜不願出家當和尚，他捨不得天底下那些可愛的姑娘。」似乎對出家當和尚抱著否定的態度。而佛爺教罕榜的功課並非佛經，而是咒語法術，罕榜練就本領以後，並非救人濟世，竟是到處串姑娘。因此，我們認為阿鑾敘事詩中的佛祖影子是模糊的，佛教色彩並不夠清晰。

第四篇　英雄史詩

　　英雄史詩就是以英雄的征戰故事為主要題材的長篇敘事詩，以英雄神奇的降生與成長、降伏妖魔、建設理想王國為主要內容。在英雄史詩中，英雄慢慢有了主導地位，擺脫神的掌握，變得有人性，神在史詩中已遠不及英雄重要。學者認為，在史詩裡，人們從對神的崇拜轉為對英雄的崇拜，從對神的權威肯定轉為對人類自己力量的肯定，並把神的力量和本領轉嫁於英雄❶。　由於這樣的原因，本文將一些傣族長詩從阿鑾類型中獨立出來，歸類為英雄史詩。

　　《詩經》中的《公劉》、《生民》諸篇，可以視為雛形的史詩，卻未能演成史詩傳統，學者認為其中的關鍵在：它不是全民熱情和英雄崇拜的凝煉體，只是周室一家一姓的氏族英雄傳說。中國上古時代缺乏真正堪稱史詩的作品，其根本原因在於家族的祖先崇拜過於發達。史詩，大抵有一個超越家族系統的民族神話英雄，作為其中核心人物。他能行奇事，他能激發全民的熱情和崇拜，他為整個民族獻身，而不僅僅是某個家族或傳說中王朝的保護之神，或某個特定家族的"祖先"❷。　傣族的史詩中即有

---

❶　聶珍劍：《論伊里亞特和格薩爾王傳中的神與英雄》，《中國民族文學與外國文學比較》，中央民族學院出版社，1989。

❷　謝選駿：《神話與民族精神》，頁406，山東文藝出版社，1986。

多位這樣的英雄。

王松先生以爲，“史詩”是泛指那些有歷史意義的歌頌英雄業蹟的詩，或者說是反映一個社會的大變動中的英雄業蹟。因此，用詩的形式去塑造出一個英雄時代創造了偉大的英雄業蹟作品，都稱爲英雄史詩。王先生並說明英國《裴歐夭夫》、法國《羅蘭之歌》、西班牙《熙德之歌》、德國《尼伯龍根之歌》都是英雄史詩，而巴比倫的《吉爾伽美什》、希臘《伊利亞特》及我國藏族的《格薩爾王傳》當然也是英雄史詩。關於傣族英雄史詩，他只提到《相勐》一部❸。 不過，學者大多主張傣族比較著名的英雄史詩還包括《粘響》、《蘭嘎西賀》、《厘俸》、《粘巴西頓》等❹，可惜最後一部史詩筆者無緣讀到。

在前面我們提過廣大的漢族地區，由於某些原因，浩瀚的文獻中既罕見有系統的神話，也未流傳創世史詩或英雄史詩。而北部和西部的少數民族，雖至今未見到有創世史詩，卻以英雄史詩聞名於中外，如藏族的《格薩爾王傳》、蒙古族的《江格爾》、柯爾克孜族的《瑪納斯》，被譽爲中國的三大史詩❺。蒙藏民族有英雄史詩似乎不足爲怪，因爲反映了游牧民族或騎馬民族的生活現象。倒是一向以農耕爲主，產生創世史詩群的西南民族竟也流傳著英雄史詩，相當引人矚目。因此，傣族英雄史詩產生的時代背景和環境也是值得探討的問題。

---

❸ 王松：《傣族詩歌發展初探》，頁172－174， 中國民間文藝出版社（雲南版），1983。

❹ 《傣族文學簡史》，岩峰、岩溫扁、岩林、秦家華，王松編著，頁255，雲南民族出版社，1988。

❺ 姚寶瑄、謝真元：〈中國三大史詩結構之比較〉，《民族文學研究》1989年二期。

第一章　國王英雄

英雄是神的後代，因為要下凡降妖伏魔、繼承王權、必定經過一番挫折、磨難，所以要有流放（被丟棄）的通過儀禮，才能成為真正的英雄，繼承王位。

一、英雄與神

阿鑾通常有不平凡的出生情事，在《感生》一節中，能見到星孕降生的阿鑾，也有夢寶石、夢象、夢鷹、夢白老鼠，或喝虎尿、喝象腳印水，是初民的星辰崇拜、動物崇拜或石頭崇拜，由此來說明阿鑾超凡的一面。不過在感生之外，阿鑾據說是講述佛祖成佛前經歷，所以極力強調其輪迴轉世說，是神投胎轉世，下凡人間，阿鑾雖為人，卻是由神轉化而來，完全是神性，人性的角色很模糊。藏族的史詩似乎也繼承了這個染有佛教色彩的英雄系統，《格薩爾王傳》中，格薩爾是白梵天王的兒子，格薩爾的哥哥是下凡的黃金蟾，弟弟是下凡的綠玉蟾，王妃珠茉是天上的白天女、聖白度母的化身，馬童是天上的白雪神，馬是天上的赤兔馬。印度的兩大史詩《羅摩衍那》、《摩訶婆羅多》的英雄也是神的化身。前者寫十首魔王羅波那（Rovana）得到創造之神大梵天（Brahma）的恩典，任何天神也弄不死他。大梵天只好建議諸天神請保護之神毗濕奴（Vishnu）下凡為人去滅妖魔。毗濕奴於是投身爲十車王（Dasaratha） 的兒子羅摩（Rāmo），而爲羅摩助戰的猴子也是諸天神所生，猴王哈努曼（Hanumān）， 則是風神之子。而《摩訶婆羅多》的英雄幾乎全有神譜，黑天（Krishna） 是毗濕奴在人間的另一次化身，潘達閥五兄弟（Pandava brothers）各是潘度（Pandu） 國王之妻孔悌（Kunti）、 瑪德麗（Madri） 和風神、雷神等所生，迦那（Karna） 則是孔悌婚前和日神所生❶。在投胎轉世成爲征戰英雄的神性上，少數民族的史詩應該是受了印度史詩深遠的影響，染有印度教或佛教的色彩。

傣族史詩中的英雄也都有神譜世系，《章響》中，天神叭英的女人嫡舒扎臘投生到人間，勐章響國王的妻子莫香夢見大青樹生下公主嫡西里罕，公主嫡西里罕和天神蘇利雅底夢遇而生下天神丟尾投生的王子蘇領達，蘇領達是天神之子，他英雄式的一生當然是充滿傳奇色彩❷。

《相勐》，原資料題爲《召香勐》，即王子香勐，香勐是寶石地方。香勐前世的名字叫阿念達，因爲他轉世來到人間時身上帶著寶石，摩古拉就根據八字取名“香勐”。而史詩中另一位反面人物勐瓦蒂的貌舒萊王子則是公虎投胎轉世❸。香勐

---

❶ 《印度兩大史詩》，糜文開譯，台灣商務印書館，1967。

❷ 《章響》，刀安民等翻譯，收入《雲南民族文學資料》第1集，雲南大學中文系少數民族語言文學教研室編，1979。

❸ 《召香勐》，刀興平翻譯，收入《雲南民族文學資料》第3集，雲南大學中文系少數民族語言文學教研室編，1979。
又見《相勐》，岩峰翻譯，《山茶》1980年2 期。

的出生活脫就是《紅樓夢》賈寶玉的翻版。

《厘俸》，意即俸改的故事，實際是寫海罕國王征討俸改的英雄事蹟。海罕、桑洛都是天神的子孫，而俸改是叭英的姪兒，他們的紛爭在天上就開始了。俸改在天庭裡到處惹事生非，總是勾引天神們的妻子。有一次，他帶著桑洛的妻子娥并到處玩，遇見了海罕和嫡崩。俸改被嫡崩的美貌吸引，就撇下娥并而追求嫡崩。海罕大怒，便與他打了起來。桑洛得知俸改拐走娥并，也追趕了來，三人打得難解難分，於是，天神將三人貶罰人間。俸改降生在勐景罕國王家裡，一生下來，身披鎧甲，手握仙笛，身背寶刀，胯下騎著一匹有九節膝蓋的飛馬，才三歲就當了國王。桑洛降生在勐景短國王家，娥并生在與他毗鄰的一個國家，二人後來又結為夫妻。海罕和嫡崩都降生在勐景哈，海罕的降生極為奇異，天神將海罕放在一個蛋殼裡，讓海裡的龍王孵化，但九條母龍孵了九年，海罕仍未出生。天神將蛋丟入勐景哈大河，被一個洗衣服的女人撿去吃了。女人因而懷孕。滿十個月，海罕就用天神叭英送他的寶刀撬開母親的肋骨，鑽了出來。海罕後來被丟到牛廄中，由金牛哺育長大，海罕的意思就是"金牛王"。海罕娶了勐景哈公主嫡崩而當上國王，並且蒙受天神贈送一面仙鼓，敲仙鼓即能獲天神援助❹。在這部英雄史詩中，英雄不但由天神投胎轉世，而且有不平凡的出生，有天賦異稟，有天神所送的寶物寶刀、仙笛、仙鼓等，寶物象徵神性，也象徵王權。英雄的征戰

❹ 《厘俸》，刀永明等翻譯整理，雲南民族出版社，1978。
《傣族民間故事選．厘俸》，傅光宇等編，上海文藝出版社，1985。

中，天神們也參與其中。

《蘭嘎西賀》中叭英指派一仙女到勐蘭嘎的王后身上投胎，於是降生公主嫡古皮提拉。漂亮的嫡古皮提拉長大以後不願結婚，也不願繼承王位，她到森林中和帕拉西修行。瑪哈捧天神到公主身邊，要公主向他求子。因此公主向瑪哈捧敬獻了三次芒果，第一次獻給天神十個洗得很乾淨的芒果，第二次獻給天神一個忘記洗乾淨的象牙芒果，第三次又獻了一個洗淨的金芒果。天神吃完芒果，就在公主胸前撫摸三下，答應賜給她三個兒子。於是，公主生下了十頭的捧瑪加，又生下漆黑的滾納帕和聰明的比亞沙。另一方面，天神波提亞也下凡到人間，投生做勐塔打臘達王后蘇米達的兒子；波提亞帶著三個弟弟下凡投胎，成了王子召朗瑪和臘嘎納、帕臘達、沙達魯嘎，而下凡的三億六千八百萬羅漢天兵是天神為召朗瑪準備的隊伍，他們成了保護召朗瑪的各種猴類❺。召朗瑪和十頭王的戰爭，不只是人間英雄的競技，甚至也是神祇之間或人神之間的鬥法。

在這些英雄史詩中，英雄都是神的後代，或是流著神的血液。而和阿鑾敘事詩不同的是，史詩中的人物即使是反面角色，也可以找出他的神性系譜來，血統的顯赫甚至使天上的神也奈何不了地下的人。阿鑾敘事詩則善惡分明，神性的英雄全是良善的化身，神性就有了道德判斷，只有阿鑾才配有天神投胎轉世的權利，或

---

❺ 蘇達萬：《蘭嘎西賀》，岩溫扁譯，收入《雲南少數民族文學資料》第4輯、第5輯、第6輯，1981。

又見《蘭戛西賀》，刀興平、岩溫扁等翻譯整理，雲南人民出版社，1981。

者是嫁給阿鑾的公主或仙女才能有感生的條件。而史詩中，俸改和捧瑪加到處掠奪美女，做的全是傷天害理之事，可是卻仍流著神的血液，有神性血統。英雄史詩中的神性有人格化傾向，英雄的神權被賦予，卻也說明他要下凡到人間來主持正義，甚至試煉、流血。比較起來，阿鑾似乎像佛祖化身，不像史詩中的英雄有神性血統，卻是人間英雄。

在荷馬的《伊利亞特》裡繼承了人爲神子的觀點，眾多英雄都是由神繁衍而來，他們是神的子孫後代，身上有神的血統。這也就是英雄具有超越常人智慧、才能、武功而居於領袖地位的基礎❻。按照荷馬的敘述，希臘人和特洛伊人中傑出的英雄，都屬於神的血統。希臘聯軍首領阿葛曼農（Agamemnon） 和海倫的丈夫斯巴達國王米奈勞斯（Menelaus）都是坦特勒斯（Tantalus）的後裔，是萬神之王宙斯的第四代子孫。足智多謀、用木馬計攻陷特洛伊城的奧德賽斯（Odysseus）所以比別人更具智慧，因爲他是宙斯的第三代子孫。勇猛無比的亞吉力斯（Achilles），連神都有些畏懼他，因爲他是海洋女神奈蒂斯（Thetis）的兒子。希臘聯軍的其他英雄戴歐米德斯（Diomedes）、米利色特斯（Melicertes）、尼奧普托勒莫（Neoptolemus），身上也都流有神的祖先的血液。而引起特洛伊戰爭的全希臘最美麗的女人海倫，也是宙斯和麗妲（Leda）所生。特洛伊人的英勇善戰主將赫陀（Hector）和他的幾十個兄弟，也都是宙斯的第七代後裔❼。

---

❻ 轟珍劍：〈論伊里亞特和格薩爾王傳中的神與英雄〉，《中國民族文學與外國文學比較》，中央民族學院出版社，1989。

❼ 愛迪斯.赫米爾敦(Edith Hamilton)：《希臘羅馬神話故事》，宋碧雲譯，台北志文出版社，1986。

人們利用神來塑造英雄，神的血統是英雄足以傲人的重要理由。

拉格倫曾由戀母情結（Oedipus Complex） 故事引申，歸納了一個在大量民間英雄生活故事基礎上所構擬的二十二個情節單元模式，並運用於例如忒修斯（Theseus）、 摩西、亞瑟王這些英雄的研究，他根據大量的傳記資料，分別給每位英雄記分。許多人獲得高分，證明這些英雄們的生涯具有驚人的相似性。在拉格倫之前，馮·哈恩（Johann Georg Von Hahn） 也列出十六個情節，前三項是有關英雄們的出生：

1.英雄是一位私生子。

2.他的母親是這個國家的公主。

3.他的父親是神或外國人。

而拉格倫的傳統英雄出生模式也大致相同：

1.他的母親是一位王室的童貞女。

2.他的父親是一位國王。並且

3.通常和他母親有近的親屬關係。但

4.她的受孕很不尋常。因此

5.他被稱爲神的兒子❽。

傣族英雄史詩中的英雄也脫不開這個傳統的模式，英雄幾乎都有異於常人的出生情節，有神的血統，不平凡的出生預設他超凡的能力和勛業。

---

❽ 洛德．拉格倫(Lord Raglan)：〈傳統的英雄〉，收入《世界民俗學》，阿蘭．鄧迪斯(Alan Dundes)編，陳建憲、彭海斌译，上海文藝出版社，1990。

二、 英雄的飄流

在英雄的生涯模式中， 西方學者通常會提到英雄出生時有人試圖殺死他，因此他被救走，養父母收養他，或者被遺棄， 被動物哺乳。中國最典型最著名的英雄棄子首推后稷， 《詩經·大雅·生民》記載姜嫄履跡生子，后稷被三棄三收，其中的牛羊、鳥類都來哺育他，最後終於成爲周人始祖。后稷的感生、被棄、有動物哺育，完全合乎英雄出生模式。

阿鑾類型故事也有被遺棄的關目（參見第三篇《感生》節） ，徐華龍先生認爲生下動植物型的異胎被丟棄， 在得救或收養後，被棄者又長成俊善的男女， 是中國西南少數民族棄子故事的重要內容。他將各式各樣的青蛙孩子、瓜果仔、卵形兒等，都歸入"丟棄—救助—蛻變"的棄子英雄故事。他甚至把洪水後兄妹生下肉球、肉塊的故事與棄子習俗結合，「這類棄子神話中所說的肉球，並非眞的現實生活裡的肉球，而是一種隱喻性的東西，尤如神話中所說及的葫蘆、冬瓜孕育人類一樣。在這裡，肉球象徵著兄妹婚後所生的兒子。神話中說的剁肉球，是棄子最原始的消滅肉球的方式之一❾。」肉球被剁碎揚撒以後，都成爲一個民族或多個民族的始祖，似乎正說明了"丟棄—蛻變"的過程，由人性到神性，由俗性到聖性，確實是屬於一種潛在型的棄子英雄模式。

傣族英雄史詩中的英雄並非以動植物型的異胎誕生，卻都具

---

❾　徐華龍：《西南少數民族棄子神話故事》，收入《中國少數民族神話論文選》，田兵、陳立浩編，廣西民族出版社，1984。

有被棄、試煉到蛻變的過程。

史詩《章響》中劭章響公主和天神夢遇而生下兒子蘇領達，蘇領達是天神之子，他的降生是典型的英雄感生模式。而劭章響國王以女兒未婚懷孕將公主放在筏上飄流，成爲棄兒飄流的神子被森林中的僧人收留，並傳授武藝，蘇領達經過磨難考驗後，成爲超凡英雄，這是習見的世界飄流型棄子神話傳說。

《召香勐》中，香勐是小國勐委扎的三王子，按照國規由他繼承王位，這似乎是屬於幼子繼承權。國王要小王子繼承王位，而且選個美麗的女人當他的王后，然而香勐王子拒絕父親，因爲他的姻緣注定在遠方的勐他尼，他決定去當和尚，到森林去修行守戒，「經常唸經拜佛保佑父王」。香勐王子並未被棄，只好自請放逐，似乎不如此就成就不了英雄事業。

《厘俸》中英雄海罕是母親食卵感生而孕的，他自己以天神叭英所贈寶刀撬開母親肋骨降生人世，導致母親疼痛難忍流血過多死去。他一出生就亂跑亂跳，誰也管不住他。於是大家就把他捉住丟到牛廄裡，想讓牛把他踩死。沒想到卻來了一頭金牛，將海罕含進嘴裡，帶到山林中去了。後來，海罕就由金牛哺育成長，他的名字意思就是"金牛王"。海罕的"被棄—救助—蛻變"過程和后稷如出一轍，都有動物哺育情節 。

《蘭嘎西賀》中朗瑪的王后西拉原是仙女，他不願遭受十頭王的侮辱，祈求天火毀滅自己的容貌和生命，於是天神向將要遭到侮辱的西拉投入烈焰沸騰的大火。後來，西拉又隨著被天火燒化的花樹重生，守候的眾神鬼又將西拉獻給十頭王，十頭王接受大臣的意見，沒有殺死西拉而放到金棺材裡扔入江中飄流❿。西拉後來被森林中修行的僧人帕拉西發現，而由嘎納嘎臘國王王后收養。

　　英雄朗瑪幼年未曾被棄，森林中的僧人帕拉西求王子去為他驅趕烏鴉，所以朗瑪王子和西拉成親之前就在英麻板森林修行當過三年和尚，帕拉西天天傳授給他神術武藝。於是十五六歲的朗瑪在修行試煉後拉動神弓，贏得婚姻考試而娶了西拉。朗瑪初生時，占卜的巫師摩古拉即推算朗瑪王子長大後必定要離開宮廷到茫茫幽靜的英麻板森林，流放十二年才能回來繼承王位。為了小王后要讓自己的兒子帕臘達接掌王權，朗瑪只好再自請到森林中和僧人修行。帕臘達始終拒絕當國王，只等兄長朗瑪結束十二年流放生涯再回宮繼承王位。朗瑪王子兩次的森林修行似乎全是注定的，他必得經過連番試煉流放才能成就英雄勛業。

　　史詩《蘭嘎西賀》中除了朗瑪和西拉外，十頭王的母親古皮提拉公主也有過長期的修行流放生涯。勐蘭嘎國王要女兒古皮提拉繼承王位，她卻堅持到森林中修行。修行的公主向天神敬獻過三次芒果，天神在公主的身上撫摸三下，於是公主孕生下三個不凡的兒子，大兒子即十頭王奉瑪加，後來勐蘭嘎的國王。

---

❿　《雲南少數民族文學資料》第4輯，岩溫扁翻譯，頁146。
　　《蘭嘎西賀》，岩溫扁、刀興平等翻譯整理，雲南人民出版社，1981，頁52。
　　以上二書都寫西拉在金棺材中入江飄流。
　　《傣族民間故事選·蘭嘎十頭王》中傅光宇根據《捧麻乍》和《普麻札龍》兩資料整理，則記載西拉在木桶中放到木筏上任海飄流。

朗瑪王子、古皮提拉公主和香勐王子一樣,並非被棄飄流,也未有過動物哺育,而是自請流放修行的試煉典型。似乎不管是被棄或自我放逐,英雄或不平凡的王室成員都必經一番磨難生涯,才蛻變成眞正的英雄,掌握王權。

蕭兵先生以爲,住居海濱河畔的原始民族生活歷程和所謂"生命儀典"(或稱"過渡儀式")往往離不開水(傣族自古以來就是喜臨水的民族)。實際的棄子或嬰兒的"水葬"往往就便扔進水裡。這些民族與幼兒誕生有關的磨煉、獻祭、犧牲以及祓禊、洗禮、水葬等巫術和半巫術儀式也多在水邊舉行。"飄流"式的棄兒就是一種"溺嬰""水葬"或其程式化、儀式化,所以又可稱爲"河海型"。蕭先生並且舉了許多東西方的河海—飄流型棄子例子,如巴比倫沙魯金王(sargon)、希伯來摩西(Moses)、古希臘火神赫淮斯托斯(Haphaestus)、阿拉伯司麻煙(Ismeǎl)及日本的太陽之子水蛭子,都是有名的飄流型棄子❶。

《羅訶婆羅多》中英雄迦爾納(Karna)就是飄流型棄子。黑天(Krishna)的祖父蘇羅(Sura)有女兒名叫普利塔(即貢蒂Kunti),普利塔在婚前從敝衣仙人(Durvasa)處學會求子咒,她召來太陽神(Surya)與之交媾,生下英雄迦爾納。「她爲了掩蓋錯誤,把孩子放在一個封了口的匣子裡,放在河上,任它漂流。」恰好有一個無兒無女的車夫看到這個匣子,收養了迦爾納❷。有的

---

❶ 蕭兵:《中國文化的精英— 太陽英雄神話比較研究》,上海文藝出版社,1989,頁343-347。

❷ 廣博仙人(Veda Vyasa):《摩訶婆羅多》,拉嘉靚帕拉查理(C. Rajagopalachari)改寫,唐季雍翻譯,台北中國瑜伽出版社,1985。

版本將迦爾納的被棄飄流描寫得很詳細，「她把他包在軟被中，頭枕著一個值錢的枕頭，放在一隻塗過蠟的藤筐裡，把藤筐浮在河中。」「筐子漂流下亞司華河（RiverAswa），再流入瓊那河（Jumna），從瓊那河流入恆河，直漂到安伽（Anga）地方去。——這小孩因神鎧與耳環的關係始終活著，酣睡未醒❸。」

《摩訶婆羅多》中古印度神話的王者婆羅多（Bharata）的母親莎昆妲蘿(Shakuntala)也曾是棄兒。仙女曼娜伽(Menaka)和隱士妙友（Vishwamitra)孕生一個女嬰。仙女「把這嬰兒拋棄在河邊。森林中到處是獅子和老虎，但是禽鳥棲集於這棄嬰的四周，保護她不被傷害。」後來聖人隱士甘華(Kanva) 收養了女嬰。女嬰因為曾由莎昆妲鳥（Shakunta即孔雀）看護，所以取名莎昆妲蘿❹。

在印度的修行歷劫風氣時代中，被棄河濱、森林成了接近神聖、高潔的必要歷練。

而《蘭嘎西賀》的情節實襲自《羅摩衍那》，嫡西拉的前身是印度的悉多(Sitā)，悉多意為"犁溝"，從犁溝裡拾來的仙女。蕭兵先生以為這暗示她原來曾被丟棄在"犁溝"裡，屬於模糊的或簡化的"田野型"，才演變成傣族長詩《蘭嘎西賀》裡道地"飄流型"。《羅摩衍那·後篇》寫悉多被救歸來，謠傳她曾與魔王羅波那共枕而懷孕，羅摩心生疑慮，命令羅什曼那「把他丟入無人叢莽中」。蕭先生解釋說，這似乎是對悉多生時被棄這一重要

---

❸　《印度兩大史詩》，糜文開譯，台北商務印書館，1967，頁78-79。

❹　同❸，頁63—65。

關目"失落"的一種"補償",一種"追認",一種"證實"。丟棄發生在河濱,又處於叢莽,後來她實在是在叢林靜修,過深山生活。所以是"田野—河海"過渡型**⑮**。

在巴黎出版的《敦煌藏文選編》有《羅摩衍那》片斷,其中就有一位"水渠裡獲得之女"的悉多**⑯**。季羨林先生也說蒙文本《羅摩衍那》和新疆古和闐文有關"本生故事"殘卷裡都有悉多被棄飄流情節**⑰**。

《羅摩衍那》影響《蘭嘎西賀》,而被棄、歷劫的故事應和佛經思想緊密相連的。佛本生故事《十車王本生》就有某些情節和人物名字與《羅摩衍那》相同,不過卻說十車王正宮王后生二男一女:長爲羅摩智者(佛菩薩托生),次曰羅什曼那,妹妹正是悉多。因爲害怕後娘陷害,十車王把三個孩子送到喜馬拉雅山躲藏。「他們在一個水源充足、果子豐盛的地方,蓋了一間隱居室,靠吃野果維持生命。」後來,羅摩繼位,立悉多爲正宮王后,兄妹結婚**⑱**。《十車王本生》中說明羅摩夫婦幼時都曾遭到放逐,是典型的棄兒。另外,在佛教影響下的神祇、英雄或偉人也有類似"飄流"事跡,例如,和大黑天、哪吒等英雄神沾親帶故的三眼神華光大帝、五代時黃巢、南朝吳越王錢鏐,都曾被棄過。在佛教思想影響下,民間傳說裡似乎刻意塑造英雄,神祇的不凡出

---

⑮ 同**⑪**,頁351。

⑯ 〈敦煌古藏文<羅摩衍那>殘本介紹〉,王堯、陳踐翻譯,《西藏研究》1983年第1期。

⑰ 季羨林:〈<羅摩衍那>在中國〉,《中國比較文學》1986年第3期。

⑱ 《佛本生故事選·十車王本生》,郭良鋆、黃寶生譯,人民文學出版社,1985。

生和被棄情節，藉此凸顯其神聖性。

　　杜德橋先生說：「用箱、籃、木板一類之物把嬰兒拋到水上，使他浮到安全的地方，這類的故事，不但中國，就在西方的神話中也常常出現。許多例子可以使我們懷疑神話中，超人的出生往往會牽連到"籃子浮江"的故事⓭。」"籃子浮江"的故事是塑造超人的方式。

　　蕭兵先生說，各民族各地區各時所發生的棄子故事都有其獨特的思想意義、社會內容、歷史背景和藝術風格，但主要地是一種有關祖先和文化英雄誕生的"推源神話"，或者說氏族起源傳說，大部分的"物異性"故事都和母系氏族時期的圖騰制度有關，並主要表現爲圖騰授孕和圖騰考驗儀式⓴。

　　棄子故事、物異故事必是考驗儀式，卻似乎不必一定和圖騰制度有關或表現圖騰授孕。印度史詩、傣族史詩是明顯的佛教思想。東晉法顯《法顯傳》有一段記載：

（毗舍離）城西北三里，有塔，名放弓仗。以此名者，恆水上流有一國王，王小夫人生一肉胎，大夫人妒之，言：汝生不祥之徵。即盛以木函，擲恆水中，不流。有國王游觀，見水上木函，開看，見千小兒，端正殊特，王即取養之。遂便長大，甚勇健，所往征伐，無不摧伏㉑。

⓭　杜德橋：〈西遊記祖本考的再商榷〉，《新亞學報》第六卷二期，1964。

⓴　同⓫，頁362。

㉑㉒　《法顯傳較注》，章巽校著，上海古籍出版社，1985，頁93-99。

後來打到生父之國，小夫人上城認子，「以兩手構兩乳，乳各作五百道，墮千子口中。賊知是我母，即放弓仗。」這一個孩子就是所謂"賢劫千佛"（Bhadra Kalpa），即"住劫"中有千佛出世而多賢聖㉒。

另一個和飄流被棄有關的佛教故事是《西遊記》的唐三藏，命定要經過許多劫難才成了正果，其中一劫就是江流的情節：

> 文士陳光蕊攜妻殷氏上任，途中遇盜。賊人將陳光蕊殺害，拋入江中，並脅迫殷氏成親。殷氏因已懷有身孕，爲保腹中胎兒，勉強屈從。不久生下一男孩，殷氏爲免孩子遭賊人毒手，趁賊人不在，事先在孩子身上留下記號，將孩子縛在木板上，放入江流。孩子在下游被金山寺和尚救起，和尚託人撫養，取名江流。——江流後來成了高僧，就叫三藏。

江流、被棄、遭劫是成就英雄的一種模式，唐三藏成爲高僧之前的江流情節是不得不的修行過程。

雲南彝族也流傳一個《淌來兒》的故事，有個皇帝出外打獵，住在一個剛生下娃娃的人家，皇帝似乎聽到仙人說這娃兒長大後會成爲皇帝的女婿，並且取代他當皇帝。於是，皇帝叫部下將孩子裝進箱子，扔到河裡。箱子順流而下，被漁夫撈取，漁夫撫養了孩子，取名"淌來兒"。淌來兒後來眞的成了皇帝女婿，從太陽頭上取來三根金髮，而且當了皇帝㉓。

㉓ 《彝族民間故事選·淌來兒》，李德君、陶學良編，上海文藝出版社，1981。

　　劉守華先生曾指出，淌來兒故事和格林童話及俄羅斯民間故事中的情節結構似乎完全一樣。然而，中國境內其他少數民族也有同樣的故事類型，他們多半用佛來代替太陽，由找尋太陽金髮的情節推斷，淌來兒故事是受佛教影響所產生的❷❹。

　　胡萬川先生也認定淌來兒故事受佛教影響，不過他的論證似乎比較周延。除了"賢劫千佛"的棄子故事外，《六度集經》卷五的童子本生也有被棄情節，被棄而後富貴成英雄的故事是佛教早就有的。胡先生說，中國西南少數民族長久以來受小乘佛教影響，東亞一帶小乘佛教保存的佛教本生故事又最多，彝族的淌來兒故事，很可能就是受了小乘佛教故事的影響。而西方如淌來兒一類的故事，也可能是來自印度的因緣。因此，淌來兒故事應該不是本土原有，卻也不一定和格林童話有關。還有，一般認為西藏土生的《取杜鵑花的故事》胡先生也認為來自印度，因為和印度民間故事中《金樹上的鸚鵡》情節結構大致相似❷❺。

　　傣族英雄史詩除了《厘俸》中海罕的被棄讓金牛哺育成長外，其他的流放生涯都和僧人有關。《章響》中的蘇領達王子被棄飄流後為森林中僧人收留，傳受武藝。《召香勐》的香勐王子自請到森林中的佛寺，看到重色而不修行的僧人，讓他對僧人的守戒禮佛不再相信。《蘭嘎西賀》中的西拉飄流被僧人發現，而朗瑪王子兩次到森林中修行，第一次甚至是僧人主動來要求他去森林佛寺的。而十頭王的母親古皮提拉公主在森林的長期流放生涯是父

---

❷❹　劉守華：《民間故事的比較研究·民間童話之謎》，中國民間文藝出版社，1986。
❷❺　胡萬川：〈中國的江流兒故事〉，《漢學研究》八卷一期，1990年6月。

母強烈反對，而她堅持前往的，她的修行生活也始終和野僧人帕拉西在一起，她將僧人認作慈父。傣族英雄史詩中的英雄或公主的被棄或流放，明顯地是佛教的修行試煉，正如唐僧修成正果前的歷劫磨難，因此表現著濃厚的印度色彩，是小乘佛教影響下的產物。

三、英雄與王權

史詩中的英雄都是神的後代，帶有神性，身上流有神的血液，有不平凡的降生，有天賦異稟，因此有勛蹟。是神子的英雄爲了降魔伏妖，爲了到處征戰，統一四處林立的部落，英雄在塵世的身分必是顯貴的。英雄史詩中的主角通常降生即爲王子，如果出身貧賤，長成也必定爲王，王權才能和超凡的能力結合，建立戰功勛蹟。

《章響》中勐章響公主和天神夢遇而生下兒子蘇領達，蘇領達是天神之子，國王卻以女兒未婚懷孕將公主放在筏上飄流。蕭兵和胡萬川先生對這點有精闢的探討❷。蘇領達被棄飄流應是在說明：英雄需要經歷一連串的磨難和考驗才能建立勛業。後來，他回國接掌外公的王位，也娶了龍女和勐西丙公主嫡江達蘭西爲妻。

《召香勐》，香勐一出生就是王子，可是他是小國勐維扎的三王子，上面有大王子召朗瑪繼承王位，又有二王子召曼塔帶領

---

❷ 蕭兵：《中國文化的精英—太陽英雄神話比較研究》，上海文藝出版社，1989，頁342-362。
胡萬川：〈中國的江流兒故事〉，《漢學研究》第八卷一期，1990年6月。

五個勇士，召香勐雖然「寶刀能劈開山峰，神劍能穿過針眼，學問淵博，勇敢而又善良。」但是王權和他似乎無緣。史詩中的香勐覺得宮廷的生活太沉悶，就離開了勐維扎，他並未有明確的目標和理想。英雄在無意中（或者應歸為神意）救出身陷魔窟的勐荷傣公主婻西里總布，兩人產生愛情，最後他當上強大的勐荷傣國王，擁有王權，完成霸業。

《厘俸》，史詩中俸改降生在勐景罕國王家，前面我們提到他一生下來就身披鎧甲，手握仙笛，身背寶刀，騎著飛馬，才三歲就當上國王。他騎著飛馬在天空遊來遊去，要周圍的小國獻給他美女、金銀和大象。俸改一生下來除了具備不平凡的神性外，就擁有王權。海罕生下後成了棄兒，卻藉著和婻崩公主的婚姻當了勐景哈國王。另一位英雄桑洛也生為王子，順利繼承王位。擁有王權的英雄將天上的衝突延伸到人間的戰爭，國與國的長期激戰成就英雄勛業。

《蘭嘎西賀》，十頭的捧瑪加是公主和天神的兒子，他繼承外祖王位成了勐蘭嘎國王。召朗瑪降生在勐達塔臘塔國王家裡，經過流放生涯後仍然當了國王。即使是擁護召朗瑪的哈努曼也貴為猴王，能帶領猴國參與戰爭。這情節和印度史詩《羅摩衍那》如出一轍，羅摩降生為十車王之子，擁有王室血統，被放逐後，兄弟婆羅多不願繼承王位，而將羅摩的鞋子放在王座上，鞋子是王權標記，羅摩的王權是無論如何不能替代的。在猴國的幫助下，羅摩終於滅亡十首魔王羅波那。英雄必定擁有王權，羅摩的鞋子是最好的證明。草鞋放在王座上，當大臣們解決問題時，如果問題決定錯了，鞋子互相敲擊，他們就重新裁決；如果裁決正確，鞋子靜止不動。

《格薩爾王傳》中的格薩爾是白梵天王之子，降生在人間的一個棄婦家，母親在懷孕時就被逐出家門。格薩爾一出世就被叔父埋在土坑裡，但格薩爾帶有神通，自己從土坑跳出來，此後十五年一直和母親過著窮苦的生活，後來他和小頭人的女兒珠毛結婚，並由天神幫助，當上嶺國大王，尊稱格薩爾王。格薩爾的王權完全是由天神賦予，他毫無當王的條件。而格薩爾能下凡爲王，其中自有因緣。因爲下界人間的妖魔鬼怪到處橫行，殘害百姓，觀世音菩薩同白梵天商量，派兒子到下界投生，降妖伏魔，抑強扶弱，當人間君長。《摩訶婆羅多》所以會成爲《大戰書》，因爲潘達閥兄弟和庫拉閥兄弟全是王子，整個王宮家族爲了誰該統治國家爭鬥不休，而以一場激戰來了結恩怨。王權的爭奪有時又成爲人或神間戰爭的關鍵，而英雄的悲劇是，英雄必和王權結合，注定逃脫不了戰爭的命運。

特洛伊戰爭起因溯源於三位女神的爭執，她們要求王子巴黎士裁定誰是"最美的女人"，可以得到金蘋果。當巴黎士評斷之前，三位女神各將英雄最喜歡的東西呈現出來賄賂他，赫拉（Hera）答應讓他當歐洲和亞洲的主宰，雅典娜（Athena）答應讓他領著特洛伊人打勝希臘人，將希臘完全毀掉，阿芙柔黛蒂（Aphrodite）要給他全世界最美的女人。巴黎士被譏爲懦弱，他選了最後一項，將金蘋果給了愛神阿芙柔黛蒂[27]。王權、征戰

---

[27] 愛迪斯．赫米爾敦(Edith Hamilton)：《希臘羅馬神話故事》，宋碧雲譯，台北志文出版社，1986，頁215。

勝利的滿足、女人這三項都是由神主掌的，巴黎士被譏爲懦弱，似乎說明英雄該選擇王權或戰爭。具備王權的英雄才有參與戰爭的權利，爲了海倫，所有希臘的王子、國王全參加了爲期十年的特洛伊戰爭，能爲海倫一戰，正代表他們的高貴出身。

　　拉格倫將傳統中英雄的故事明確地分爲三個部分，除了前面所提英雄出身外，就是王位繼承和死亡。王位繼承也是傳統英雄故事的一個關鍵，拉格倫在第十項到第十三項歸納出：英雄到達成年時，他返回或是來到他未來的王國，在戰勝了國王或者龍、大力士、野獸以後，他娶了一位公主，通常是他前任的女兒，他做了國王。傳統英雄中除了摩西故事沒有一個在實際上可以利用的王室外，英雄總是王室父母的兒子。幾乎每一個故事中，英雄都是母親的長子，也是他父親—除非他父親是神祇—的長子。（按：這一點在傣族英雄史詩中只有《召香勐》例外，香勐是老三）拉格倫認爲「有一種類型的民間故事，雖然英雄贏得了公主的愛情和國王的桂冠，但他出身卑微。」這是一種衍生的形式㉘。《厘俸》中的海罕和大部分的阿鑾類型應都屬於這種出生卑微的衍生形式。

　　拉格倫說英雄爲了取得王位資格，必須通過一個題目爲降雨式猜謎語之類的考驗，而且他們必須戰勝現任國王。而在取得王位資格的途徑上，巫術的較量，有時似乎比實際戰鬥更重要。俄

㉘㉙　洛德．拉格倫(Lord Raglan)：〈傳統的英雄〉，收入《世界民俗學》，阿蘭．鄧迪斯(Alan Dundes)編，陳建憲、彭海斌譯，上海文藝出版社，1990。

狄浦斯（Oedipus）通過猜一個謎語而贏得王位，忒修斯是由於
逃出了迷宮，三位猶太英雄奇蹟般的勝利，則與造雨有關。約瑟
成功地預報了天氣；摩西是在包括降雨在內的一系列巫術較量中
取得成功的；而埃列加在降雨競爭中戰勝了巴爾的預報。具有超
人力量是神聖國王們最一致的特徵㉙。然而，這種取得王位資格
的模式在傣族英雄身上似乎見不到。傣族英雄如果本身不具備當
國王的權利，必定是由於娶了公主而獲得王權，換句話說，英雄
的王位總是歸於一個女人，例如香勐本非長子，海罕原是洗衣婦
的棄兒，他們都是藉由娶得公主而繼承岳父的王位。這一點也是
拉格倫所歸納傳統英雄獲得王位的模式。

在英雄史詩中，王權是英雄爭取或追求的目標。

英雄有神的血統，必可獲得王權；有王權代表出身高貴，有
神性、能降福。弗雷澤認為，籠罩在國王身上的神性決非空洞的
言詞，而是一種堅定的信仰。在很多情況下，國王不只是被當作
祭司，是以人神之間的聯繫者受到尊崇，是被視為神靈的。國王
能降福給他的臣民和崇拜者，這種賜福通常被認為是凡人力所不
及的，只有向超人或神靈祈求並供獻祭品才能獲得。因此國王經
常被期望著能賜與國家風調雨順、五穀豐登等等㉚。超人或神靈
才能降福給他的臣民和崇拜者，而英雄史詩中的英雄就具有超人
或神靈的本事，也只有他才配當上國王。弗雷澤引證說，荷馬時
代的希臘國王和酋長們，無論他們說的話、住的房子、坐的馬車

㉚㉛㉜　弗雷澤(J.G.Frazer)：《金枝》，徐育新等譯，中國民間文藝出版社，
　　　1987，頁17，頁136，頁151。

都是神聖的。人們還認為賢王的統治定會使得大麥小麥長滿沃野、水果碩大壓彎枝條、六畜興旺、魚滿海洋。他認為「關於國王具有巫術或超自然的法力、能使土地肥沃並賜給他的臣民以其它利益的這種信仰，看來很可能是從印度到愛爾蘭所有亞利安人種的祖先所共有的❸。」值得特別一提的印度，人神為數之多，恐怕要算世界第一，每個國王都被看作簡直就是眼前的神。印度《摩奴法典》中進一步說到印度對孩提時期的國王也不能看作血肉凡胎，因為他是以人身出現的一位尊神❸。印度史詩正是反映了這種思想，傣族史詩也是。

　　《羅摩衍那》中寫羅摩自請流放森林修行時，所有人頓失依靠，驚恐萬狀，「太陽也隱去不見，大象吐出嘴裡食物，母牛不把犢子照看。」「風再也刮不起來了，美麗的月亮不再清涼，太陽不再發熱照人，全世界都淒淒惶惶。在恐怖的重壓下，大地在那裡游動；帶著象、兵和馬群，在那裡大聲哀鳴❸。」等到羅摩繼位以後，整個國家再沒有恐怖的事，沒有悲哀的寡婦，不必擔心病魔侵襲，世界沒有仇敵，沒有窮人，一切都快樂幸福，「鮮花長在果長結，大樹枝葉都扶疏；總是降落及時雨，和風徐來細吹拂❸。」羅摩不是凡人，是神，是以神的身分當上國王，他能為百姓、國家降福。在羅摩流放期間，他將天神賜予十車王的金鞋轉給弟弟婆羅多，因為金鞋能給「全體人民幸福和諧」，「能

---

❸　蟻垤（Valmiki）：《羅摩衍那‧阿逾陀篇》，季羨林譯，人民文學出版社，1981，頁233-234。

❸　《羅摩衍那‧戰鬥篇》（下），1984，頁973-974。

保證民康物和❸」，金鞋是神聖的王權象徵，而且帶有咒術作用。

印度史詩的情節完全由傣族史詩承繼。象徵王權的金鞋的神奇被強化，「這雙金底銀幫的鞋子，是天神賞給父王的寶貝，它具有無比的神力，它會爲全勐驅趕災禍，它會使外敵馴服歸順，它的神威能制伏邪惡，它的福氣能光照人間。要是有狂妄的敵人逞凶，神鞋就會顯示雷電般的威力，堡壘和宮殿會被摧毀❸。」金鞋成了百姓、國家的護身符，就像身爲國王的英雄，成了百姓生命、幸福之所繫。到森林中流放的朗瑪王子回來繼位以後，「百姓像大海裡的魚兒，在召朗瑪的洪福下，他們安居樂業，六畜興旺，年年五穀豐登❸。」國王似乎有像巫師一般的能力，具巫術或超自然的法力。而史詩中也的確都會描述英雄繼位前在森林中修行習法術的過程，《章響》中的蘇領達、《召香勐》中的香勐王子、《蘭嘎西賀》中的朗瑪王子全在森林中修行過才繼承王灌。擁有王權的英雄常常兼任類似巫師的角色，具有巫術能力。因此，英雄的被棄到森林中修行，和僧人習法術成了不得不的過程。

---

❸　同❸，頁649，頁664。

❸　蘇達萬：《蘭嘎西賀》，岩溫扁譯，收入《雲南少數民族文學資料》第5輯，1981，頁36。

❸　《雲南少數民族文學資料》第6輯，頁40。

第二章　征戰英雄

　　戰爭是英雄史詩的主幹，抽離了戰爭，無異宣判史詩中英雄不存在，英雄是爲戰爭而降生。在傣族英雄史詩中，神和人的後代爲了王權，爲了女人，展開一連串的戰爭，成爲征戰英雄。甚至，戰爭是激烈而實際的刀劍齊發或象馬奔騰，具有某部分信史的價值。

一、征戰與女人

　　在傣族的阿鑾敍事詩中，戰爭是相當重要的環節，阿鑾會爲了一個善良美麗的公主或仙女去面對戰爭，而在遭遇危險甚至喪命後，總會出現僧人帕拉西或天神坤西迦幫助脫困或讓阿鑾起死回生。戰爭是阿鑾故事中的重要環節，眞正作戰的似乎總是僧人或天神，充其量，阿鑾不過是代替神祇執行法術或使用咒語罷了。在巫術咒語往來之間，戰爭很快就了結，阿鑾馬上獲致勝利，娶得美女。阿鑾是戰爭中神所指揮的傀儡，戰爭只是一場點綴而已。而眞正的英雄史詩則不然，例如《伊利亞特》中，寫特洛伊和希臘軍歷時十年的戰爭，具體描述戰況只集中在四天激戰，篇幅卻佔了全書一半。法國英雄史詩《羅蘭之歌》寫查理大帝出兵西班牙，征討阿拉伯，經歷七年的戰爭，而最後征服薩拉哥撒的戰役更是筆力萬鈞。藏族《格薩爾王傳》被譽爲東方的《伊利亞特》，在書中就有幾十場戰爭，先極力誇大敵人的力量，再展現格薩爾——降服的不凡。蒙古族英雄史詩《江格爾》則寫勇士遵從江格爾命令，爲保衛寶木巴而踏上征途，遭遇無數激烈戰爭場面。戰爭是英雄史詩的主幹，抽離戰爭，無異宣判史詩中英雄不存在。英雄是爲戰爭而生的。而傣族的英雄史詩中，英雄的征戰都是爲了女人。

《召香勐》中勐荷傣王子沙瓦里爲勐瓦蒂的十萬大軍，要將妹妹嫡西里總布嫁給勐瓦蒂王子，而香勐王子爲了娶嫡西里總布，和勐荷傣展開一場激戰。「荒野的草木枯了，河邊的花朵謝了，戰火繼續燃燒了三個月，香勐的心像在火上煎熬。」「每棵樹都有刀槍的痕跡，每片葉子都染著鮮紅的血，河流裡泡著剛剛倒下的屍體，斷刀殘箭丟滿一地。雙方的戰象都很勇猛，染血的長鼻像火柱一樣紅。……」戰爭的描寫約佔全詩的三分之一。征戰是因爲女人，而戰爭的獎賞也是女人，沙瓦里就以美人來鼓勵部下奮勇向前。

《章響》中蘇領達已娶了龍女爲妻，又向勐西丙公主嫡江達蘭西求婚。勐西丙王子桑哈不同意將妹妹嫁給小國勐章響的王子，於是蘇領達的部下決定將公主偷來，因而引起勐西丙和勐章響的十年戰爭，勐西丙死傷殆盡，十分淒慘。而桑哈自始至終都不投降，堅持用盡一箭一刀爲止。最後當然勐西丙也歸爲勐章響所有。

《厘俸》，俸改搶了海罕和桑洛的妻子，引來一場大戰，「桑洛騎著大象，直往勐峨的隊伍衝去，他揮刀所到之處，勐峨的兵將都紛紛從象背上滾落下來。」「岡曉蹬著大象衝在前面，擺中大象鼻子左右亂甩，象牙直往人群里戳。勐景喊的兵將像擋不住洪水的籬笆，一堵一堵地倒下……」海罕敲起仙鼓，太陽神和天兵天將也下來助陣，然而，太陽神被俸改殺得落慌而逃。俸改以宮中最美的女人誘惑將士立功，而海罕在將士攻下岡桑等地時，設宴慶賀：「把岡桑的大女兒送給桑洛，二女兒送給渾赫嬸，三女兒送給岡曉。」另外在迎接一個立功的小將臘暖波時，海罕也允諾要賞賜給他妻子，和《召香劻》中的情形一樣。

《蘭嘎西賀》中，召朗瑪的妻子西拉被十頭王捧瑪加搶走，召朗瑪率領猴國兵將渡海攻劻蘭嘎，將十頭王殺掉後，救回西拉。情節仍是沿襲《羅摩衍那》，羅摩因為悉多（Sitā）被十首魔王羅波那劫走，因而和羅波那展開一場大戰。

《伊利亞特》所描寫的特洛伊戰爭也是因為美女海倫引起，希臘各國的王子、國王都甘心情願為搶回海倫而命喪沙場。心愛的女人被劫是英雄的權威受了挑戰，英雄不惜為此作殊死戰；而女人是戰利品，為戰爭而贏得美人，是英雄的戰功彪炳。特洛伊戰爭發生的原因似乎是英雄的正義感使然，英雄為了踐履諾言而齊赴戰場。戰爭成就英雄，英雄或許喜歡戰爭吧？

《召香劻》中香劻從妖魔手中救回公主，而後求婚被拒導致戰爭，《章響》中則是蘇領達為了搶走公主而引發戰爭，同樣是因為女人而有戰爭，情況並不相同。這其中隱約透露出：英雄主動引來戰爭。

不管為哪一種原因身陷戰爭，我們似乎見不到英雄有遲疑或後悔的跡象。英雄是為戰爭而生，身為英雄，就免不了一場又一場的大戰。

英雄為了女人不惜長期征戰，目的在追求王權或是表現他的英雄行徑，絲毫牽扯不上愛情。傣族英雄史詩中的英雄似乎毫無情愛可言。英雄的母親都未經歷人世間的婚配就生偉大、超人的兒子，如《章響》中的蘇領達，《厘俸》中的海罕，《蘭嘎西賀》中十頭王三兄弟的降生，在沒有愛情過程中被生下的英雄也不懂愛情，他們爲了王權或爲了表現英雄行徑搶人之妹、奪人之妻。謝選駿先生就認爲《天問》中羿射瞎河伯的眼睛並奪取他的妻子雒嬪女神，不過是「顯出英雄本色」，只有行爲意義，而非深情表露。奪取敵人的配偶，在古代並算不得一種愛情表露，只是在行使對戰利品的支配性權利而已❶。所以傣族英雄史詩中殺敵有功的將士也總會獲得女人當妻子，甚至可以有許多女人。

希臘的宙斯和衆多的妻子情婦都有浪漫的愛情，而參與特洛伊戰爭的英雄也不乏深情癡心的男人。經過十年征戰，海倫重回丈夫懷抱，米奈勞斯國王欣然擁抱她。而《蘭嘎西賀》中的朗瑪經過十二年長征，和妻子西拉一見面，他就擔心西拉被十頭王暗地侮辱過，當場要西拉走進熊熊烈火中，證明她的貞節和清白。接著他又懷疑西拉迷戀十頭王，下令殺死妻子。妻子被朗瑪的兄弟暗地釋放而流落森林，最後她又拗不過朗瑪的請求，兩人和好如初。朗瑪從未表現出什麼憐愛深情，爲了怕別人的流言有損他英雄的形象，毫不考慮地犧牲他征戰十二年才救回來的女人，這女人於他不過代表戰爭的勝利而已。謝選駿先生曾將中國古籍中的女神喻爲沒有愛情的雕像。他認爲對於一個男性主導的社會來

---

❶❷　謝選駿：〈中國古籍中的女神〉，王孝廉、吳繼文所編《神與神話》收錄，台北聯經出版公司，1988。又見《民間文學論壇》1988年一期。

說，異性之間狂熱的愛，會起到疏離男性友誼與間隔男性忠誠的作用，因此被視同卑賤罪惡，而有作爲的男人摒棄愛情❷。英雄當然要摒棄愛情，中國史詩英雄的人性部分是比較薄弱的，表現的是超凡的神性。英雄爲了女人而征戰，爲了女人不代表爲了愛情。希臘神話中的宙斯有許多妻子，他對每一個都"專一"，因爲一再和美女發生愛情所以他一再娶妻。而《蘭嘎西賀》中的天神叭英也有好幾個妻子，她們各自住在一座宮殿裡，叭英和妻子規定，隔七天相會一次，這些女人表現的並非愛情，而是道德或賢良。而《厘俸》中的俸改動輒有三百個妻子，邢三百個妻子是他的財產，而非談愛情的對象。他又不停地去勾引娥并和嫡崩，因爲她們是英雄桑洛和海罕的妻子，勾引她們意謂向二位英雄宣戰，這也不是爲了愛情，是爲了競賽彼此的英雄本色。

蕭兵先生說英雄與英雄之間的衝突以及英雄死亡悲劇之中每每要出現一個"邪惡"或"淫蕩"的女人（有時英雄間的衝突還以英雄與魔怪搏鬥的改編出現，這時婦女的命運就有好有壞），可以說是最原始的"禍水論"❸。有些學者也都認爲英雄鬥爭之間每有女人及其陰謀的參與。《呂思勉讀史札記》早就敏銳指出，純狐、女歧們的出現，是因爲「野蠻時代，十口相傳之說，理亂興亡之事，必以一女子爲之經緯❹。」

女人是戰爭的導火線，英雄爲女人去征戰，他們不是爲了愛情，而是爲了在戰爭中成就英雄勛業。對英雄來說，擁有女人正

---

❸ 蕭兵：《中國文化的精英》，上海文藝出版社，1989，頁964 −966。

❹ 呂思勉：《呂思勉讀史札記》（上冊），上海古籍出版社，1982，頁108。

如擁有土地、錢財一樣，女人也是尊貴、財富的象徵。從騎馬民族突厥的碑文可以一窺端倪：

> 我們打敗了唐古特的部族，把他們的子女、妻子、馬群（畜群）財物，從他們那裡搶來。……我賢能的暾欲谷，把軍隊派到那些土地，把無數的黃金、白銀、姑娘、女人、毛氈、財寶搶來❺。

戰爭就是爲了掠奪，女人正是被掠奪的對象。英雄史詩中的英雄爲了掠奪女人或被掠奪而發動戰爭。說得眞確一些，女人並非"禍水"，只是男人的財產，因此她常常成爲戰爭的導火線，英雄爲女人而戰，其實是爲維護他的財產、權益而戰。從中國、印度或傣族的記載，英雄不曾有什麼深情表現；他們爲被搶奪的女人征戰，是要討回英雄或王權的威信。

二、靈猴與象戰

傣族英雄史詩的戰爭舞臺上，除了人、神、魔參與外，令人印象深刻的角色當屬猴群，《蘭嘎西賀》中神猴和千萬猴兵幫著朗瑪攻打勐蘭嘎，而神猴阿奴曼的個性鮮明，是史詩中另一位英雄。在兩軍激戰中，特殊的象陣、象戰是西南民族所獨有，反映了不同於騎馬民族的農耕社會的戰爭型態。猴群和象隊是傣族英

---

❺ 日．江上波夫：《騎馬民族國家》，張承志譯，光明日報出版社，1988，頁53。

雄史詩的特色，而這種特色其實並非傣族所獨有。

靈猴英雄

朗瑪王子遠征勐蘭嘎，三千六百萬猴兵猴將跟隨，扛著鋒利的鐵矛，手持晃亮的長刀，背著百發百中的弓弩，抬著威力很大的神炮。史詩中敘述著：「列隊的猴群有多種多樣，有白猴紅猴和灰猴，威風凜凜的猴將猴兵，站在那裡像一片森林。有的閒不住敲著金鼓，有的耍刀揮槍顯示武術，個個樂意去打蘭嘎，有的縱身跳入雲層，有的翻身跳到天邊❻。……」而最傑出的靈異英雄是神通廣大的白猴阿奴曼，他出探勐蘭嘎尋找西拉蹤跡，像神鷹一般，穿雲破霧飛過寬達三千約的海洋，將朗瑪王子的書信和項鍊送給西拉。

史詩中火燒蘭嘎城的那一段，完全以阿奴曼為焦點，描寫得最為生動。「他們用大鍋煮油，把滾燙的芝麻油，全都倒在阿奴曼身上，而後點起火把來燃燒，浸透油水的白布，比蠟條還易著火，大火在白猴身上燃燒，比乾季的野火還要大。這時阿奴曼大吼一聲，帶著大火騰空飛起，朝房子密密的蘭嘎城飛去，飛到十頭王的宮殿裡，抬來尾巴煽動大火，大火熊熊燃燒宮殿。阿奴曼滿城飛竄，飛進大房和小房，集中在那裡的房子，大大小小有十萬五千間，被白猴用大火點燃，宮殿、王宮和寶塔，處處燃起了衝天大火，整座勐蘭嘎的京城，變成了烈燄翻騰的火海❼。」這

---

❻　蘇達萬：《蘭嘎西賀》，曼章領、波帕應抄、岩溫扁翻譯，收入《雲南少數民族文學資料》第5輯，1981，頁101。

❼　同❻，頁134。

樣的形象讓人想起家喻戶曉的《西遊記》孫悟空。

通往蘭嘎城的海面太寬闊了，於是猴群跳進海水，同心協力搭石橋。「忠實的猴兵猴將，就像傾巢出動的蜜蜂，幾座大山的石頭抬完了，他們又向遠處的大山跑去，有的從陸地走，有的從天空飛行。神通廣大的猴群，大山被一座座搬空，嘎伶（猴王）和他手下的武官，一次就搬來一座大山；力大無比的阿奴曼，一次就抬來一百棵大樹，一排排的岩石橋墩，不久就從海面上立起，他們這樣奮戰了三個月，終於把橋搭通到蘭嘎島。」然而，搭好的橋一而再，再而三地被沖垮。於是，阿奴曼躍上天宮詢問天神，才知是海底大螃蟹作怪。阿奴曼決定鑽進海底，他將尾巴變長為三千約讓岸邊的猴群拉住，就這樣將深海的大螃蟹拖出水面，拽在沙灘上。後來，阿奴曼又用力摘掉螃蟹拆橋的雙腳，一支給朗瑪做大鼓，另一支抬到天上送給天神做大鼓❽。

史詩中神猴阿奴曼的傑出表現層出不窮，他的母親是天神用風餵養的"江流兒"，父親是風神叭魯。幼年的阿奴曼曾將太陽當成紅果子要摘來吃，被天神懲罰❾。在朗瑪兄弟遭難，會卜算的比亞沙預測太陽一升起，兄弟必將慘亡，於是阿奴曼朝升起的太陽飛去，「扯下黑雲把太陽裹起，雙手抓住太陽使力搖晃，急得太陽倒退回山裡❿。」史詩共分二十二冊，第十六冊中詳細地描述《阿奴曼大鬧祭鬼場》，《阿奴曼智取神棍》，第十七冊中

---

❽　同❻，頁142 —144 。

❾　同❻，頁46。

❿　同❻，頁162 。

則寫阿奴曼智取十頭王的神弓"弓賽宰"，而唯一能接住十頭王頭顱的只有天神的寶盤康皎，阿奴曼又奉命上天借寶盤。

在阿奴曼智取十頭王神弓"弓賽宰"的那一節中，神猴搖身一變，變得和十頭王一模一樣，又拔出一根毛變神棍，神棍和十頭王的神棍長短正合。神猴到幫十頭王保管神弓的僧人帕拉西那兒，僧人拿出他的神棍來驗證，一百個線紋完全對合，只好拿出神弓交給阿奴曼❶。阿奴曼的本領的確讓人有似曾相識的感覺，正如那位大鬧天庭，上天入地無所不能的孫悟空。《西遊記》中孫悟空有七十二變，而神猴阿奴曼也有變法、幻化的本事。孫悟空曾被蓮花洞的二魔金角銀角用須彌山、峨眉山壓在雙肩，卻仍流星趕月地急行。而阿奴曼爲了找起死回生的仙藥治臘嘎納，甚至將整座金山抱回，金山距離很遙遠，飛快的駿馬也需要一年才能到達，可是阿奴曼在一天之內就完成抱回大山的任務。

阿奴曼的一切事蹟都和孫悟空似有牽連，阿奴曼護朗瑪王子去援救西拉，孫悟空則護唐僧往西天取經。或許，《西遊記》的孫悟空形象曾經影響阿奴曼，而更直接的因緣卻是印度史詩《羅摩衍那》。

《羅摩衍那》的哈奴曼（Hanumān　）正是《蘭嘎西賀》阿奴曼的樣本，說得更明確一些，《蘭嘎西賀》的猴群形象、英雄阿奴曼就是從《羅摩衍那》照搬過來的。《羅摩衍那》中的神猴是天女和風神所生，天女被詛咒托生爲猴子，卻能變形隨意，有時變成美麗年輕的仙女，似乎神猴變幻的神術正承自母親。「風神

---

❶　同❻，頁215 －216 。

能吹碎山峰，他本是祭火的朋友；他的力量不可估量，他能在天空行走。」神猴於是具有風神父親的技巧，有金翅鳥的本事，他能超越所有空中運行的星辰，能攪動大海，能把大地打成碎塵。哈奴曼把太陽當成果子，想去抓拿，天帝因陀羅（Indra）生氣得用金剛杵敲打神猴，折斷左頜的神猴於是被稱叫哈奴曼⓬。

《羅摩衍那·美妙篇》中哈奴曼首先到楞伽城尋訪悉多（Sita），又描述哈奴曼火燒楞伽城的一幕⓭。見過悉多以後，哈奴曼回報羅摩，眾人和猴群造橋欲渡海攻打楞伽城。印傣史詩在造橋情節上略有出入，前者是羅摩親自向大海射箭，海神答應「鯊魚將不去干擾阻截」軍隊過海，叫那羅（Nala）的巨猴修建了大橋，「它看上去美麗動人，像空中亢宿的軌道。」讓眾生同感驚嘆⓮。然而，《蘭嘎西賀》的阿奴曼造橋事仍有所本，據糜文開先生說，印度半島南端延伸到錫蘭之一行小島，通稱亞當橋（Adam's Bridge），但也被稱爲哈奴曼橋。史詩《羅摩衍那》梵文本有孟買本、西印度本及孟加拉等版本，內容文句，頗有出入，後世各種印度文譯本內容更有改易之處，大約梵文本中造橋

⓬ 蟻垤（Valmiki）：《羅摩衍那·猴國篇》，季羨林譯，人民文學出版社，1982，頁417-419。
季羨林先生以爲梵文Hanumān，意思是"有下頜的"，所以哈奴曼意譯可作"大頜神猴"。見《猴國篇》注釋第342。
而在《羅摩衍那·戰鬥篇》（上）則敍述哈奴曼爲了吞下初升的太陽，跌落在太陽升起的山頂上，頸骨碰上山尖，碰碎了一點頸骨，因此名下哈奴曼。見頁120—121。
⓭ 《羅摩衍那·美妙篇》，1983，頁447—449。
⓮ 《羅摩衍那·戰鬥篇》（上），1984，頁85-93。

奴曼之功，及後世文學家，均以神通之事集中於哈奴曼一身，因
以造橋之功亦歸哈奴曼。相傳爲加里陀莎所作之長詩《橋梁的架
設》（Setabandha），即專敘哈奴曼爲羅摩造橋事。故今日印人
均只知哈奴曼建造此橋。一般根據梵文譯出的英文本，都不以此
橋爲哈奴曼所造❺。後世均以神通之事集中於哈奴曼一身，影響
所及，《蘭嘎西賀》的造橋之功也就歸之於阿奴曼了。另一部來
源於《羅摩衍那》的泰國史詩《拉瑪堅》也描寫哈奴曼的神奇，
甚至直接說神猴化成一座橋，而猴兵猴將大舉湧進拉嘎島，縱火
焚燒❻。

　　另一項影響傣族史詩的情節就是，哈奴曼去喜馬拉雅山深處
扛回藥山，以藥草治癒垂危的羅摩兄弟❼。

　　《蘭嘎西賀》中除阿奴曼智取神棍、智取十頭王神弓、上天
庭借寶盤等未沿襲印度史詩外，似乎神猴的形象塑造和《羅摩衍
那》的情節並無兩樣。

　　《蘭嘎西賀》受《羅摩衍那》影響是無庸置疑，《蘭嘎西賀
的印度成分》那一章會有較詳細的討論。關於神猴形象，值得探
討的是，傣族阿奴曼是否受孫悟空影響？而孫悟空是否來源於印
度哈奴曼？

　　王松先生說，元明之際，《西遊記》出現後「很快就被傣族
的翻譯家們譯成傣文，可見中原文化對於傣族文學的影響是很深

---

❺　《印度兩大史詩》，糜文開譯，台北商務印書館，1967，頁49。

❻　〈從印度的< 羅摩衍那 >到泰國的< 拉瑪堅 >和泰族的< 拉嘎西賀 >〉，
　　李沅著，《中印文學關係源流》收錄，郁龍余編，湖南文藝出版社，1987。

❼　《羅摩衍那·戰鬥篇》（下），頁564 —566。

的⑱。」《西遊記》到底何時傳入傣族地區？對傣族文學的影響到底有多深？這似乎還要深入考證。可以確定的是，傣族社會應該是熟悉孫悟空的。

李沅先生認爲，哈奴曼在火燒拉嘎島（楞迦），大戰十頭王、救出悉多一段，很像《西遊記》中孫悟空三打白骨精的情節。「另一猴王巴力莫之子，泰文叫翁空，《拉嘎西賀》中譯爲旺果，與悟空是同音。由此看出，泰國和我國傣族民間文學也借鑒我國的《西遊記》，而《西遊記》又是直接描寫唐玄奘到印度取經之行⑲。」《西遊記》中的佛教色彩似乎是孫悟空易被泰國、傣族社會接受的關鍵，畢竟後者是全民奉佛的地區。李先生又說：「曼谷王朝拉瑪二世皇朝又根據印度的《羅摩衍那》、中國的《封神榜》、《西遊記》等神話故事，創作了泰國有名的、具有自己民族風格的歌舞劇《拉瑪堅》⑳。」泰國《拉瑪堅》來自《羅摩衍那》和《西遊記》等，泰、傣的文化一向有同源現象，《西遊記》會影響《蘭嘎西賀》的神猴形象自不待言。

至於《羅摩衍那》的哈奴曼到底對孫悟空影響如何？對這個問題，持正反意見的學者都有。據蕭兵先生所引，在1920年，日本南方熊楠首先提出印度哈奴曼曾經影響孫悟空形象創造的意見，而俄國人鋼和泰（Baror A. Von Staēl Holstein)也以爲印度史詩《羅摩衍那》可能給孫悟空故事靈感㉑。胡適、陳寅恪、鄭振鐸、

---

⑱　王松：《傣族詩歌發展初探》，中國民間文藝出版社（雲南版），1983，頁248。

⑲⑳　同⑯。

㉑　蕭兵：《中國文化的精英》，上海文藝出版社，1989，頁821-822。

季羨林諸先生也各發表肯定孫悟空受哈奴曼影響的看法㉒。對此反對意見的學者也很多，金克木先生認爲根本還不能證明兩個神猴故事有什麼關係㉓，陳炳良先生則以爲這問題仍屬懸案㉔。吳曉鈴先生並且認定《羅摩衍那》雖在漢譯佛經上有所反映，但是《西遊記》作者沒有接觸印度史詩的可能，而且中國人對《羅摩衍那》「知道的人不很多」，對「故事內容的了解是很不夠的㉕。」對這種說法，趙國華先生曾加以反駁說：「佛門弟子能夠不厭其煩地把《羅摩衍那》的某些內容用做典故，寫入佛經，可見他們對羅摩的故事瞭如指掌的。同時也說明，聽其佛法的人們，對羅摩的故事肯定也很熟悉，因爲佛教大師們總是借助於眾所周知的故事去闡發經義的㉖。」可見在漢譯佛經盛行的時代，《羅摩衍那》的故事應該是中土所熟悉的。

　　朱迎平先生曾針對孫悟空的血統做過歸納㉗，主要有三說：

㉒　胡適：《胡適文存．西遊記考證》，台北洛陽圖書公司，無出版年月。
　　陳寅恪：〈西遊記玄奘弟子故事之演變〉，收入《金明館叢稿二編》，台北里仁書局，1981，頁192-197。
　　西諦（鄭振鐸）：《中國文學研究．西遊記的演化》，台北明倫出版社，無出版年月，頁291。
　　季羨林：〈《西遊記》裡面的印度成分〉，收入《中印文學關係源流》。
㉓　金克木：《梵語文學史》卷一，人民出版社，1980，頁137-138。
㉔　陳炳良：〈中國的水神傳說與<　西遊記>〉，收入《神話．禮儀．文學》，台北聯經出版公司，1986。
㉕　吳曉鈴：〈《西遊記》與〈羅摩延書〉〉，收入《中印文學關係源流》。
㉖　趙國華，〈關於《羅摩衍那》的中國文獻及其價值〉，《社會科學戰線》1981年四期。
㉗　朱迎平：〈孫悟空形象原型研究綜述〉，《文史知識》1985年八期。

(1)進口說，以季羨林先生爲主，趙國華先生也是。(2)國產說：劉毓忱先生以爲他決不是外國傳來的"舶來品"，見〈關於孫悟空"國籍"問題的爭論和辨析〉（《作品與爭鳴》1981年8期）。劉蔭柏先生亦以爲孫悟空來自中國神話傳說，見〈孫悟空人物考〉（《文學評論叢刊》十八輯）。(3)混血說：蕭兵先生以爲他是一個綜合的典型，見〈無支祁哈奴曼通考〉（《文學評論》一九八二年五期）。日人中磯部彰亦主混血說，見亦鳴譯〈元本< 西遊記> 中孫行者的形成〉（淮陰師專《活頁文史叢刊》一九九期）。蕭兵先生曾做過哈奴曼與孫悟空的比較表，也考證過孫悟空形象的傳襲關係，他說：「無非想證明孫悟空形象的創造並不像許多專家說的那樣與哈奴曼毫無關係，也不是說這個獨特的典型全然是抄襲物、舶來品❷。」

即使孫悟空不全然是抄襲物、舶來品，卻也撇清不了和哈奴曼的關係。而孫悟空和哈奴曼一起或間接或直接影響了傣族《蘭嘎西賀》的阿奴曼。當然，學者認爲傣族的猴子也有獨特風格的，「孫悟空式的人物阿努曼，比起《羅》詩的哈奴曼來，發展更大，形象更加豐滿了。聯繫《西遊記》在傣族地區也廣爲流傳，很難排除《西遊記》對《蘭》詩的影響，既不同於印度的，也不同於漢族的，難怪傣族人民說：這是我們傣家的孫悟空❷」無疑地，有傣族獨特風格的神猴是個"混血兒"，他有印度和中原的血緣

---

❷　同❷，頁844—846。

❷　高登智、尚仲豪：〈〈蘭嘎西賀〉及中印文化交融〉，收入王懿之、楊世光編《貝葉文化論》，雲南人民出版社，1990。

（最少是表親）關係。

　　蕭兵先生另外還提及神猴孫悟空反映中國西部羌戎集團確然存在猿猴崇拜的事實，而中國文化所特有的原始性構造始終沒有完全清除，他進一步說明，雲貴高原、西藏高原都有關於猿猴變人、猿猴創世傳說（如雲南彝族有祖先名“古”即猴，傈僳族以猴爲創世大神，貴州布依族以猴崽爲人祖，藏族有猴祖傳說等等）。這條“西南路線”是很值得思索的❸。

　　除了猿猴崇拜的事實值得注意外，孫悟空被塑造成護持唐僧往西天取經的英雄人物的關鍵應在佛經，漢譯佛經除了《六度集經》卷五和《羅摩衍那》的相同情節，天帝釋化身爲獼猴外，《六度集經》卷五、卷六也有昔者菩薩身爲獼猴的故事❸，獼猴王曾領五百猴群在森林裡打鬧嬉戲，非常悠遊自在。這難道不是齊天大聖或阿奴曼猴國的景象嗎？獼猴和菩薩是結合的，取經的《西遊記》和全民信奉佛教的傣族對猿猴的神異性刻意描繪，應是可以理解的。

特殊的象戰

　　在討論象戰之前，需先明白象在整個傣族歷史文化上的地位。

　　《史記・大宛列傳》記載：「昆明之屬無君長，善盜寇，輒殺略漢使，終莫得通。然聞其西可千餘里，有乘象國，名曰滇越。」可見早在兩千年前，象騎已是西南民族普遍的現象了。雲南不僅

---

❸　同❹，頁777—788，頁823，頁832。

❸　《六度集經》，吳康僧會譯，《大正新修大藏經》第三卷本緣部。

有野象化石的發現，而且有歷史文獻的記載，更有野象分布，而現今分布只限於滇南的盈江縣、滄源佤族自治縣、西盟佤族自治縣、景洪、勐臘這五縣以南部分地區❸。象既是傣族地區自古以來習見的動物，古籍中常常出現象的神話傳說也就無足爲奇了。

創世史詩《巴塔麻嘎捧尙羅》就記載天地開關以後用來鎮定大地，支撐天空的是“掌月朗宛”，意即神聖而光芒四射的大象。史詩中還提到創造曆法的神祇捧麻遠冉，因爲頭被割掉，接一個獵來的象頭，成了人身象頭的“捧賀掌”，雖然這個情節來自印度神話，仍可見到傣族獵象的狀況。許多民族的創世史詩都有天地創造後不穩固，需要其他東西來鎮定支撐的情節。而負起鎮定持撐任務的或是魚或是蝦，有時是牛，有時是虎，只有傣族用的是象。另外，將曆法的創造和象聯繫起來的，也只有傣族。傣族曆法在採用夏曆十二生肖時，將豬改爲象❸。創世史詩所反映的應是生活現況和習俗。

在《傣族的開天關地神話》一節中，曾論及象有吉祥光明的象徵，傣族有頌象、祭象的風俗。此外，我們也可以從一些資料看出，象是統治者財富、權勢的代名詞。《泐史》一書載：傣族首領叭眞建立景龍金殿國時，有白象九千。《百夷傳》也說：「俗以坐象爲貴」。敍事長詩《千瓣蓮花》的阿鑾貢瑪拉，因爲玩耍時不小心用石頭砸傷領主象騎的腳，才被處罰去尋千瓣蓮花。《召樹屯》中出征時騎大象，召樹屯和婻婼娜團圓後，百姓獻的

---

❸ 文煥然：〈再探歷史時期的中國野象分布〉，《思想戰線》1990年五期。

❸ 莫水：〈傣族古籍中的象〉，《思想戰線》1990年五期。

也是大象。《九顆珍珠》、《麻喔羞》、《阿鑾朵哈》中的阿鑾和公主騎的都是白象，他們騎在象背上接受百姓的歡呼祝賀，騎象是尊貴的象徵。

英雄史詩中，不只人人騎象，而且有象陣、象隊、象戰的場面。《章響》中的白色紅牙象和蘇領達同日生，天神英叭對白象說：「有人就有象，有象就有人，我要領你去與蘇領達一起。」蘇領達所騎的白象是神象，它可以變得像小老鼠一樣，又會長到成為象群中最大的象。

《章響》中也寫勐章響和勐西丙的戰爭，「各方面都在用大象抵鬥，雙方的大象不停地鬥著，他們不停地催促大象衝來。他們個個手拿金刀衝向章響陣地。這時章響的捧瑪，他騎著大象衝出來，射出他的弓和箭，他的箭射中大臣罕板，大臣從象上滾下來一命嗚呼。」英雄在象背廝殺，落象就代表挫敗、死亡。

《召香勐》中戰爭的場面也很激烈：「森林裡響徹戰鼓的聲音，旌旗像雲朵遮住了天空，戰象似螞蟻在原野上前進。」「戰象鬥戰象，士兵鬥士兵。」「雙方的戰象都很勇猛，染血的長鼻像火柱一樣紅。」而騎大象的香勐王子帶領「十萬戰象攻打京城」，兵營裡排列著千萬頭戰象的勐荷傣敗了，香勐王子的箭射中沙瓦里的綠牙大象。

史詩《厘捧》對象戰的描寫更深入、詳細。「海罕按照天意出征，威武的戰象在壩子裡布成象陣。」而勐景罕有千象萬象守著。兩軍對峙時，英雄們各有出色的戰象當坐騎，海罕的擺色大象有猛虎花紋，岡曉的戰象叫擺溫，而算信的大象叫擺中，岡罕的大象是擺罕，桑射騎的是擺哄大象。障愛朗大象的象牙有一圍粗，英卓吉大象紅得渾身像一團火，都長得又高又大，俸改將他們賜給英勇的將士。海罕罵他弟弟桑本太差勁，桑本說：「因為我的大象不爭氣，才讓我在你面前成了懦夫。」於是海罕將擺井大象送給桑本，桑本因此所向披靡。可見戰象是英雄致勝的關鍵。許多情節都詳細地刻劃象戰的場面，「幾百頭大象都朝岡曉撲來，士兵在高聲叫喊：岡曉，你就等死吧！岡庄一見，就蹬著大象去支援他。俸改的兵丁就一齊向他射箭。大象身上插了弩箭，象腳也砍傷，他無法衝上前去，只好退了下來。」「勐景罕的兵招架不住，就放出二十頭大象一起向他衝來。岡曉蹬著擺中大象，像狂風吹捲落葉一樣，猛砍猛殺，刹那間，那二十頭大象死的死，傷的傷，岡曉趁勢一直殺進城裡。」「一陣激戰過後，擺中大象終於被砍倒了。它的長牙戳進地裡，動彈不得，大聲地嚎叫著。……岡曉才一倒下，勐景罕的兵將一擁而上，就像剁豬草似地向他和擺中大象砍去。衛達罕抽出他的寶刀，跳下大象，撥開人群，砍下岡曉的腦袋。」「擺罕大象帶著岡罕在屍體的隙縫中奔跑著，在丟落的大刀和石頭上跳著，它邊跑邊叫，哪裡就像潮水似在退。」

象已經不是被神化的動物，而是國勢兵力強盛的象徵，是戰場上的主體。

《蘭嘎西賀》中寫朗瑪和勐蘭嘎十頭王的戰爭時也提到象騎，「古麻帕騎著兇猛的公象，敵對的兩方浴血廝殺，飛血染紅樹葉和花草。」「兩勐來的兵將很勇敢，他們騎著兇猛的大象，氣勢磅礡去和朗瑪交戰，勇敢的武官干塔，還有威武的依達西打臘，騎上不怕死的大象，四大王帶著三千萬大兵，他們一齊向朗瑪兵營射箭。」「帕奔驅著大象衝鋒，古月臘向嘎伶射箭，……憤怒的嘎伶拉滿弓弩，一次射出兩枝箭，一枝射中妖王嘎哈，一枝射中妖王蘇麻列，兩妖從象背上滾下，兩王中箭而死。」

《羅摩衍那》是《蘭嘎西賀》所本，因此不得不一併討論，前者的戰爭中也使用大象，「大象和戰車就是河堤，馬是魚，旗幟是大樹，鮮血流成了一條大河，帶著成堆的屍體流注。」「有成萬的羅刹兵卒，坐在風一般迅速的車上，有一萬八千個羅刹兵，乘坐勇猛奔馳的大象。……那陣地倒滿了殺死的步卒、馬和大象。」「成千上萬的大象，馱著戰士的駿馬，火燄一般的戰車，成千上萬的旗幟上面插。」……印度史詩中象戰並非關鍵，關鍵在弓箭，「羅摩迅速地對準了羅波那，羅波那迅速地對準了羅摩；他們兩個相向射擊，利箭下雨般的往下落。……天空裡到處都充滿各種各樣的利箭；就好像雨季裡，布滿帶電的雲彩一般。」羅摩的弓箭，射無虛發，是大梵天所贈，「箭羽上面是風神，箭頭上太陽和火，箭身上面是太空，重似須彌、曼多羅（按：兩座山名）。」《蘭嘎西賀》中朗瑪也有天神所賜一把神弓。沿襲《羅摩衍那》而來的《蘭嘎西賀》對象戰的描寫比不上《章響》、《召香勐》、《厘俸》，似乎說明象戰的情節並非來自印度。

筆者無緣讀到《吾沙麻羅》一書，據說此書中對象戰也有極出色的刻劃。

傣族英雄史詩中所以有特殊的象戰情節，或許和它的歷史背景有關，傣族自古以象戰聞名。

根據《元史》、《招捕總錄》諸書記載，從十三世紀末到十四世紀初，德宏和西雙版納的傣族各部，是在戰亂中度過的，而戰爭的目的，已不再是單純為了擄掠人口、搶奪財物了，而是以兼併土地和爭奪統治權爲主要目的，其中規模最大最能體現此種戰爭目的的，就是麓川的興起。麓川即今雲南省德宏傣族景頗族自治州的瑞麗、隴川、遮放及瑞麗江岸一帶地。公元十世紀前後，雲南西部出現一個由撣傣語的四個部落組成的強大部落聯盟"憍賞彌國"，這個聯盟中的勐卯部，就是麓川❸。根據錢古訓《百夷傳》及張洪《南夷書》所記，洪武十四年思倫發爲麓川主，因而揭開大明朝廷和麓川間戰爭的序幕。《太祖洪武實錄卷一七六》記載：

> 洪武十八年十二月癸丑，平緬宣慰思倫發反，率百夷之眾寇景東，士官知府俄陶奔白崖川。都督馮誠率師擊之，值天大霧，猝遇蠻寇，我師失利，千戶王升死之。

《明史·雲南土司》寫：「景東部皆僰種，性淳樸，習弩射，以象戰。」思倫發麓川軍就以象戰困擾著朝廷。張洪《南夷書》：

> （洪武）二十一年，百夷王思倫法（即思倫發）遣其酋刀思郎寇定邊縣，眾十五萬。西平侯沐公率兵御之，選戰士得萬五千人，與之對壘，夷人驅象以戰，馬驚走不得成列，公患之，令其下曰：「誰與我擋象？」總旗劉安西奴請往。時夷人隔水陳象，激其怒號以恐吾眾，安西以五人赴之，斫一象鼻而回，被傷象反走，餘象驚奔，不可制，

---

❸ 江應樑：《傣族史》，四川民族出版社，1983，頁231。

夷人奪氣。

　　對於這場歷史上有名的象戰，《太祖洪武實錄卷一八九》描寫得更詳盡、深入：

　　洪武二十一年三月甲辰，西平侯沐英討百夷思倫發悉舉其眾，號三十萬，象百餘隻，復寇定邊，欲報摩沙勒之役，勢其猖獗。西平侯沐英知夷人反側，乃謂眾曰：「百夷憤摩沙勒之敗，乃敢大舉入寇，夫兵憤者必敗，若等則戮殲之必矣！」乃謂驍騎三萬，晝夜兼行，凡十五日，抵賊營，與之對壘。先出輕騎三百挑之，百夷以萬人驅象三十餘隻逆戰，雲南前衛指揮張因率騎卒五十餘人為前鋒，其酋長跨巨象直前，我軍注矢連發，矢中象左膝及脅，象仆地，其酋長亦中矢走，因追射殺之，即大呼，擁眾突其陣，斬首數百級，諸軍乘勝鼓譟而進，賊眾遂卻。英遂集眾將佐告曰：「定邊被圍已久若定邊失守，則賊勢益張。賊之所恃者象耳，略以騎兵與之挑戰，已不能支，吾知其無能為也。」

　　《洪武實錄》所言思倫發舉眾三十萬，沐英選驍騎三萬對壘，《南夷書》則寫百夷十五萬，明軍萬五千人，後者人數各是前者十分之一。而論及象戰則無二致。《實錄》接著鉅細靡遺地記載退敵過程：

乃下令軍中，置火銃神機箭爲三行，列陣中，俟象進，則前行銃箭俱發，若不退，則次行繼之，又不退，則三行繼之。……於是戰士皆奮勇欲戰。賊悉眾出營，結陣以待，其酋長、把事、招綱之屬，皆乘象，象皆披甲，背負戰樓若闌楯，懸竹筒於兩旁，置短槊其中，以備擊刺。陣既交，群象衝突而前，我軍擊之，矢石俱發，聲震山谷，象皆股栗而奔。指揮張因，千户張榮祖，率騎士乘勝追奔，直搗其柵寨，破之，遂縱火焚其寨，煙燄漲天，復以兵邀擊之，殺傷其眾。賊黨有昔剌者，最號驍勇，復率眾死戰。英乘高望見我左隊小怯，傳令馳斬隊將，隊將俱奮呼突陣，眾隨之，無不一當百，賊眾大敗，斬首三萬餘級，俘萬餘人，象死者過半，生獲三十有七，餘賊皆潰，我師追襲之，賊連日不得食，死者相枕繼，思倫發遁去。

有名的麓川象戰結束後，明太祖特別遣使諭西平侯沐英，《洪武實錄卷190》悉錄所諭內容：

若欲納款請罷兵，可諭以大義，今償我所費食，並進馬萬五千匹；景東累喪軍士，令貢象五百，牛三萬，象奴三百人。彼果順命如數入貢，即許之。

思倫發聽命，入貢象、馬等物謝罪，象戰至此落幕。

從史書所載，可以想見思倫發 "驅象以戰" 是如何困擾著大明朝廷，《洪武實錄》還說"選驍騎三萬，晝夜兼行"，而"銃箭俱發"，"矢石俱發"又是如何激烈的場面。《洪武實錄》鉅細靡遺地記錄這場象戰，正說明它在歷史上的重要性，而象戰也的確是其他民族所罕見的。

　　英雄史詩爲了表現英雄業蹟，塑造英雄時代。當然，史詩中所歌頌的英雄業蹟未必是信史，戰爭場面也純屬虛構，而這一點並不妨礙英雄史詩的時代背景。《格薩爾王傳》、《江格爾》中不會出現象戰，象戰只出現在傣族英雄史詩中，當然是因爲象乃傣族社會習見的動物，象戰確實在西南轟轟烈烈地發生過。因此象戰成了英雄史詩的一部分。

　　英雄史詩所表現的當然和麓川象戰截然不同。《蘭嘎西賀》寫「大象的怒吼聲，戰馬的嘶叫聲」中，十頭王的兒子搖身變成神明，他「騎著閃耀九顆珍珠的寶象，寶象白得像月亮，閃閃的寶象有三十三個頭，金光燦燦的聖牙有六十六顆。」然後，寶象被人挽弓射中，「三十三個頭的寶象被射死，大象從天空掉下來，落到地上變成九棵花筍，花筍展開金黃的花瓣，花瓣迎著太陽閃閃發光，而寶象的血飄落到哪裡，哪裡就長出飄香的花樹……」充滿了神話色彩。

　　傣族象戰有其歷史環境和背景，傣族古籍就說"米掌賓召，賓召米掌"（有象就是首領，是首領就得有象），象是展現權勢、戰力的最佳方式。英雄史詩中的象戰或許和印度無必然關係，對傣族象文化有些許影響的可能會是緬甸和泰國，因爲接壤的兩鄰國都選擇象做爲民族和國家的象徵。傣族象文化的展現是多方面的，包括象雕塑、象織錦、象壁畫、象腳鼓舞等……而值得思索的是，這些文化全和佛教有關。景谷勐臥大佛寺有一幅"寶象救主"的石雕，敘述釋迦佛陀在河中洗澡，上方是一妖魔張牙舞爪，有一頭寶象甩開長鼻，正在與妖魔搏鬥。而最被傣族人所喜愛的象織錦圖案是"百象朝佛圖"，也充滿佛教氣氛。至於象壁畫則大多集中於佛寺，象腳鼓原是古代戰爭的戰鼓，後來又多一項功能，用在朝佛活動的敲鼓相告上。佛經中，佛陀之母即是夢象孕生普渡衆生的釋迦牟尼，當然全民奉佛的傣族在象文化的內容和形式上受到佛教影響㉟。

學者認爲，原有的傣族象文化把象視爲神聖不可侵犯的至高無上的神靈，幾乎所有的象文化都歌頌象是參與創世之神、保護人類之神、農作物豐收之神，它能幫助人類避免瘟疫和災難，獲得安寧和吉祥。也由於最初的傣族象文化植根於傣族原始宗教，原始宗教是多神論者，各種神均有不同的外貌，因此最初的傣族神象也是五花八門，有三頭三尾的神象，有七頭七尾的神象，有獨牙神象，有三牙神象，還有長翅膀會飛的神象和能潛入海底的神象。這些外貌、性能各異的神象，都很威嚴、強悍、兇猛，具有不可戰勝的神力㊱。神象的強悍、兇猛，和它不可侵犯的至高無上神靈，應是它在英雄史詩上成爲戰爭焦點的關鍵。即使神象後來的外形變得莊嚴、潔白，性格變得善良、溫和，成爲典型的佛象，它原先甩開長鼻救護佛主的英勇形象未變，具有相當的戰鬥力。

英雄史詩中的象戰，是現實象戰和原始宗教象文化、佛象結

㉟㊱　岩峰：〈漫談傣族象文化〉，收入《見葉文化論》。

合的反映。

　　靈猴和象隊加入英雄戰爭中，除了原始動物崇拜信仰，佛經的獼猴、白象故事也是催化劑。神猴、神象的不可侵犯的無上神靈、權威，凸顯英雄的異稟勛蹟，說明英雄超凡的神權、王權。馮·哈恩歸納英雄模式，曾提及英雄在幼年被丟棄的過程中曾被動物哺乳，（參見《英雄與神》一節）最有名的當然是后稷被牛羊、鳥類哺育，而《厘俸》的海罕也曾被金牛哺育，動物常是英雄的朋友，他是英雄史詩的另一類英雄。在被棄過程中，英雄被動物哺育，在征戰時，神猴、神象成了盟友，表現和人類一樣的智慧、勇氣和個性，這一切似乎也和原始初民的萬物有靈觀脫離不了干係，動物一直和人一樣，是英雄的朋友或化身。

三、英雄與神弓

　　提起善射的英雄，最有名的當然是作爲弓箭化身的后羿，《山海經．海內經》記載：「帝俊賜羿彤弓素矰，以扶下國，羿是始去恤下地之百艱。」羿有神籍，獲得天帝所賜神弓。《左傳》、《莊子》、《管子》、《荀子》、《韓非子》、《論語》等先秦典籍，都曾提及羿善射，而《墨子．非儒》說：「古者羿作弓」，《呂氏春秋．勿躬》也說：「夷羿作弓」，認爲羿是弓箭的發明者。因爲“羿”字本作“羿”，《說文》寫作“弮”，三個字都保留了弓箭的象形成分，葉舒憲先生就肯定“羿”這個字的形狀恰似兩枝頭向下的利箭❸。

---

❸　葉舒憲：《英雄與太陽—中國上古史詩的原型重構》，上海社會科學院出版社，1991，頁71。

而中國周邊的少數民族也都有一個或數個自己民族的射日英雄，如苗族的陽雀、揚亞、桑扎，蒙古族的烏恩，壯族侯野，瑤族格懷，珞巴族究究底烏，哈尼族俄普浦羅，拉祜族扎努扎別，布朗族顧米亞，布依族的王姜和勒戛，壯族、高山族、獨龍族則是由能人或獵人將多餘的太陽射下。正如后羿一樣，射日說明了英雄有好的箭法，都有一把神弓。善射是成爲英雄的條件。

韓國金富軾所著《三國史記. 高句麗本紀》記載朱蒙誕生，言其善射，「扶餘俗語善射爲朱蒙，故以名云❸。」而王充《論衡》、裴松之《三國志補》、《梁書》則記載朱蒙躲避追殺逃到水邊時，「以弓擊水，魚鱉浮爲橋❸。」朝鮮族神話則記朱蒙幼時即以弓箭射紡車上蒼蠅，而且百發百中，長成以後又曾以弓箭射山鳩而取得麥種，爲了證明自己天帝子孫的身分，朱蒙和沸流王松讓比賽射箭，「朱蒙將一只玉環懸掛在百步以外，一箭射去，只見玉環破如瓦解❹。」朱蒙的弓明顯地具神秘性，百發百中，還能指揮水中魚鱉，神弓並非只是武器。

楊麗珍先生說：「傣族長詩中幾乎每篇都有的那些神弓上弦、張弓折箭的比武招親擇婿的情節，顯然都是《羅摩衍那》中情節的演化❹。」

---

❸ 金富軾：《三國史記》（上），乙酉文化社，1983，頁260。
❸ 漢·王充：《論衡. 吉驗篇》
　　裴松之三國志補注魏志卷三十東夷傳注引魏略
　　唐·姚思廉：《梁書. 諸夷列傳》
❹ 《中國少數民族神話選》，谷德明編，西北民族學院研究所，1981。
❹ 楊麗珍：〈〈 羅摩衍那〉對傣族敘事長詩的影響〉〉，《雲南師範大學學報》1986年3期。

在傣族敘事詩中，挽弓射箭是十分習見的場面，對英雄來說，弓箭有多層意義，或表天賦異稟的陽剛力量，或表獲得婚姻認可權，或表擁有王權。

創世史詩《巴塔麻嘎捧尙羅》中，射神惟魯塔奉天神之命射落肆虐的七個太陽神，形象正如后羿一樣，或者是前文所談難題求婚故事中的賽射關目。而神弓實際上是英雄的表徵物，擁有代表神籍、王權的神弓，或擁有咒術意味的生命弓，通常就是掌握成敗的關鍵。

為了通過難題求婚考驗，英雄要挽弓射箭，而在爭戰的場合中，英雄更需要一把神弓來展現他的英雄本色。傣族史詩中，天賜神弓幾乎成了英雄的化身。

不只前文論及的《婻倪罕》、《召樹屯》、《阿鑾射星》外，《紅寶石》、《白蚌殼阿鑾》等故事也都敘述英雄阿鑾獲天神賜贈鋼哈象弩箭（所向無敵的弓箭），而且只有他能拉開弓射出箭。敘事詩《召香勐》中香勐王子要離開勐委扎到森林去，國王將古蘭嘎時代天神的寶物送給王子，寶物包括寶刀、飛鞋、寶弓和神箭❷。除了刀棍，寶弓、神箭是英雄爭戰時致勝的關鍵，因為它代表神意。在史詩《厘俸》的戰爭場面中，弩箭、長矛、標槍齊飛，除了象騎、馬匹外，武器也是展現英雄行徑的工具❸。在這些寶刀、長矛、標槍、鐵棍、弓箭中，弓箭仍是公認最習見、最

---

❷　《召香勐》，刀興平翻譯，收入《雲南民族文學資料集》第三集，1979，頁36。

❸　《厘俸》，周鳳祥翻譯，孫敏、李子賢等整理，傅光宇等編《傣族民間故事選》收錄，上海文藝出版社，1985。

神聖的武器。另外，敘事詩《章響》中未言及英雄蘇領達有神弓，卻談到英雄的對手勐西丙國王的神聖寶貴武器就是長刀、鐵棍和弩箭❹。

《蘭嘎西賀》中十頭王奉瑪加和朗瑪王子的神弓更是英雄史詩的焦點。十頭王向天神父親哈奉要求：

> 請父親給兒無量的神力，
> 讓兒掉入海洋萬年不死，
> 讓兒大火燒身不傷，
> 鋒利的神箭寶刀飛來，
> 也穿不進兒身上的衣裳，
> 就是有百發百中的 "塔弩西神箭"，
> 在兒的面前只當做雨點❹。

於是，十頭王有一把神弓叫 "弓賽宰"，意即寄託生命的神弓，還配上七支神箭，「有了這無敵的寶物，戰爭和弓刀都不怕，它能征服妖魔和鬼怪，一箭能射死九千萬妖魔❹。」而相對於十頭王的生命神弓 "弓賽宰"，朗瑪王子也有一把天神所賜的阿沙尖神弓，這把神弓天下所有人都舉它不動，任何人也不能征服它，只有福氣齊天的朗瑪王子才能挽弓射箭。

---

❹　《章響》，刀安民等翻譯，收入《雲南民族文學資料集》第一集，1979，頁125。

❹❹❹　蘇達萬：《蘭嘎西賀》，岩溫扁譯，收入《雲南少數民族文學資料》第4輯，1981，頁154-168。

　　神聖的阿沙尖弓只有朗瑪王子才挽得動,代表他具有天賦神權,而其婚姻也是神意,是天賜良緣,前生注定。

　　然而,朗瑪王子的阿沙尖神弓仍是無法戰勝十頭王,因為天神送的神弓保護著他。

> 他的生命和靈魂,
> 被緊緊鎖在神弓裡,
> 神弓不壞奉瑪加不會死,
> 這神弓名叫"弓賽宰",
> 射出的神箭如閃電,
> 奉瑪加當作寶貝背在身邊❹。

　　在阿奴曼到蘭嘎城燒宮殿時,奉瑪加怕大火燒壞神弓,他偷偷將神弓拿給森林中的僧人帕拉西保管,兩人各持同樣刻一百道線紋的神棍為憑,必需由奉瑪加親自拿著神棍去找帕拉西才能取回"弓賽宰"。在神猴阿奴曼搖身變成奉瑪加,而拔下一根猴毛變神棍以後,他將奉瑪加的生命神弓騙取到手。失去攸關生命的神弓,奉瑪加頓時手足無措,馬上就面臨了死亡,朗瑪王子以十頭王的"弓賽宰"射斷他粗大的脖頸,十個頭一一滾滾下來。

　　十頭王的"弓賽宰"實際上是他個人特定秘密的、幻想的生命魂或 Mana 所託的致命部位,即民俗學上所謂的"生命線"(The line of life)或"生命點" ❹(The point of life)。傣

---

❹　蕭兵:《中國文化的精英—太陽英雄神話比較研究》,上海文藝出版社,1989,頁933-942。

語中"弓賽宰"原本就是指攸關生死存亡的神弓。

俸族學者岩罕先生所譯《蘭嘎西賀》異文本更強調說要取得十頭王的生命弓才能徹底打敗他。

> 蘭嘎的生命弓留在深淵的海底………
> 但是生命弓是不易取到，
> 保留生命弓的地方有七道門，
> 魔王守在第一道門，………
> 通過了七道門，
> 裡面還有一個大箱子，
> 箱子用大金鎖鎖著，
> 鑰匙是龍王掌管。
> 打開了大金鎖，
> 裡面還有七個小箱子，
> 他的生命弓就放第七個小箱裡面❹。

後來，哈臘曼（即神猴阿奴曼）克服重重困難，從龍王枕頭裡偷出鑰匙，尋獲"生命弓"，才取了十頭王性命。另外還有一段富代表性的異文：

> 哈臘曼變成叭蘭嘎（十頭王）去取生命弓，跟龍王説成是

---

❹ 蘇達萬：《蘭嘎西賀》，岩罕譯，收入《雲南少數民族文學資料》第6輯，1981，頁250-251。

借用。

召朗瑪拿著生命弓對著朋麻渣（十頭王）説：「你再不投
降，你看看你的心。」朋麻渣不投降，他説：誰也戰勝
不了他，他是獨一無二的王。召朗瑪把生命弓割斷，朋
麻渣就死了❺。

　　生命弓是十頭王的"心"，召朗瑪不用挽弓射箭，只要將生
命弓割斷，十頭王就魂斷命絕，這明白宣告著生命弓即十頭王的
"生命線"。

　　列維—布留爾引金斯黎所著《西非旅行記》（Travels in
West Africa）說，"生命線"觀念源於初民的靈魂和死亡觀，
他們認為人有好幾個靈魂，當所有的靈魂都消滅以後人才會眞正
死亡。這些靈魂有時甚至不附著個人肉體之上而躱藏在身體外某
一神秘東西（尤其是林中動物）身上，及所謂"叢林靈魂"。當
叢林靈魂死了，與它聯繫著的那個人也要死❺。十頭王的生命弓
似乎是他的"叢林靈魂"。

　　弓弩成為神聖武器，甚至成為生命弓，當然和處於狩獵時期
原始初民對弓箭的崇拜有關，於是弓箭的使用和咒術信仰結合，
必需要有福氣的特定對象才能拉動某些神賜的寶弓。像朗瑪王子
的父親塔打臘達國王就用天神所賜神弓"弓塔弩"幫著叭英打敗
海底的矮孫國王。

---

❺　同前註附錄，頁260-261。
❺　法・列維—布留爾（Levy—Bruhl,Lucien,1857—1939）：《原始思維》，
　　丁由譯，北京商務印書館，1987，頁81—82。

阿鑾類型故事中的難題求婚情節常有張弓射箭場面，而射鳥取穀的關目中也是爲了考驗英雄的箭術，即使連創世史詩的射日神話，或洪水後兄妹婚的射箭占卜情節都離不了弓箭。弓箭的神聖性、巫術性不容置疑，正是說明它在初民生活上的重要程度。

日本學者大林太良先生認爲后羿射日神話是王權交替現象❷。這個論點相當值得探信，弓弩原本就常是王權的象徵。

古代女眞人的首領行軍出獵時以箭號令，箭爲權力象徵。而滿族新族長當選後，老族長常要將一副祖傳的弓箭交給新族長，意謂新族長就職。另外，滿族人如果生男孩，要在門外掛一副小弓箭當標誌，在子孫繩上也常掛小弓箭，希望他長大後成爲善於騎射的英雄❸。弓箭實際上就是陽剛力量的代表。

日本學者伊藤清司先生也說難題求婚實際上是成人儀式，正如吉奈普（A.V.Gennep）和艾利亞德（M.Eliade）等學者的主張，是“生命儀式”（rite de passage）的一種。伊藤先生並舉日本《古事記》中大國主命的故事，說明難題求婚是就任王位之前的考驗，像大國主命在經過“死亡”的考驗以後，從其岳父即黃泉國國王那裡獲得特殊許可，被准予攜帶具有法力的武器——刀、弓和琴，並被推舉爲王❹。弓弩的確是王權的象徵，能挽弓射箭代表英雄可以爲王。難題求婚是一種“王權通過儀禮”。

雲南、貴州、四川、廣西等地的少數民族在節慶時有射弩的

---

❷　大林太良：〈羿神話と王權〉，《日中文化研究》第三期，1992年7月。

❸　《中國象徵辭典》，劉錫誠、王文寶主編，天津教育出版社，1991，頁96。

❹　伊藤清司：〈中國古代典籍與民間故事〉，收入《神話——原型批評》，葉舒憲選編，陝西師範大學出版社，1987。

競技活動。能挽弓射箭代表男子的勇武、陽剛，是村落中人人尊
敬的英雄。

　　弓箭一度在狩獵時代或部落的爭戰中扮演重要角色，是最銳
利的武器，也代表男子有養家活口的能力，因此成了難題求婚的
競賽項目，也由此演變出弓箭的神聖性、巫術性。

　　弓箭成爲神權、王權象徵，代表英雄的陽性力量，有婚姻認
可權，甚至成爲英雄的生命弓，這或許因爲初民在社會發展階段
中長久使用弓箭當武器和工具，而引申出的弓箭崇拜心理。

　　附帶要提的是，陳慶浩先生所編輯《越南漢文小說》第二集，其
中的《嶺南志怪》就有神奇龜爪做成的弓弩，這龜爪弓便是所向
無敵的神弓。而廣西壯族的民間故事中也有神弓的故事。據陳先
生說，神弓故事類型在百越民族地區分布非常廣❺。俚族是百越
族群之一，或者因此流傳神弓故事。

---

❺　〈嶺南摭怪外傳〉，收入《越南漢文小說叢刊》第二輯，陳慶浩等編，台
　　灣學生書局，1992，頁64-66。

第三章 人性英雄

一、 人格化的英雄：和阿鑾比較

在《阿鑾類型敘事詩》中，提到阿鑾並非某一個人的名字，而是泛指那些貧窮，或雖出身貴族，但總是因為家庭或社會原因，脫離家庭，從小受盡折磨，不畏艱難險阻，最後得到勝利的人。也有認為阿鑾這個詞來自印度梵文，指很有學問的聖者，或者可以說就是英雄的意思。阿鑾也有英雄的意思，那麼他和英雄史詩中的英雄到底有何差別呢？阿鑾故事中常強調阿鑾是佛祖投胎轉世，他和英雄史詩中的英雄最大的區別在：前者是神性英雄，後者雖有神性血統，卻是較近人性的英雄，表現人格上的多項弱點。

阿鑾既有英雄的意思，他和英雄史詩中的英雄必有一些相同的特質。而阿鑾故事既有巫術和宗教色彩，傣族又說它是講述佛祖五百五十代經歷的，因此阿鑾故事和英雄史詩必有一些出入，不管在內容上或精神特質上，阿鑾和所謂征戰英雄是迥異的。

在第三篇中提過阿鑾敘事詩或故事的內容特徵，可以和英雄史詩逐一比較。

第一，凡阿鑾都是由天神冊定的，是佛祖古德瑪的化身。換句話說，阿鑾即是神，是佛祖。英雄史詩則不然，英雄有神性血統，是人間英雄。至於阿鑾的形象有時是白蚌殼、四腳蛇、癩蛤蟆，有時則是綠瓜，甚至阿鑾只有一個頭或一塊肉皮；英雄則不會有所謂畸型的情況，海罕、朗瑪、相勐、蘇領達必定是王子或正常的人類。

第二，幾乎每一部阿鑾敘事詩或故事中，都會出現在森林中修行的僧人雅細（或稱帕拉西）和天神坤西迦（或稱叭英）兩個人物，由他們幫助阿鑾在人間戰勝困難和邪惡。英雄史詩中的天神形象十分模糊，僧人也不具有戰勝邪惡的能力，英雄獨自上陣殺敵，拉弓射箭；阿鑾所面對的戰爭通常都由僧人或天神去應付，僧人或天神使用咒語或法術打敗敵人，即使阿鑾有超凡的能力，會念咒作法，也必定是由僧人所傳授。阿鑾是天神或僧人所掌握的傀儡，即使死了，天神或僧人也能使他起死回生。

第三，絕大部分阿鑾故事，都有一個反面角色─魔鬼。這些魔鬼有的很凶惡，也有的並不可怕，甚至還有魔鬼國，裡面的百姓全是魔鬼。這個情節應是來自印度，印度史詩《羅摩衍那》中的楞伽城就是羅剎國，《蘭嘎西賀》沿襲過來，就成了妖魔住的勐蘭嘎，因為阿鑾故事的反面角色通常是魔鬼，戰爭的場面也以咒語法術為主。除了《蘭嘎西賀》外，英雄史詩中的敵國都是更強大的部落，英雄是小國王子，卻在激烈的象戰中打敗大國，英雄史詩反映的似乎是部落戰爭，而阿鑾故事記載佛祖歷劫經歷。

第四，幾乎所有的阿鑾故事，都有一個正直、善良、美麗的姑娘或公主，往往為了一個姑娘或公主而引起戰爭。最後，姑娘或公主成了阿鑾的妻子。英雄史詩中往往也會為了一個公主引起戰爭，然而戰爭幾乎都在英雄娶了公主之後，女方哥哥反對或妻子被搶，英雄發動戰爭奪回妹妹、妻子。而阿鑾故事中，娶了公主當上國王常是結局。

第五，阿鑾幾乎都有異乎尋常的本領，上天入地，飛來飛去，會變成各種動植物，神話色彩濃厚，而且阿鑾幾乎都擁有寶物。英雄史詩中的英雄較具人性，他們的本領不過是拉弓射箭的能力較強罷了。英雄史詩中也會有奇異超凡的情節，不過都非英雄本人所具備，而是幫助他的神祇或動物所使。

從內容上的異同，可以約略領會一點，阿鑾是神化英雄，而英雄史詩中的英雄是人化英雄，後者是較具人性的，不似阿鑾的形象那般模糊飄忽。

阿鑾在印度梵文中指很有學問的聖者，而他在敍事詩中也的確有非凡的本領，扶弱濟貧，例如《九顆珍珠》中寫阿鑾爲百姓尋找治療疾病，起死回生的仙水仙草，表現的完全是宗教家的高貴情操。阿鑾故事類型中的結局必定強調他當上國王後，勤政愛民，老百姓幸福安樂。阿鑾是道德完美的聖人，似乎不具備凡人的貪嗔癡。或許這是小乘佛教影響的結果，使阿鑾的人性部分薄弱，而神性的色彩較濃。

英雄史詩中的英雄較具人性，有人的弱點，有時甚至殘暴無道。《厘俸》中大將岡曉在初次征戰中稍微敗陣，海罕就拔出寶刀怒聲呵責：「平時你們吹噓如何勇敢，所向無敵以一當百，破一勐之地只需一頭戰象。現在和雙線交戰，卻又損兵折將。我恨不得揮刀將岡曉斬！我要殺一儆百讓衆人看。」部下替岡曉苦苦求情：「斬了岡曉猶如丟了十個岡（勐），猶如丟了萬頭戰象。不再有人願意佩帶寶刀，爲你衝鋒陷陣去打仗。自古只有猛將戰死沙場，沒有死於主帥的刀槍。……我們可以寫信給岡曉，叫他重整齊鼓與雙線再戰，如果還不能戰勝雙線，那就叫他自己把頭割。」海罕同意暫時赦免岡曉，接著命令岡曉的弟弟岡庄：「去把我的書信交，再把我的命令傳。明日出戰要取勝，否則撤職斬首不留情，還要滿門全家來抄斬。」史詩中所出現的似乎是一位蠻橫、讓人嫌惡的統治者，並非能力超凡的英雄。當然，岡庄對岡曉是十分憐憫的，他說：「你如同一隻籠中雞，只等別人把酒下。你如同砧板上的一塊肉，只等蔥薑蒜來鍋裡炒。」而岡曉也是滿腹牢騷，他又吐唾沫又跺腳：「海罕的頭領多又多，但無人敢把先鋒當。海罕的飯人人吃，但無人拔出寶刀。只有我岡曉一人打頭陣，忠心賣命為海罕。可是到頭來還要把首斬❶。」雖是叱吒風雲的英雄，有時行事卻令人扼腕切齒。

　　同樣的情形也見於《蘭嘎西賀》的朗瑪，他有時表現了嚴苛殘酷的一面。猴王夏伶領猴兵幫忙朗瑪，一行人困在海邊，無法渡過大海到勐蘭嘎，即使是威武無敵的神敵阿奴曼也無能為力，沒想到朗瑪「憤憤舉起神弓，挽起神弓要射猴群。」急得夏伶跪下來求饒：「請有福的朗瑪王寬饒，一切由我和侄子來承擔，我們願意進到海裡去搭橋，在海面上想辦法，搭起石橋通蘭嘎，朗瑪王，求你快收下神弓吧❷！」擁有天神所賜神弓的英雄朗瑪，一不順遂，就要致人於死，和史詩中的魔王並無兩樣。

　　《召香勐》中的英雄們更表現出殘暴的形象，勐委扎的大王

---

❶　《厘俸》，刀永明、薛賢、周鳳祥翻譯整理，雲南民族出版社， 1987，頁66-69。

❷　蘇達萬：《蘭嘎西賀》，岩溫扁翻譯，收入《雲南少數民族文學資料》第4輯，1981，頁105。

子召門塔首先帶領士兵攻進勐哈傣城內，「有的搶百姓的東西，有的想強姦婦女。」勐委扎的士兵搶到大批金錢、大象的金鞍、馬匹，他們騎馬在城裡奔跑說：「我們打勝仗了，我們要你們的金銀，你們交出金銀吧，拿出手鐲來，還有金簪，如果不交出來呀，婦女都要當勐委扎士兵的老婆。」至於香勐王子則更過分，他到宮廷看到召沙瓦里後，就用腳踢對方的肋部，召沙瓦里滾在地下，香勐罵著：「我把公主救出來還你們，你們為什麼不把我當做有恩的人。……能捉住了毒蛇的脖子，我要加千倍的報應。」他邊說邊打，把召沙瓦里拖來拖去，踢來踢去❸。部落間的兼併戰爭，不外為了土地、女人和錢財，武力強盛者則可以讓所有的小國臣服、進貢。香勐王子表現的正是勝利者的報復心態。

英雄有人性，人性中有俗性和魔性。而阿鑾是有學問的聖者，聖性中有神性，人性的成分相對減少，因此阿鑾不像英雄海罕或朗瑪所表現的殘暴。然而，「傷口裡流著膿血的戰士才是英雄」，海罕、朗瑪等英雄正是從人向神又從神向人的中介英雄神，「他們體現著人類的勇敢、智慧和勤勞，也負擔著人類的軟弱、愚蠢和放縱。他們不得不為自己，也為人類的錯誤或罪過付出鮮血或生命的代價。所以，一切英雄神話裡都直言不諱英雄的貪婪、好色、輕信和粗暴—有時正是這些"性格的缺陷"導致英雄的毀滅，……英雄悲劇不但是人類命運內在衝突的悲劇，而且也是一種萌芽狀態的性格悲劇和歷史悲劇。」❹

---

❸ 《召香勐》，刀興平翻譯，收入《雲南民族文學資料》第三集，1979，頁113-114。

❹ 蕭兵：《中國文化的精英》，上海文藝出版社，1989，頁982。

二、命定與不死

英雄是下凡的神，超凡的人，神子的特殊身分常使他們輕易地擁有王權，要抗爭一切障礙，積極參與戰爭。而參與戰爭的結果，使英雄的個性充滿悲劇精神。然而傣族史詩的英雄卻只見圓滿結局，沒有悲劇精神。

尉天驄先生說，古代所謂的神實際上是“人”的擴大，也就是說，他們都是發揮人的“力”以克服各種災害的英雄。例如夸父追日的“不量力”，正是面對困境時不屈服的奮鬥精神，這種精神有人稱之爲“悲劇精神”，是一種從苦難之中孕育出來的力量❺。

蕭兵先生也說，英雄的本質是人以“超人”的行爲，克服“神”（自然）和自我（人）所造成的種種障礙，從而超越自己的存在，促進人類自我的自由能動本質的實現。塞爾格葉夫論盜火的普羅米修斯（Pyometheus）悲劇云：「他的奮鬥當中往往碰著一些不能克服的因素，譬如，氏族的、地區的、宗教的以及其他的各式各樣的傳統和偏見，用古代悲劇作者的話來說，這一切就是所謂命運。普洛米修斯的形象，乃是反抗過去的、褊狹的、自滿的、無理的一切的戰爭❻。」

《召香勐》中香勐是神祇下凡轉世，他遇難時天神出面搭救，而執意和香勐抗爭的沙瓦里王子最後當然只有失敗的命運。神意是永不能違抗的，神子也是。《厘俸》中俸改曾迎戰天神派下凡

---

❺　尉天驄：〈中國古代神話的精神〉，收入《從比較神話到文學》，古添洪、陳慧樺編，台北東大圖書公司，1977。

❻　蕭兵：《中國文化的精英》，上海文藝出版社，1989，頁849-850。

的太陽神，太陽神節節後退，人神之戰的初期神遇到挫敗，而最後俸改仍然死了，被神子英雄海罕殺了。《蘭嘎西賀》中，十頭王捧瑪加接受了天神父親所賜的超凡本事和生命之弓，但是又殷殷告誡他有三樣不能戰勝的東西：「第一是天神的化身，世上最有福氣的、善良正直的王子；第二是天神賜給人類的神弓，你無論如何挽不動它；第三是森林裡的白猴，切莫去惹它，惹它只是自找麻煩。」做爲神子的捧瑪加身上的叛逆因子注定他的悲劇命運，他和天神的化身召朗瑪王發生大戰，又任性地去挽神弓，而且和森林中的白猴哈努曼有了爭鬥，因爲碰上不能違背的這些天條，捧瑪加終於被召朗瑪射死。神既讓英雄有超凡的能力，爲何又預設天規來鉗制他，這是否意謂著：凡是英雄就要有英雄不能掙脫的悲劇命運。

身爲靈智英雄的神猴哈努曼原本是風神的兒子，他從小任性，甚至爲了要啃吃太陽，被天神叭英的閃電打塌了下巴。風神父親治好了他的病，而且又傳授他超凡本領，可是神猴的傲慢無禮又得罪僧人帕拉西，他受到詛咒，而且得了重病。《羅摩衍那》中的羅摩也有同樣的情形，躺在搖籃的嬰兒羅摩竟要拿月亮當玩具。樂蘅軍先生就說，這些和自然神靈爭勝的英雄是上擬於天，他們以至尊的天威爲模擬對象。他們通過失敗、死亡，通過憤怒和固執，而將內心的意念無休止地展露在天地之間。這些代表民族集體心靈的早期悲劇英雄，卻是一種未完成的憾恨，一種待償足的渴盼❼。

---

❼❽　樂蘅軍：《古典小說散論·悲劇英雄在古神話中的造象》，台北純文學出版社，1976。

　　北歐神話中的英雄西格爾（Sigurd），原就降生在一個預先佈置好的結有世仇的家族中，生命的任務就是殺掉他母親的丈夫；印度《摩訶婆羅多》中的英雄也分別降生在永不和解的、愈戰愈烈的兩大家族中。中國古神話中的英雄刑天、共工、夸父並未有複雜糾葛的人世命運，卻全然地表出"一個欲求戰勝自然威靈的行動❽"，傣族史詩中的英雄似乎沿襲著印度的英雄模式，他們將天上的宿仇延伸到人間來解決，英雄一下凡出生，天意就決定他們的命運。

　　執意和香勐王子抗爭的沙瓦里王子，抗爭的對象其實就是天神，俸改堅強地迎戰天神派下凡的太陽神，而十頭王不可避免地招惹他永不能戰勝的對象，哈奴曼要啃吃太陽，羅摩要拿月亮當玩具。然而，對抗天神的失敗英雄全非史詩中的主角，唯一的主角是羅摩，他採取的卻是妥協態度。當嬰兒時期的羅摩伸出兩手要拿月亮當玩具時，他的母親給他珠寶，他隨手摔了，他號叫，他哭泣，哭得兩眼紅脹起來。想了許多辦法，有人餵乳，有人向女神獻祭、有人誦經驅邪，羅摩依然哭泣。束手無策的十車王便召來首席大臣：

　　　　他把一面鏡子放在羅摩手中，反映出月亮來。於是這位小王子滿足了，相信他已經拿到月亮，停止了哭泣❾。

　　羅摩表現的並非悲劇英雄的抗爭態度。許多學者都以為印度

---

❾　《印度兩大史詩》，糜文開譯，台北商務印書館，1967，頁6。

沒有悲劇，當然受印度影響的傣族也是。

英雄本來屬於戰場，而從戰場功成身退的英雄就只有在塵俗淪落，失褪他的超凡和光輝。

希臘神話中的英雄赫拉克里斯（Hercules）正在思考自己命運前途時，遇見兩位仙女。豔麗動人的仙女說，英雄如果選擇她爲友的話，她答應「你走最平坦安適的路。那裡沒有你嘗不到的快樂，也沒有你不能避免的不幸。你將不參加任何戰爭和決鬥。你將不用心思，只是享受豐盛的飲食和美酒，極耳目視聽之樂，極身體和肉感的滿足，睡著柔軟的床榻，這些享受都不要費事也不要費力。……」仙女說她的朋友叫她"幸福"，而敵人卻侮辱她稱她名字叫做"墮落的享受"。另一個仙女也要和他爲友，「你將成爲一切善良與偉大的事業中的卓越人物，但我沒有怠惰的快樂來賄賂你。假使你願意收穫，你必須耕種。假使你想戰鬥得勝，你必須學會戰鬥的技術。……」英雄選擇後者，願意面對磨難艱辛的人生戰場，終其一生流汗流血❿。

蕭兵先生說：「英雄的一生必然是苦難和克服苦難的一生，他時刻生活在緊張、奮鬥和種種嚴酷的考驗裡。這不但是他生存的需要，也是他性格的要求。英雄的命運必然是：痛苦、折磨、危險、燒煉、戰鬥、貢獻和犧牲。但是他不但安之若素，而且甘之如飴，流汗流血而不流淚，帶著傷口和歡笑去戰勝一切困難險阻，直到奉獻出生命，都在追求人性的"復歸"和人格的"超越"

---

❿ 德·斯威布（Gustav Schwab）：《希臘的神話和傳說》（上），楚圖南譯，人民文學出版社，1988，頁150-152。

❶。」因爲征戰，英雄才寫下不朽的名字。

卡爾·雅斯貝里斯說，悲劇英雄本身就處於善與惡之中，他在"善"裡完成自己，又在"惡"裡毀滅自己。一般說來，他的存在被自己那用來應付一些眞實的或想像的絕對要求的一致性所毀壞了❷。戰爭的悲劇是英雄的悲劇，戰爭是毀滅、死亡。屬於戰場的英雄只有悲劇，不見有喜劇英雄。尼采認爲，悲劇神話中透過悲劇英雄人物，把我們從追求塵世滿足的貪慾中解救出來，並提醒我們還有另一種存在和更高的快樂。悲劇英雄透過敗亡而非透過勝利來準備追求這種快樂❸。傣族史詩卻恰恰沒有毀滅和敗亡，它的結局全是善有善報的圓滿喜劇。

朱光潛先生就曾引用列維（S.Leiv）的話，主張影響印度戲劇發展最大的婆羅多《舞論》，其中提到的戲劇形式恰恰沒有悲劇，這部經典明確規定戲劇不能寫成不幸的結局。每個劇本的情節都要經過五個發展階段，而最後階段總是幸運的成功。研究印度文學的權威威爾遜（H.H.Wilson）對印度戲劇有精闢的結論：

> 印度戲劇既不局限於寫罪惡，也不局限於寫人類的荒誕；既不局限於寫重大變化，也不局限於寫人世細小的升遷；既不局限於寫恐怖痛苦，也不局限於寫愉快幸福。……

---

❶ 同❻，頁467。

❷ 卡爾·雅斯貝爾斯（Karl Jaspers）：《悲劇的超越》，亦春譯，北京工人出版社，1988，頁45。

❸ 尼采（F.W.Nietzsche）：《悲劇的誕生》，劉崎譯，台北志文出版社，1971，頁138。

他們總是糅合莊諧悲歡，把各種因素交織成一體。但是，它們絕不會以悲慘結局告終，而按約翰生博士的説法，在莎士比亞時代，只是悲慘結局就足以構成悲劇。雖然印度戲劇也會激起包括憐憫和恐懼在内的各種情緒，但卻從來不最後給觀眾留下痛苦的印象。事實上，印度人沒有悲劇⓮。

在文藝復興時代，常以形式來界定悲喜劇，悲劇以順境開場，而以逆境或慘局作結。喜劇以逆境開場，而以順境的團圓終結。但丁（Alighieri Dante）也説：「悲劇是先美滿而後悲慘，喜劇則正相反⓯。」從傣族英雄史詩中的香勐王子，蘇領達、海罕、朗瑪身上，見不到悲劇英雄的影子，傣族似乎沒有悲劇，因爲印度也"恰恰沒有悲劇"。

學者認爲，印度史詩的主題是揚善懲惡，善惡之舉各有所報，因而善人是維護達摩，（按：梵文Dharmao，巴利文Dhamma，季羨林先生譯作法或道）替天行道的英雄，不是敢於超越現實，敢於面對人生苦難必然性而奮起抗爭的悲劇人物。史詩的主題決定了他們是英雄故事而非悲劇故事。而史詩情節上的生死衝突都被説成是天定的，神意安排以教諭凡人，人物的苦難毀滅都因命中注定或前世果報造成的，在順應命運安排的前提下，人失去一切悲

⓮　朱光潛：《悲劇心理學》，收入《朱光潛美學文集》第五卷，上海文藝出版社，1989，頁513-514。

⓯　張建：《文學概論》，台北五南圖書公司，1983，頁232。

劇性的抗爭行動❶。

　　印度史詩影響所及，傣族似乎也沒有悲劇，英雄史詩沒有悲劇，阿鑾類型的故事也沒有悲劇，幾乎所有的故事都是大團圓。傣族當然也有悲劇，根據王松先生所言就有多部悲劇敘事長詩，如《賧納康》（亡佚）、《宛納帕麗》❶、《海罕》（此書未見）、《娥并與桑洛》❶、《葉罕佐與冒弄央》❶、《葫蘆信》❷、《嫡波冠》❷等，然而，這些作品的產生似乎都在後期，是在英雄史詩和阿鑾類型故事之後❷。其實，這些悲劇作品並不能排除外來的影響，例如《娥并與桑洛》實際上就是漢族的祝英台、梁山伯故事翻版❷。而王先生所提的這些悲劇敘事詩全部是愛情故事，是男女感情婚姻不自由下的悲劇，這樣的故事和英雄史詩時代應該極為懸殊。受印度或佛教影響的傣族史詩原先似乎並無悲

---

❶　邱紫華：《悲劇精神與民族意識》，華中師範大學出版社，1990，頁255-258。

❶　據岩溫扁先生所言，此書已譯好，即將出版，可惜仍未問世。

❶　《娥并與桑洛》，雲南省民族民間文學德宏調查隊搜集翻譯整理，雲南人民出版社，1978年二版。

❶　《葉罕佐與冒弄央》，雲南省民族民間文學德宏調查隊搜集翻譯，佘仁淵整理，《山茶》1983年一期。

❷　《葫蘆信》，雲南省民族民間文學西雙版納調查隊搜集翻譯整理，雲南人民出版社，1978年二版。

❷　《嫡波冠》，岩溫扁、岩峰、王松翻譯整理，《民間文學》1984年1期、2期。

❷　王松：《傣族詩歌發展初探》，中國民間文藝出版社（雲南版），1983，頁245—253。

❷　鹿憶鹿：〈娥并與桑洛──傣族的祝英台與梁山伯〉，《中央日報》　1989年一月二日第十七版。

劇，當然也無悲劇英雄。

馮·哈恩和拉格倫所歸納的英雄模式裡，包括死亡回歸一項，通常英雄「死的方式很離奇」、「由於亂倫而遭人辱罵並短命致死」、「死於一個被辱僕人的報復」、「神秘地死去」。傣族史詩繼承印度傳統，投胎轉世（或昇天）代替死亡回歸情節，英雄從不死亡。《章響》的英雄蘇領達在人世活了一千歲，他的靈魂才上天堂；《蘭戛西賀》的英雄朗瑪活了一千年以後，他開始叫人們為他蓋佛堂，為靈魂升天預備，結果，朗瑪健康長壽達一萬年才升天，他的靈魂隨彩雲飛上天空成了佛，而西拉也和他一樣住在天宮裡。至於《召香勐》、《厘俸》則未論及香勐王子和海罕的升天情節。印度史詩《羅摩衍那》的羅摩正是統治王國長達一萬年，並未提到羅摩死亡情事。這樣的情節不正是傣族史詩所本？

或許，傣族史詩的英雄人格化並不徹底，它濃厚的神性（佛性）主導下，所謂悲劇英雄往往有喜劇圓滿的收場，並不見悲劇精神。

第四章　《蘭嘎西賀》的印度成份

　　聞名中外的中國三大史詩流傳在蒙藏等游牧民族或騎馬民族，而一向以農耕爲主，產生創世史詩群的西南民族也流傳英雄史詩，的確相當引人注目，除了時代背景的考慮外，傣族英雄史詩產生的條件當也不排除外來文化的影響，楊麗珍先生說：「傣族長詩中幾乎每篇都有的那些神弓上弦、張弓折箭的比武招親擇婿的情節，顯然都是《羅摩衍那《中情節的演化❶。」雖不必說印度史詩《羅摩衍那》幾乎影響傣族每篇史詩的拉弓情節，但是，《蘭嘎西賀》有《羅摩衍那》的影子卻是不容置疑的。

一、《蘭嘎西賀》來自《羅摩衍那》

　　傣族英雄史詩《蘭嘎西賀》和印度史詩《羅摩衍那》關係極爲密切是不爭的事實，而《蘭嘎西賀》來自《羅摩衍那》幾乎也是公認的；唯一的區別是，有人認爲《蘭嘎西賀》是從《羅摩衍那》蛻變來，有人認爲《蘭嘎西賀》只是《羅摩衍那》的傣文譯本。

　　《羅摩衍那》及其主人公羅摩，在中國漢譯佛經中曾多次出

---

❶　楊麗珍：〈<羅摩衍那>對傣族敘事長詩的影響〉，《雲南師範大學學報》1986年三期。

現，在許多佛教著述和敦煌藏文寫本、新疆古和闐文與焉耆語（吐火羅）殘卷也有《羅摩衍那》的片斷情節或故事梗概。後來，魯迅、蘇曼殊、西諦、陳寅恪、許地山、柳無忌、金克木、糜文開諸先生對《羅摩衍那》都曾研究過。六十年代初期，孫用先生從印度羅莫什、杜德（J.M.Dent）的英文節譯本轉譯了這部長詩❷。七十年代初，季羨林先生花十年光陰根據梵文原詩翻譯了全詩，分童年篇、阿逾陀篇、森林篇、猴國篇、美妙篇、戰鬥篇及後篇❸， 並寫了《羅摩衍那初探》一書❹。中國人才開始了解《羅摩衍那》全貌，也才有機會認識《蘭嘎西賀》和《羅摩衍那》的雷同部分。

(一)兩者地名、人名譯音雷同

《羅摩衍那》	《蘭嘎西賀》
楞伽（Lanka）	蘭嘎
羅摩（Rāmo）	朗瑪（拉瑪）
悉多（Sitā）	西拉（西達）
哈奴曼（Hanumān，Hanumat）	阿奴曼
婆羅多（Bharata），羅摩弟	帕臘達　朗瑪弟
羅什曼那（Lakshmana），羅摩弟	臘嘎納　朗瑪弟
設睹盧衹那（Satrughna），羅摩弟	沙達魯嘎　朗瑪弟
維毗沙那（Vibhisana），羅波那弟	比亞沙　十頭王弟

❷ 《臘瑪延那　瑪哈帕臘達》，孫用譯，人民文學出版社，1978年二版。
❸ 蟻垤：《羅摩衍那》，季羨林譯，人民文學出版社，1980。
❹ 季羨林：《羅摩衍那初探》，外國文學出版社，1979。

十車王(Dasaratha)，羅摩父	塔打臘達　朗瑪父
遮那竭(Janaka)，悉多父	甘納嘎（嘎納嘎臘）西拉父
須彌多羅(Sumitra)，十車王之二王后	蘇米達　塔打臘達之二王后

　　兩部書中的主要人物譯音相同，可見《蘭嘎西賀》來自《羅摩衍那》。值得注意的是，《蘭嘎西賀》沿用《羅摩衍那》主要人物有個習慣，全是正面人物，反面人物的羅剎、妖魔名字全捨棄；楞伽城內的人名在《蘭嘎西賀》中出現的只有一個，十首魔王羅波那的弟弟維毗沙那（在《蘭嘎西賀》是比亞沙），他是魔王哥哥的對立面，不見容於哥哥，被迫投奔羅摩，在羅波那被殺後，羅摩立他為楞伽王。

　　十車王有三個后妃，憍薩厘雅(Kausalya)，須彌多羅及吉迦伊 (Kailayi)，在《蘭嘎西賀》中出現的同音名字只有二王妃，譯為蘇米達。《羅摩衍那》中大王后憍薩厘雅是羅摩母親，二王妃須彌多羅生下孿生子羅什曼那及設睹盧祇那，小妃子吉迦伊生下婆羅多。整理本《蘭嘎西賀》二后妃依序為蘇干娣，蘇米達及吉西，生下朗瑪、臘嘎納、沙達魯嘎為孿生及帕臘達❺。　不過未經整理的全本卻是二王妃蘇米達生下孿生的朗瑪、臘嘎納，大王后生下沙達魯嘎，只有帕臘達依然是小妃吉西之子❻，　似乎

---

❺　《蘭嘎西賀》，刀興平、岩溫扁、高登智、尚仲豪、吳軍翻譯整理，雲南人民出版社，1981，頁47。

❻　蘇達萬：《蘭嘎西賀》，孟遮曼章領波帕應抄，岩溫扁譯，收入《雲南少數民族文學資料》第4輯，1981，頁143—144。

全本的抄寫者有些疏失，何以和印度史詩不同？更重要的，朗瑪王子如果是次妃所生，何以能繼王位？以人名、情節如此雷同的情況下，《蘭嘎西賀》似乎沒有必要在這無關緊要的地方加以改動，而且又不交代次妃所生王子繼位的理由。或許，《蘭嘎西賀》原先的情形和《羅摩衍那》雷同，流傳時經過傣族人民改動，朗瑪和臘嘎納成了孿生兄弟，而二王妃蘇米達成了他們的母親。

不管如何，從人名、地名音譯的雷同、近似就可肯定《蘭嘎西賀》的確來自《羅摩衍那》。

(二)內容情節雷同

《羅摩衍那》意思是"羅摩的漫游"，敘述印度王子羅摩和妻子悉多一生悲歡離合的故事。羅摩是十車王的長子，本應繼承王位，但因小王妃吉迦伊利用國王曾許諾她的恩典，要挾國王，將羅摩流放十四年，讓自己的兒子婆羅多成為太子。羅摩是忠臣孝子，自願帶著妻子悉多、弟弟羅什曼那流放森林中。後來，羅刹國的十頭王羅波那來到這片森林，看到美麗的悉多，就命令羅刹摩哩遮化作金鹿，施展調虎離山之計，劫奪悉多。羅摩失去悉多，悲痛萬分，幸賴猴國群猴和神猴哈奴曼幫助，在大海上架橋，攻破楞伽城，殺死十頭王羅波那，順利救出悉多，回國繼位。

傣族史詩《蘭嘎西賀》的內容情節幾乎和印度《羅摩衍那》如出一轍。主要描寫勐塔打臘達的王子朗瑪與勐甘納嘎臘的公主西拉的遭遇。塔打臘達國王要傳位給傑出的長子朗瑪，而小王妃吉西執意要國王實踐他曾許諾的恩惠，請求讓親生的帕臘達繼承王位。於是，朗瑪正如森林中的高僧帕拉西所預卜的，注定要流放森林十二年，他只好帶著愛妻西拉和弟弟臘嘎納到森林修行。
不料，勐蘭嘎的十頭魔王垂涎西拉，妖婆化作金鹿誘開朗瑪兄弟，十
頭王趁機劫走西拉。結果，朗瑪也是在猴國國王嘎伶和神猴阿奴
曼幫助下，成功地在大海上架橋，攻進蘭嘎城，殺死十頭魔王，
救出西拉，凱旋回國，登上王位。

季羨林先生說，在過去兩千多年中，《羅摩衍那》被稱爲"
最初的詩"（Adikavya），作者蟻垤被稱爲"最初的詩人"
（Adikavi），成爲印度古典文學的偉大典範，共有兩千多種手寫
本，五十多種梵文註釋，梵文原本的《羅摩衍那》影響非常深遠
❼。 泰國史詩《拉瑪堅》也是來源於《羅摩衍那》，最初傳入
泰國的就是梵文本，泰文中仍然保留了大量梵文。傣文中也有梵
文痕跡，如阿逾陀耶（泰國古都之一，意爲不可戰勝之城）。瑪
哈猜（偉大勝利之意）、蘇文納（黃金）、蘇利亞（太陽）等等
❽。 《拉瑪堅》和《蘭嘎西賀》都受《羅摩衍那》影響，《羅
摩衍那》到底是如何進入傣族地區的呢？傳入的途徑不外兩種，
直接從印度傳入，或者間接由泰、緬等國傳入。

要了解《羅摩衍那》是否經由泰、緬等國，才間接傳入雲南
傣族地區，可以先看看《拉瑪堅》的故事內容是否爲《蘭嘎西賀》所
本？

《拉瑪堅》描寫亞育西王的兒子拉瑪堅王子和細多的故事。

---

❼　同❹，頁1—2。

❽❾　李沅：《從印度的<羅摩衍那>到泰國的<拉瑪堅>和傣族的<拉嘎西賀>》，
　　收入《中印文學關係源流》，郁龍余編，湖南文藝出版社，1987。

史詩中首先敘述泰國一座古樹參天的仙山中住著天神和惡魔。有
一個長得奇醜的惡魔住在山下，他的職務是負責服侍衆天神的。
因爲他長得太醜，常常遭致衆天神的嘲笑，使得他又羞又惱，總
是想方設法要報復這些嘲笑者。想了半天，惡魔想到神通廣大的
鄰居"破壞神"。破壞神答應幫忙，於是送給惡魔一枚魔指，只
要用這枚戴在手上的魔指隨便一指就能使人喪命。惡魔用魔指指
死了不少天神，因此激怒了"保護神"。保護神設法對付惡魔，
就搖身變成美女，引誘惡魔同跳泰國古典舞蹈，當跳到"蛇捲尾
"的動作時，得意忘形的惡魔竟中了計，用魔指指自己的腳，就
這樣死了。惡魔死了，卻不服保護神的欺騙行爲，保護神只好答
應他下凡投胎當魔王，自己也轉世成拉瑪堅王子。史詩後來的發
展正如《羅摩衍那》一樣，拉瑪堅王子和細多被迫離宮到森林流
浪，魔鬼化作金鹿引開拉瑪堅，細多被十頭王劫走。神猴哈魯曼
幫助，救回細多，繼了王位❾。

　　泰國史詩《拉瑪堅》開篇的保護神和破壞神之爭，魔王和美
女跳泰國古典舞，這些情節似乎都未影響傣族史詩。傣族史詩應
是直接受印度史詩影響的。《羅摩衍那·童年篇》記載十頭王羅
波那和羅摩的恩怨，對別人有求必應的大梵天(Brahma)給了十頭
王羅波那恩典，讓所有的神仙，妖魔都殺不死他，於是十頭王爲
害衆天神，甚至想傷害天帝釋。由於十頭王看不起凡人，未提及
凡人的名字，因此天神們請求毗濕奴(Vishnu)下凡爲人去除妖魔，
毗濕奴就這樣轉世爲羅摩和羅波那對抗。印度史詩的這個楔子情
節讓傣族史詩沿襲了，傣族史詩中寫天神瑪哈奉讓十頭王兒子可
以征服海洋、陸地、天空，可以征服整個宇宙的天神妖魔。然而

瑪哈奉不准兒子戰勝天神波提亞轉世的王子、森林中的猿猴和阿沙尖神弓。於是，在眾天神都受不了十頭王的欺凌後，波提亞奉命下凡投胎爲朗瑪王子，制伏十頭王。《拉瑪堅》的開頭情節和《蘭嘎西賀》不倫，可見《蘭嘎西賀》直接來自《羅摩衍那》的可能性極大。

(三)細節類似

《蘭嘎西賀》中有許多細節幾乎和《羅摩衍那》沒有差別，這一點更讓人肯定前者絕對是由後者直接沿襲來的，主旨相同或可解釋人類具有共通的思維模式，而細節的無異卻不能撇開彼此的影響。

《羅摩衍那》在說明羅摩和猴國的淵源時，言及羅摩幫助須羯哩婆殺死仇敵哥哥波林，並立須羯哩婆爲王，猴王須羯哩婆才答應率領猴國幫助羅摩進攻楞伽城。須羯哩婆向羅摩敘述他和哥哥結仇經過，東杜毗是一條力大無窮的公牛，連大山和大海都怕他，在和波林搏鬥時被殺。而大公牛的兒子摩耶波爲一人個女人同波林結怨，兩人戰得難解難分，摩耶波逃進山洞裡。波林要弟弟須羯哩婆在洞外守著，他進洞去追擊敵人。沒想到等了一年，波林仍未出來，洞裡又流出鮮血，須羯哩婆以爲哥哥死，非常悲痛，就用石頭將洞口堵住，免得摩耶波逃出來。後來，猴國讓須羯哩婆繼位爲王，娶嫂子爲妻。沒想到波林竟出來了，原來他在洞裡早已把敵人殺死。波林以爲弟弟故意篡位，極爲生氣就將須羯哩婆趕出猴國。

《蘭嘎西賀》的這段細節變化也不大，寫寶角牛父子之爭，再寫猴王兄弟爭位。一條專橫跋扈的寶角牛，獨佔五千條母牛，他將母牛生下的小公牛全踩死，而留下母牛佔爲己有。一頭母牛偷偷生下一公牛，小公牛長大以後決心報仇，終於將父王寶角牛殺死。可惜小牛王仍是殘暴，後來惹上猴王巴力莫，兩人打進岩洞中作殊死戰，巴力莫要弟弟嘎林守洞口。後來的情形完全和《羅摩衍那》相同。

另外，《羅摩衍那》描寫神猴哈奴曼的技巧、筆法也被《蘭嘎西賀》沿襲。即使連悉多被救以後，羅摩懷疑她的貞操，悉多蹈火自明的場面，《蘭嘎西賀》也仍其舊，西拉在被懷疑後，她說：「我要請帝娃拉（女菩薩）來作証，請您用大火來燒我。」西拉走進熊熊的烈火中，火焰猛烈燃燒著她，「可是比金子還純的西拉，大火沒有燒傷她一根頭髮，她站在熊熊烈火中，彷彿寧靜在陽光下一身溫和。」而蹈火自明的試煉過程泰國史詩《拉瑪堅》也取用。

《羅摩衍那》的每一段過程，拉弓娶妻、宮廷禪讓、森林修行、猴國結盟、進攻楞枷、消滅魔王、夫妻團圓等，《蘭嘎西賀》全照單模仿了。雖然，不敢說《蘭嘎西賀》是《羅摩衍那》的傣文譯本，前者直接蛻變自後者的事實卻是不容抹煞的。

二、《蘭嘎西賀》和《羅摩衍那》相異處

《蘭嘎西賀》既然不能說是《羅摩衍那》的傣文譯本，那麼它是否有如泰國史詩《拉瑪堅》的自創情節？《蘭嘎西賀》在沿襲《羅摩衍那》之餘，是否有傣族的特色？

(一)主題思想有異

　　有學者以為，史詩《羅摩衍那》的主題思想在反映印度的種姓制度，是代表剎帝利的王子羅摩和代表婆羅門的十頭王羅波那的戰爭，羅摩殺死羅波那，也就是剎帝利挫敗了婆羅門。《羅摩衍那》是印度教徒眼中的聖書，作者蟻垤本身又是婆羅門，為什麼竟讓婆羅門敗給了剎帝利？季羨林先生認為，羅摩是冒牌的剎帝利，而羅波那的老祖宗是大梵天，祖父是聲名遠播的婆羅門仙人，同財神爺是兄弟，是道道地地的婆羅門世家。蟻垤美化剎帝利國王羅摩，竟將羅波那寫成殺人不眨眼的妖魔，是因為太窮，才舞文弄墨，為剎帝利國王服務❿。

　　然而婆羅門教所創造和崇拜的有三大神：創造神大梵天（Brahma），破壞神濕婆（Shiva），保護神毗濕奴（Vishnu）。《羅摩衍那》中正是崇奉毗濕奴，他化身為羅摩四兄弟下凡驅伏妖魔，消滅羅波那。如此看來，史詩似乎是歌頌保護神毗濕奴，宣揚婆羅門教義，並非著重在剎帝利挫敗婆羅門的問題上。

　　《羅摩衍那》成書的時間從西元前四或三世紀到西元後二世紀，在釋迦牟尼創立佛教之後，而且它的發源地與佛教相同，都是在印度東部古代摩竭陀，今天的比哈爾一帶，而且據說釋迦牟尼，同羅摩一樣，都是甘蔗王族（Iksvaku）的後裔，《羅摩衍那》

---

❿　季羨林：《羅摩衍那初探》，外國文學出版社，1979，頁97-108。
　　高登智、尚仲豪：〈＜蘭嘎西賀＞及中印文化交融〉，王懿之、楊世光編
　　《貝葉文化論》收錄，雲南人民出版社，1990。
　　岩峰：〈論＜蘭嘎西賀＞與＜羅摩衍那＞〉，《山茶》1986年四期。

應該對佛教有所反映，然而，史詩中幾乎找不到佛教的痕跡。關於這一點，季羨林先生認爲有兩個可能：一方面，《羅摩衍那》浸透了印度教的精神，著重宣揚一套合乎印度教精神的道德，和佛教有點格格不入，所以很少提及佛教。另一方面，佛教當時還並不十分流行，並不像一些佛教研究者所想像的那樣。《羅摩衍那》的基本核心，可能形成於阿育王(西元前二世紀）之前。佛教徒雖然對這一位國王大肆吹捧，把他捧成"護法大王"，實際上，他並不是專心一志地皈依佛教，對其他宗教也崇拜。在阿育王時代的前後，在《羅摩衍那》形成過程中，佛教就是在它產生的地方，也並不怎樣流行，因此，《羅摩衍那》中幾乎找不到佛教痕跡⓫。

　　印度文學一般被分爲三期，第一期吠陀（Vedic）文學，從西元前十世紀到西元後一世紀的婆羅門教文學。第二期始於西元一世紀到西元十二世紀回教徒入侵時，可稱爲雅語文學，這一期文學和初期不同，婆羅門教雖然仍是主要的影響，但是宗教的氣息已不那麼濃厚，世俗的非聖文學中有敘述史蹟、戰爭、英勇與戀愛等故事，宗教不過是一個骨架而已。雅語文學幾百年後才有近代白話地方文學的興起。在雅語文學的範圍內，史詩正是最古、最豐富的部分。柳無忌先生說，史詩所表現的是婆羅門教訓的寶藏，古印度哲理的全部領域；他一方面承接著前期吠陀時代神學與倫理，另一方面啓迪著後期印度民族的政治、宗教、道德思想⓬。

⓫　《羅摩衍那初探》，頁33—36。

⓬　柳無忌：《印度文學》，台北聯經出版公司，1982，頁27。

　　《羅摩衍那》應屬於初期雅語文學，它反映了婆羅門教轉化以後的印度教精神，婆羅門教吸收了佛教、耆那教及民間信仰的思想內容，崇拜"三神一體"的大梵天、毗濕奴、濕婆。因此《羅摩衍那》中有婆羅門教的梵行期、林棲期，也會被漢譯佛經所引用，成爲宣揚佛教教義的經書。確切地說，《羅摩衍那》並非著重在種姓制度的問題上，也並不全然是宣揚婆羅門教或佛教思想，它有神魔交戰、英雄業蹟，也反映以吠陀爲權威的印度教思想，史詩中有漫遊、梵行、林棲和苦行，也有倫理和道德的規範。

　　《蘭嘎西賀》中所透露的主題則較明顯而單純，完全是宣揚小乘佛教的精神，幾乎每一章都在歌頌佛祖。詩中的高僧帕拉西主宰著所有人物的功過、生死、勝敗，他代表佛祖。勐蘭嘎的國王到佛寺求子，帕拉西爲王后念吉祥的咒語，公主古皮提拉就降生了，長大以後和帕拉西一起修行，不願住在宮廷。天神和公主生下十頭王三兄弟後，就返回天宮；公主告訴長大成人的兒子，要想見到天神父親的面，就得遵行世道的佛規，遵守佛祖的五規四法，專心求福積德，盤腿閉目修行，而且要努力敬奉帕拉西，天天打掃寺廟，早晚磕頭滴水。在塔打臘達國王那兒更是唯帕拉西命令是從。國王射箭誤傷帕拉西，帕拉西詛咒國王死後上不了天，會到陰間的大油鍋；國王馬上跪地求饒，請神佛帕拉西收回詛咒。當然，朗瑪四兄弟的出生，也是帕拉西的功勞，他送給國王神蕉，也念了甜蜜的咒語。被棄飄流的西拉是帕拉西所撫養，朗瑪長成以後也要被迫跟著帕拉西修行。塔打臘達國王捨不得兒子，可是又不敢得罪帕拉西，怕引來災難。佛教、僧人主導全詩的精神。

詩中主人翁朗瑪王子原是天上的神，因爲十頭王拆除佛塔、蔑視佛規，在人間橫行霸道，衆神才請朗瑪下凡宣揚佛法、除妖驅邪，普渡衆生。全詩中散發宗教的氛圍，極力強調佛法、佛規的不能抵觸，不尊敬佛者即是妖魔，史詩最後一節即是《上天成佛》，十頭王死後在陰間油鍋，他要忍受一千億年的懲罰。至於十頭王的弟弟比亞沙，因爲他聰明善良，他成爲衆佛中最聰明的神佛；帶朗瑪修行的帕拉西則成爲最有福望的神佛，而讓三個王后吃神蕉生下朗瑪四兄弟的帕拉西，成爲神威廣大的神佛，其他如朗瑪的三個弟弟、母親也成了佛，猴國的猴群死後靈魂也全和朗瑪上了天，成爲天兵天將。當然，哈奴曼神猴也成爲管天地風火的神佛，朗瑪和西拉當然也回到天宮了，西拉是仙女，朗瑪仍繼續修行，在爲成爲佛祖作準備。

當然，《羅摩衍那》強調的也是轉世輪迴的觀念，羅摩原是毗濕奴大神，爲除掉十頭魔王羅波那而下凡，任務完成後，他仍舊恢復毗濕奴的形象，帶著一干人返回天宮。本質上，《蘭嘎西賀》繼承印度史詩一貫的轉世輪迴或因果報應的思想，然而全民信奉小乘佛教的傣族更藉此宣揚佛祖的權威，更著力在佛教的宣揚上，反映的是傣族社會現象，而非印度史詩下的影子。

(二)細節上加以增飾

《蘭嘎西賀》在許多細節上是增添的，首先，它花了許多筆墨講述有關僧人帕拉西的故事。

拿神蕉給塔打臘達國王的三個后妃吃，生下朗瑪王子兄弟四人的是帕拉西，而西拉被十頭王陷害丟入江中飄流，將西拉從深埋的沙堆中救出的也是帕拉西，這些都和《羅摩衍那》不倫，印度史詩中十車王的后妃喝的是神仙所賜牛奶粥，而悉多是從犁溝中出現的，是自己從犁裡跳出的，她的名字就叫"犁溝"（Sitā）。當然，"牛奶粥"表現了印度古人對男性精液的崇拜，而傣族史詩則改為日常習見的香蕉。

《蘭嘎西賀》中有一段烏鴉的故事也是《羅摩衍那》所無。一位帕拉西隱居在森林中修行，一群饞嘴的大烏鴉每天來搗亂，亂吃亂咬帕拉西吃的香瓜、野果、菠蘿，還將佛房糟蹋得不像樣，帕拉西受天神指示去請朗瑪來驅趕烏鴉。詩中將這段故事寫得十分神奇，朗瑪的神箭像長著雙眼，追趕得烏鴉無處躲藏，只得向朗瑪下拜求饒，願接受他的指揮教誨。後來，朗瑪就此在森林中修行三年，帕拉西還傳授他神術武藝。也是在這修行當和尚的期間，朗瑪接受帕拉西的幫忙，通過嘎納嘎臘國王的難題求婚考驗，拉動神弓，娶了西拉。

另一個故事是有關白猴阿奴曼的外祖父，在第十一章《一個帕拉西的傳說》中，描寫僧人帕拉西苦苦修行，忍飢耐渴，可是經過三萬年的修行，依然不能成佛，不能飛上天。「他的肉色黑得像泥巴，全身都被污垢裹住，指甲像皮條一樣繞在他腰上三圈，皮膚像老水牛皮，坐在那裡像古老的大樹根，繞在他身上的指甲啊，就像一根古藤盤在大樹上。他的頭髮和鬍子，已經把他的全身淹沒。」帕拉西閉目咳嗽一聲，嚇壞了拿他鬍子當樹根要下蛋的母雀鳥，母雀鳥告訴小雀鳥，帕拉西飛不起是因為姻緣糾纏著，「要是帕拉西自己，不去度過人間姻緣，不去贖清身上的罪惡，就是修行十萬年也飛不起，直到他死的那天也不會成佛。」帕拉西聽到雀鳥的對話，了解天神要他去結婚擺脫姻緣再當和尚修行，於是他請雀鳥啄斷繞在身上的指甲，啄碎裹在身上的污垢，慢慢爬出岩洞口，又撿乾柴燒水來洗身上的污垢，「洗下的污垢淹沒他的膝蓋，就像一大堆烏黑的爛泥。」

帕拉西用洗下的污垢，捏成一個女人像，他對著人像不斷吹著咒語，人像就變成一個美麗的女人。帕拉西脫下袈裟還俗娶了污垢女人為妻，不久，這女人生下漂亮的女孩嫡維果。可是，污垢女人又瞞著帕拉西和另一個男人懷孕，生下嫡裴。帕拉西對兩個女兒一樣喜愛，引來嫡維果埋怨，說父親不照顧親生的女兒，反倒背別人的女兒，於是帕拉西有了猜疑，料想污垢女人和別人偷情。帕拉西將兩個女兒帶到江邊，「我要把她們都扔進大江裡，是親生女兒的，請她游到我身邊來，不是親女兒的，讓奔騰的江水把她沖走。」在這樣的測試下，嫡維果被沖到江下游的沙灘上，而嫡裴被沖到遠方去了。後來，帕拉西將親女兒交給污垢女人，重新回森林當和尚，而嫡裴被天神用風餵養著，長大以後嫁給風神叭魯，生下神猴阿奴曼。

帕拉西的故事是傣族所特有的，另一部英雄史詩《召香勐》中則是有關於帕拉西貪戀情慾的故事。香勐王子到森林裡見到有一種像美女樣子的花，有耳朵眼睛，有手腳，有柔軟潔白的皮膚，簡直似天仙下凡。而在森林中修行的帕拉西回到草棚後總是脫下袈裟，將美人花擁抱入懷，就這樣失去會飛的本領。香勐王子見到帕拉西如此不守佛規，就打消了披袈裟修行的念頭。

有些學者以為史詩中所描寫帕拉西貪戀情慾、還俗娶妻有反佛的思想，而像在森林中跟帕拉西學習佛經和修行的朗瑪王子也參加拉弓選婿的情節，正是和佛規戒欲的要求互相違背。其實，另一部引人爭議的長詩《緬桂花》更值得討論，內容刻劃窮人家的姑娘和小和尚相愛，歷盡千辛萬苦結合的故事。這樣的經書唱本卻是在雲南瑞麗江畔的佛寺中發現的❸，可見故事主題和佛教並不衝突。

　　其實和尚修行時的情愛，婚姻糾葛和佛教的宣揚並不相悖。首先，佛教本身就有不少派別，傣族信奉的小乘佛教教義已開始有變化，並不特別嚴格，例如傣族和尚可以吃肉、抽煙，何況傣族的英雄史詩或阿鑾故事並不就是正統佛經❹。最重要的是，當和尚可以修行祈福、受佛經教義，無異是傣族年輕男孩的生命儀式，是一種成丁禮。在佛寺學習的時間，各人長短不一，一般情況都要從七八歲進佛寺到十七八歲取得和尚資格才能還俗回家。如果小和尚略通經書即可當大和尚。而年滿二十二歲，經書學得較好的可再升為佛爺，升佛爺後便成終生僧侶，不再還俗❺。

　　可見小和尚的還俗並非違背佛教的戒色教義，而是相當平常的。從這個觀點，可以幫助了解傣族史詩中英雄自願放逐森林的心態，英雄必得和森林中的僧人帕拉西修行、讀經書以後，才能通過生命儀式，才能娶妻，掌有王權，朗瑪王子正是最好的說明。

---

❸　《緬桂花》，思永寧翻譯，馮壽軒整理，雲南人民出版社，1978，頁83。

❹　方峰群：〈阿鑾故事與小乘佛教〉，收入《貝葉文化論》。

❺　王懿之：〈西雙版納小乘佛教歷史考察〉，同前書。

在細節的相異處，《蘭嘎西賀》又特別在結尾加了一大段，描寫西拉被朗瑪遺棄後，生下兩兒子羅瑪和相佤，兒子不認得父親，還將朗瑪射傷。後來，朗瑪與妻兒相認，爲兒子選妃子，與勐哥孫發生戰爭，最後兩國結爲姻親，朗瑪將王位傳給羅瑪，老死升天。這段後續的戰爭選妃、傳位情節，佔了相當的篇幅，完全是《羅摩衍那》所沒有的。也許這樣的結尾給讀者蛇足的印象，然而從傣族贊哈的努力掙脫印度史詩影響上看，是不能抹煞它的創意的。

(三)詩體上改變

據季羨林先生所言，《羅摩衍那》全書共兩萬多首詩，基本上，都是用一種叫輸洛迦的詩律寫成，是按音節的數目和長短來計算的。它有四個音步，每個音步八個音節，共三十二個音節。《羅摩衍那》一開始就說這種詩律是作者蟻垤無意中創造出來而得到大梵天肯定的，故意將詩律神話化。實際上這是印度最普遍、使用最方便的詩體，《摩訶婆羅多》和許多印度古書都是用這種詩體寫成的❶。

要將韻律技巧要求嚴格的印度史詩原原本本地翻譯成傣文，實屬不易，因此《蘭嘎西賀》取羅摩故事爲題材，用傣族的詩歌語言重新再創造。傣族贊哈調是一種說唱式的詩體，有一定韻律，但是比較鬆散自由，音節可長可短，詩句的排列也較不受限制，一般歌手都能掌握，不論房裡房外，田埂馬路都能演唱，《蘭嘎

---

❶ 季羨林：《羅摩衍那初探》，外國文學出版社，1979，頁77。

西賀》正是採用民間喜聞樂見的自由贊哈調❶。

除了《蘭嘎西賀》全本外，還有岩罕先生翻譯的異本小《蘭嘎》，甚至德昂族、布朗族也流傳著《蘭嘎西賀》的故事，可見《蘭嘎西賀》也的確自印度史詩中想脫胎出有傣族風格的作品，它的影響是相當深遠的。

三、餘　論

《蘭嘎西賀》和《羅摩衍那》的地名、人名是相似的，而情節也幾乎沒有兩樣，《蘭嘎西賀》和《羅摩衍那》幾乎雷同，傣族英雄史詩有濃厚的印度色彩。

有些學者或者不太願意承認《蘭嘎西賀》照搬《羅摩衍那》，不惜花費精力分析前者實經過傣族的再創造，具有傣族風格特點，因此他們"有很大的不同"❶。然而，說兩者有不同的許多證據都顯得相當薄弱、語意含混模糊，仍舊不能肯定《蘭嘎西賀》具有傣族的風格特點。

只能說，傣族經過長期的部落戰爭，類似《羅摩衍那》這樣的史詩適合傣族社會，才產生照搬情事，出現幾乎雷同的《蘭嘎西賀》來。或許，就像漢族史詩長久以來的空白，西南民族也不太有產生英雄史詩的環境和條件，英雄史詩似乎還是比較適合西部或北部的遊牧民族或騎馬民族。就像傣族創世史詩有《舊約·

---

❶　岩峰：〈論< 蘭嘎西賀 >與< 羅摩衍那 >〉，《山茶》1986年四期。

❶　《傣族文學簡史》，岩峰、岩溫扁等編著，雲南民族出版社，1988，頁286 —287。

創世紀》的情節，傣族英雄史詩也有太多的異質成分，《蘭嘎西賀》的印度色彩正是說明這一點。

第五篇　結　論

從創世史詩、特有的阿鑾類型敘事詩，一直到農業民族少見的英雄史詩，傣族發展出它獨特的敘事詩系統。

首先，全民奉佛的傣族在敘事詩中洋溢著濃厚的佛教思想，大量引用經書；其次，是英雄史詩中有異質成分，深受印度影響，而且有中國民間故事和周邊民族民間故事的情節。當然，悲劇愛情敘事詩是晚近的作品，早期的創世史詩、阿鑾類型敘事詩中根本無所謂悲劇，而以大團圓的成王成佛喜劇收場是傣族敘事詩的特色；另外，值得一提的是，傣族敘事詩中善用比喻手法，有抒情詩的形式，而且運用韻散相間的說唱方式。學者們大都也肯定，百越族群後裔的傣族，其文學中表現了東南亞古文化區的共通性，有共同的文化因子。

第一章 傣族叙事詩和佛教的關係

傣族叙事詩和佛教的關係可以分成兩方面來看，詩中流露的小乘佛教色彩，及大量引用的佛經故事内容。

傣族叙事詩發達的一個重要原因是"賧佛"，向佛祖布施祭獻，通過賧佛的行動，可以積善行、修來世。傣族認爲賧書越多，對積德求福越有幫助，所以家家戶戶或多或少都會請人抄寫自己或父母喜愛的叙事詩或民間故事等，再拿到佛寺去祭獻。傣族請人抄書賧佛的習俗信仰使佛寺成了保存叙事詩的最佳場所；而爲了賧佛，轉抄的叙事詩也大都要和小乘佛教有關，要對佛祖有所尊崇、歌頌。

在《緒論》中提過傣族的佛寺既是傳教的地方，又是培養知識分子的場所，當過和尚還俗的知識分子改編民間流傳的故事成爲叙事詩；而有些還俗的和尚則成爲演唱叙事詩的贊哈（歌手）。因爲編撰叙事詩或演唱叙事詩的知識分子都受過小乘佛教洗禮，對佛教經典、佛經故事耳熟能詳，使得他們的作品充滿佛教色彩。

創世史詩《巴塔麻嘎捧尚羅》的内容原是講述宇宙起源、人類起源，和佛教毫不相涉，卻在詩的《尾歌》部分加上一段"新年告詞"，即釋迦牟尼佛祖在森林修行時對人群所誦的經文。經文内容是對人類宣告：災難重重的天神創世時代結束，幸福美滿的洪福（佛）時代開始，要人們別再愚蠢地去敬仰天神了，而應該回心轉意改為絕對的信佛。把先前對創世神的一切紀念活動改變成為對佛祖的紀念，行賧佛祭佛的活動。因為任何一個天神，也無法使人類免於大災大難如大火燒天、洪水氾濫等等，只有佛祖才能使人類獲得平安；只有虔誠信佛的人，遵行教義的人才能避免災難，死後升天，壽終輪番轉世，靈魂永不死等等❶。

在全篇創世史詩中，找不到絲毫佛教色彩、佛祖影子，在《尾歌》中突然來一段佛祖的"新年告詞"，的確有如畫蛇添足。然而，這一段可能後來添加的佛祖告詞正說明傣族史詩的宗教意義，抄寫史詩、演唱史詩是為了宣揚小乘佛教，主事者不得不千方百計地將佛祖溶入其中。

阿鑾類型敘事詩據說是講述佛祖成佛前五百五十代經歷的，它的佛教色彩濃厚無庸置疑，而英雄史詩中的英雄如蘇領達、朗瑪等也曾隨僧人帕拉西修行，過著僧侶式的苦行生活。

雖然，英雄敘事詩中仍有許多摩古拉（巫師）、咒語、夢占等原始宗教信仰成分，小乘佛教卻由開始和原始宗教的對立到凌駕其上，成為全民信奉的宗教，而且影響了文學作品的風格。

學者們公認，傣族敘事詩有許多是根據佛教經典改編寫成的。

佛傳類經書，主要是《本生經》，共有五百四十七篇，是傣族敘事詩據以改編的最大宗，流行於德宏的號稱五百五十部阿鑾敘事詩不少據本生經改寫。

有學者曾提出質疑，何以處於內陸的傣族地區，敘事詩中常出現龍宮、龍女和五百商人航海船隊情節？殊不知這也是佛經影

---

❶　《巴塔麻嘎捧尚羅》，岩溫扁譯，雲南人民出版社，1989，頁487。

響下的產物。傣族敘事詩中富於幻想的神話情節幾乎全出於佛經。另外，像英雄史詩中的神象、象戰也有佛經的色彩。

佛教或佛經文學的確是傣族敘事詩發達的最大關鍵，佛經文學給傣族敘事詩最多養分。嚴格說來，傣族敘事詩是無法脫離佛教或佛經而獨立的，抽離佛教思想或其中的佛經故事，傣族敘事詩將黯然失色。

楊知勇先生說，如果把傣族民間故事中所含的其他民族的影響作一分析比較，就會發現印度文學對傣族的影響遠遠超過那些與傣族住地相連的民族（這種影響，在敘事詩中表現得更爲突出）。印度與傣族，地區並不相連，更沒有族源關係，其影響卻遠遠超過地域毗連和族源相同的民族，說明宗教傳播在民間文學的相互交流影響中具有多麼強大的作用❷。

---

❷　楊知勇：〈同源異流，各放異彩─傣、布依族民間文學比較研究〉，收入
　　《中印文學關係源流》，郁龍余編，湖南文藝出版社，1987。

第二章　傣族敍事詩的異質成分

　　傣族敍事詩中的異質成分大概來自三方面：印度文學、周邊民族或中國民間故事。當然，傣族敍事詩並非"舶來品"，不一定要直接取材自印度文學或中原文學，卻也不能抹煞掉彼此在文化上的交流，在情節上的確有或多或少的相似點。

一、和印度文學的關係

　　傣族五大詩王之一的英雄史詩《蘭嘎西賀》來自印度史詩《羅摩衍那》，是不爭的事實，證明傣族文學的確深受印度影響。

　　另一部英雄史詩《召香勐》有一種德國學者稱爲"連串插入式"（Einschachtelung）的寫作特色。全書有一個總故事，貫穿始終。大故事套中故事，中故事又套小故事，錯綜複雜，鑲嵌穿插，形成一個像迷樓似的結構。印度《五卷書》最引人注目的就是這種"連串插入式"。季羨林先生說這種寫作方式並非《五卷書》的發明，在印度早就有的，無論是婆羅門教的經典，還是佛教的經典，都常常使用這種方式，是印度人非常喜愛的一種形式❶。《召香勐》寫香勐王子要在深夜被帶到城外殺頭，守四個城門的衛士各講一個故事，說明不考慮清楚會事後後悔的教訓，

----

❶　季羨林：《五卷書》再版後記，台北彌勒出版社，1983。

藉此挽救香勐王子。長詩《仙芒果》中同樣也有說故事來勸諫國王的情節。這似乎是受印度文學寫作特色影響的結果。

創世史詩《巴塔麻嘎捧尚羅》有一情節似乎也有印度色彩。捧麻遠冉是制定年月日、劃分季節的天神，因爲失職而成爲象頭人身的"捧賀掌"。印度神話中也有這樣的故事，雪山女神生下一個兒子，高興地讓土星神看，沒想到被不吉利的土星神看過以後，孩子失去了頭，大梵天叫雪山女神到外邊找一個頭來接，結果找到的卻是一個象頭，成了象頭神❷。這樣的兩個象頭人身情節不能不說有一些關聯。

還有值得一提的是《小木匠》的故事，小木匠愛上被關在十二層樓高的公主，他做了一個"雲烘"（木製的飛鳥），夜夜飛去和公主相會。《五卷書》第一卷《娶了公主的織工》也有這樣的情節，織工騎著"金翅鳥"去和後宮頂樓上的公主相會，金翅鳥是「一隻用木頭製成的、用各種各樣的顏色塗抹得花花綠綠的、用一片木楔推動著自己能飛的、新拼湊成的機器金翅鳥❸。」季羨林先生在《五卷書》中譯本序言中曾指出傣族《小木匠》來自《五卷書》。劉守華先生則認爲《五卷書》的"木鳥"故事來源於中國的魯班故事，是唐代中國和印度、波斯之間頻繁的文化交流中，由"絲綢之路"傳到印度和波斯的，後來隨著宗教文化，再以新的面貌，分別傳入我國傣族、藏族地區❹。不管"木鳥"

---

❷ 劉安武：〈印度神話中的三大神〉，收入《東方研究論文集》，季羨林主編，北京大學出版社，1983。

❸ 同❶。

❹ 劉守華：〈民間故事的比較研究.「木鳥」——一個影響深遠的民間科學幻想故事〉，中國民間文藝出版社，1986。

的源頭如何，《小木匠》和《五卷書》都是有關的。

　　印度文學對傣族文學的影響是不能忽略的事實。

二、和中原文學的關係

　　傣族源於百越族群，早就受到百越文化的影響，而百越文化又受到中原文化影響，當然，傣族和中原文化的關係是相當密切的，中原文學對傣族的影響也是免不了的。在傣族敘事詩中的確可以看到中原文學的痕跡，而這個痕跡主要是民間故事。民間故事是口頭故事（oral tale），它的歷史十分古老，而且它的流傳無遠弗屆，並不受一個洲或一種文明的束縛，傣族的敘事詩在和中原文化的交流中，吸收了中原民間故事的情節。

　　鍾敬文先生在《中國民間故事型式》一文中曾列出許多民間故事的類型❺，其中有幾則在傣族阿鑾故事中都有類似的情節。例如《柚子姑娘》、《麻喔羞》、《檀香樹》等都有中國民間故事的"蛇郎型"情節，《金螺姑娘》、《象牙公主》、《阿鑾金亂》等則有"螺女型"情節，而《象牙公主》、《阿鑾金亂》又吸收了"百鳥衣型"的部分內容。敘事詩《帕罕》、《花蛇王》又有"雲中落繡鞋型"的關目，並摻有狸貓換太子情節。

　　在《靈猴與象戰》一節中提及，《西遊記》完成後，很快地譯成傣文在傣族地區流傳，中原文學對傣族文學的影響可見一斑。而傣族敘事詩和中國民間故事的諸多類似，似乎也不能排除彼此的

---

❺　鍾敬文：《鍾敬文民間文學論集·中國民間故事型式》（下），上海文藝出版社，1985，頁342-356。

關係，情節關目的牽涉應是中原、傣族長久以來在文化上交流的結果，而非各自獨立產生的。

三、和周邊民族的關係

創世史詩《巴塔麻嘎捧尙羅》中《綠蛇和人的傳說》，和《舊約·創世紀》的伊甸園情節雷同，《後漢書．西南夷列傳》也記載大秦國（羅馬帝國）和緬甸有來往，而西方的文化的確藉著"南方絲路"由印、緬和西南有所交流，伊甸園情節是有可能早就進入傣族文學中的。

伊甸園偷食禁果的情節既是可能由印、緬進入傣族地區，印度文學、佛經文學和傣族史詩的關係自不待言，那麼緬甸如何呢？

劉守華先生根據貌陣昂採錄編撰的《緬甸民間故事》比較，認爲傣族《只有頭的阿鑾》和緬甸故事《頭哥兒》情節大致相同，《馬利占殺龍》則和緬甸故事《貌帕欽》完全相同。因爲許多佛本生故事已經融匯在緬甸民間故事中，而流傳阿鑾故事的德宏位在中緬邊境，同緬甸的經濟、文化交流十分頻繁，一些緬甸民間故事和流行緬甸的佛本生故事，可能就是通過緬甸被阿鑾故事所吸收的❻。

另外，在傣族地區普遍流傳的"天鵝處女型"故事應也有外來的色彩。《召樹屯》的情節和泰國《素屯和諾娜》、印度《樹屯和曼諾拉》、老撾《樹屯坡別》類似，甚至連男女主人公的名

---

❻ 劉守華：《民間故事的比較研究．孔雀公主的流傳和演變》，中國民間文藝出版社，1986。

字譯音都雷同。傣族和《召樹屯》同類型的《婻倪罕》、《召西納》、《召洪罕與婻拜芳》、《千瓣蓮花》當然和佛經《樹屯本生經》、《千瓣蓮花經》有關，然而，它卻可能和印、泰等國的樹屯故事關係密切。

　　除了印度文學、佛教文化的影響外，傣族敘事詩和漢族民間故事，泰國、緬甸、老撾文學，甚至西方神話都或多或少互有牽涉。傣族敘事詩的異質色彩是相當濃厚的。

第三章　傣族敘事詩的特色

　　傣族敘事詩受印度文化影響，流露佛教思想，有異質成分，那麼傣族敘事詩是否也有自己的特色呢？

　　《論傣族詩歌》曾論及傣族長詩有三個特點：第一，以故事為背景，敘述完一件事。第二，以佛祖、天神、菩薩為救世主，以王子、公主為核心，歌頌國王和王后，以成佛積德為思想基礎，不敢超越神佛的禮教原則，不敢違背金殿王朝的旨意，結尾總是以當王而勝利告終。而每一部敘事詩中，都少不了仙和尚、龍王、妖魔，怪鳥、妖魔總是代表可怕的邪惡。第三，形容比喻，以比喻的手法出現❶。作者所提特點，最值得注意的是第二、第三項，傣族敘事詩在內容上極為僵化，幾乎都是以佛祖、天神、王子、公主為主；善用比喻手法，比喻以傣族地區習見的植物、動物為主，而且喜用顏色比喻。在形式上，傣族敘事詩一貫用說唱式、韻散相間的贊哈調。

一、成佛成王的內容模式

　　不管是阿鑾類型，或是英雄史詩，傣族敘事詩中的主人公都

----

❶　祜巴勐：《論傣族詩歌》，岩溫扁譯，中國民間文學出版社（雲南版），
　　1981，頁62-64。

是天神所冊定的，有福氣、善良、有本領而又勇敢、長得漂亮的男人。

　　阿鸞或英雄總是遇見魔鬼或妖怪的挑戰，在僧人或天神、佛祖的幫助下，化險爲夷。阿鸞或英雄最後必定娶了公主或仙女，而且當了國王，當國王後必定勤政愛民，爲芸芸眾生求得幸福，最後，升天成佛。

　　傣族敘事詩中沒有悲劇。邪不勝正，反面角色、不信佛的一方必定遭受滅亡。阿鸞或英雄從不會失敗，即使失敗，也會轉敗爲勝。阿鸞或英雄與公主、仙女的結合過程中會有挫折、會有離散，最後總會以重逢、團圓告終。

　　傣族文學史上的後期也出現了《娥并與桑洛》、《葉罕佐與冒弄養》、《嫡波冠》等愛情悲劇長詩，卻未蔚成潮流，而且在時代上也屬晚期，不得混爲一談。本質上，傣族敘事詩是沒有悲劇的。這樣似乎才合乎贊哈演唱時求福禳災的原則，也才適合婚喪喜慶的場合演唱。

二、善用顏色來比喻

　　成書於傣曆976　年（西元1615）的《論傣族詩歌》就說，比喻的手法是傣族長詩的最大特點，傣族爲什麼會以花草、動物、星月、風雲、山水來比喻？「主要原因是因爲我們傣族的祖先，在森林和芭蕉林裡誕生，是鳥雀和水送給我們的歌。傣族的歌一出世，花草樹葉是衣服，星雲日月是裝飾品，麂子馬鹿和雀鳥是伙伴，所以傣歌永遠離不開它們。這並非是人爲的比喻，這是傣族歷史的一個眞實記載。」作者並提及創世史詩《巴塔麻嘎捧尙

羅》講到傣族詩歌的誕生以及它的成長過程，也談到傣歌用花草
比喻的問題❷。可惜在出版的《巴塔麻嘎捧尚羅》中並見不到花
草比喻的這一段記載，或許已經刪除了。另外，《論傣族詩歌》
作者舉了一部現在不易見到的長詩《召書瓦》作例，說明傣歌善
用比喻的技巧：

　　　　傳奇的勐巴拉納西，
　　　　像萬顆星星匯成一樣美麗，
　　　　金象一樣高貴的國王，
　　　　名字叫叭龍召阿底。

　　　　彩虹是他的宮殿，
　　　　月亮是他的寶座，
　　　　國王身邊開著一朵鮮豔的洛沾巴（緬桂花），
　　　　皇后的名字叫婻糯丙芭。

　　　　六萬隻蝴蝶呀，
　　　　繞著兩棵花樹飛舞，
　　　　六萬個宮女呀，
　　　　天天在國王和王后身邊奔忙。

　　　　生活在這個國家裡的百姓，
　　　　勤勞得像億萬隻蜜蜂，

----

❷❸　同❶，頁64-70。

他們像嘰嘰喳喳的百鳥，
簇擁著大森林的兩隻鳳凰❸。

用"星星"、"金象"、"彩虹"、"月亮"、"洛沾巴"、
"蝴蝶"、"蜜蜂"、"百鳥"、"鳳凰"等比喻，把勐巴拉納
西宮殿寫成花團錦簇的花園，如詩如畫，在敘事詩中有抒情詩的
美感。

英雄史詩《蘭嘎西賀》對西拉的描寫也是運用了比喻技巧：

婻西拉已經長大到十六歲，
她像溫湖裡的荷花，
迎著太陽越開越鮮豔，
光彩奪目的婻西拉，
像搭在欄杆上的彩綢，
白天肉色像彩虹，
晚上潔白像月亮；
美麗的婻西拉啊，
頭髮不梳也像青苔一樣光滑，
不打扮也像花朵一樣鮮，
細細的腰肢像黃蜂，
柔軟的身材像孔雀，………

傣族敘事詩在比喻運用上，不求形象的肖似，而注重比喻物
的精神氣質，通過比喻物，凸顯民族地方特色。每部敘事詩裡都

可以看到竹林、大青樹、椰子樹、木棉樹、荷花、孔雀、貓頭鷹、金鹿、麂子、鸚哥等，彷彿一幅亞熱帶風光景象。其他的民族所用的比喻物，顯然和傣族是不同的，如彝族長詩喜用小水牛、青松、桂花、尖刀草、蕎葉、猴子、癩蛤蟆等，傈僳族常用犁杖、青竹葉、弩機、鵝卵石作比喻，景頗族則用野草、芝麻葉、京桑鳥、芋頭葉、勒姜花、紅木樹等❹。我們發現傣族幾乎將日常所能見到的放進敘事詩中，白棉花、白象、或白芭蕉心，紅色荷花、紅色檳榔，黑烏鴉、黑木炭，代表黃色的更多了，金鹿、金塔、金線、金橋、金鐲等，綠色也用得很普遍，這跟傣族地處亞熱帶有關，放眼盡是綠意。

傣族在敘事詩中紅、白、黑色用得最強烈，《蘭嘎西賀》是代表作品。紅、黑或白、黑色常是對比衝突的，如《蘭嘎西賀》十頭王做的夢，白鷹和黑鷹搏鬥，黑鷹被折斷了翅膀，代表白色的正義戰勝了邪惡。《一百零一朵花》中娃娃的紅冠子花雞和國王的黑雞比鬥，黑雞敗了，也是正義戰勝邪惡。黑色並不總是象徵邪惡，因為黑烏鴉、黑炭、黑寶石、黑珍珠常用來比喻晶瑩黑亮的眼珠，而那樣的眼珠是善良人才有的。傣族中年女人的裝扮是黑筒裙、黑頭巾，黑色是莊重的。傣族用顏色表示反面是很少見的。

金色是傣族特別鍾愛的顏色，連敘事詩的名稱也常加金字，《金牙象》、《金殼烏龜》、《金螺姑娘》、《金岩石帕罕》、《金

---

❹ 楊萬智：《從< 娥并與桑洛> 看傣族敘事詩中比喻的運用》，收入《傣族文學討論會論文集》，中國民間文藝出版社（雲南版），1982。

岩羊尼罕》等。詩中屢屢出現金鹿、金孔雀、金芒果、金筍、金
荷花、金緬桂、金竹子、金湖水、金棺材、金繩、金傘、金箱、
金塔等。傣族習慣在各種名物前加上一金字，代表吉祥珍貴。

敘事詩中層出不窮的顏色比喻方式，讓《論傣族詩歌》的作
者特別將它列為傣族敘事詩一大特點，而《巴塔麻嘎捧尚羅》中
也有長詩善用比喻的記載。

三、韻散相間的說唱方式

前文提到《蘭嘎西賀》所用的詩體是一種說唱式的贊哈調，
有一定韻律，音節可長可短，詩句的排列不太受限制。其實，不
只《蘭嘎西賀》，傣族的敘事詩採用的都是這種韻散相間的說唱
方式。

贊哈在每一部長詩前都有序歌，最後則有尾聲。例如《蘭嘎
西賀》在"序歌"上寫：

> 我要提起金色的金筆，
> 在潔白的緬紙上寫下詩歌，………
> 這是根據經書編寫的唱本，
> 蘭嘎經書共有二十二冊，
> 唱詞聽著很優美，
> 歌聲像糖水那樣甜蜜，………

在每一冊結尾也都有如章回小說「欲知後事如何，請聽下回
分解」的情況，而到最後的"尾聲"，通常又有一大段說詞，作

爲敘事詩的總結。

　　當然，韻散相間的說唱方式正如唐代的變文一樣，不能不說是佛經的影響，而印度文學也古已有之。「有人認爲，一般說起來，詩歌部分是比較原始的。有一些書最初只有詩歌，散文是後來加進去的。從語言方式來看，詩歌部分的語言形式一般是比較古老的❺。」因爲贊哈要演唱，長篇累牘的詩歌容易讓聽衆疲累，加上散文體的口白，更能引起聽衆的興味。

---

❺　季羨林：《五卷書》再版後記，台北彌勒出版社，1983。

第四章 敘事詩中的共同文化因子

俸族是百越族群後裔，百越族群所應有的文化特徵，俸族幾乎都有，文身、染齒、稻種神話、干欄神話、崇蛇信仰等。在《渾沌的宇宙觀》中可以了解"渾沌觀"是南方共同的創世觀念，甚至是起源於印度的世界宇宙卵思維。而在《射日神話》中見到多日月神話就是南方少數民族的共同現象，佛經中也如此記載。俸族創世史詩展現和南方民族在神話上的趨同性和變異性。

洪水神話、同胞配偶型兄妹婚神話是東南亞古文化各區的共通母題，而不平凡降生、被棄、飄流、難題婚姻到獲得王權是世界性的英雄神話。俸族的英雄和拉格倫的"傳統英雄"有極大的相似性，而在共性之餘卻也表現出俸族獨有的個性。

綜觀所有俸族敘事詩，當然也有一些值得深思的問題。

1. 作為創世史詩一環的洪水神話大部分有兄妹婚，兄妹婚常會生下肉球或肉塊。學者大多以為兄妹婚生下肉球、肉塊是反映血緣婚或非血緣婚現象。其實並不盡然，兄妹婚情節從占卜到生下肉球，實際上和俸族的阿鑾英雄類型有某些共通處。占卜類似英雄模式中的難題求婚，是通過儀式的考驗，其中或許含有性暗示的成分。而兄妹婚後生下的肉球正如英雄的不平凡降生；英雄用異於常人的感生或畸型形象來凸顯其神聖性，兄妹婚則以肉球、肉塊來象徵高產生殖,說明始祖的神聖性。因此,兄妹婚或生肉球當不只是單純地反映血緣婚或非血緣婚的現象。

2.難題求婚是通過儀禮。傣族敘事詩中特有的造橋搭橋關目除了流露出佛教色彩、反映了生活背景外,更是強調英雄從人到神、由俗至聖的過程,也是兩性結合的象徵。難題求婚關目幾乎也反映南方農業社會的婚姻型態,因此,在北方的騎馬民族或游牧民族罕見這類型的故事,難題求婚故事似乎體現南方民族"不落夫家"的婚姻型態。

3.一般說來,血親婚的深層結構裡直接蘊含著大洪水,正如英雄神話的血親婚母題一樣,洪荒大水的爆發同時也是對英雄的一次考驗,平息洪水意味著宇宙業已形成,英雄已經成長,而血親婚和洪水正顯示了英雄的與眾不同和神聖性。洪水飄流是世界性英雄神話的典型,是英雄通過考驗的儀式之一。傣族敘事詩中的英雄除河海飄流的例子外,更多的是山野試煉,英雄常有在森林中修行的過程,經過流放、修行的歲月後,英雄才能擁有王權。傣族敘事詩以流放、修行來代替飄流試煉,應是印度史詩影響下的產物。

4.百越族群有崇蛇信仰,傣族也流露出身為百越族群一員的崇蛇色彩。不過,《舊約.創世紀》中伊甸園的誘吃禁果情節,仍形成傣族創世史詩的異質成分,畢竟《巴塔麻嘎捧尚羅》的神果園故事和伊甸園太雷同了。西方文化可能是大秦國(羅馬帝國)由緬甸傳入傣族社會的,而在西元前四世紀,西南早已有對外的所謂"南方絲路",但卻找不到傣族和西方文化或基督教有直接接觸的證據。傣族和西方文化的交流管道需要進一步的探討，資料有限，只能留待他日再予以解決。

5. 不諳傣文造成對傣族敘事詩韻律的隔閡，尤其在參考一些整理本時，總有不能窺全貌的困境；然而，要借閱敘事詩原本本屬不易。而對於長達十萬行的敘事詩《吾沙麻羅》、《粘巴西頓》、《馬海》和最早的悲劇敘事詩《賧納康》，筆者從未目睹，不能不說是相當大的憾事，這些傣族重要敘事詩如果早日問世，或許能解答一些懸而未決的疑問。

重要參考書目

傣族文學書目：

百夷傳校注　明·李思聰著　江應樑校注　雲南人民出版社
　　1983

泐　史　李拂一譯著　台北復仁書屋　1983年重新訂版

雲南民族文學資料集第1集（傣族敘事詩）　雲南大學中文系編
　　1979

雲南民族文學資料集第2集（傣族敘事詩）　雲南大學中文系編
　　1979

雲南民族文學資料集第3集（傣族敘事詩）　雲南大學中文系編
　　1979

雲南民族文學資料集第4集（傣族敘事詩）　雲南大學中文系編
　　1979

雲南民族文學資料集第5集（傣族敘事詩）　雲南大學中文系編
　　1979

雲南民族文學資料集第17集（傣族民間故事）　雲南大學中文
　　系編　1979

雲南民族文學資料集第10集（金平傣族民間故事）　雲南大學中
　　文系編　1979

民族民間文學資料集第二集（傣族敘事詩）　雲南大學中文系
　　編　1980

巴塔麻嘎捧尙羅（傣族創世史詩）　岩溫扁譯　雲南人民出版
　　社　1989

一百零一朵花（傣族敘事詩）　馮壽軒等翻譯整理　雲南人民
　　出版社　1978

九顆珍珠（傣族敘事詩）　雲南大學中文系翻譯整理　雲南人
　　民出版社　1982

三隻鸚哥（傣族敘事詩）　雲南大學民族民間文學調查隊搜集
　　李子賢整理　雲南人民出版社　1980

三牙象（傣族敘事詩）　楊明熙、楊振昆搜集整理　雲南人民
　　出版社　1983

召樹屯（傣族敘事詩）　王松等翻譯整理　雲南人民出版社
　　1979

緬桂花（傣族敘事詩）　思永寧翻譯　馮壽軒整理　雲南人民
　　出版社　1979

蘇文納和她的兒子（傣族敘事詩）　雲南省民族民間文學德宏
　　調查隊翻譯整理　雲南人民出版社　1978

葫蘆信（傣族敘事詩）　雲南省民族民間文學西雙版納調查隊
　　搜集翻譯整理　雲南人民出版社　1978年2版

娥幷與桑洛（傣族敘事詩）　雲南省民族民間文學德宏調查隊
　　搜集翻譯整理　雲南人民出版社　1978年2版

松帕敏和嘎西娜（傣族敘事詩）　陳貴培翻譯　李鑒堯整理
　　雲南人民出版社　1978年3版

線　秀（傣族敘事詩）　雲南省民族民間文學德宏調查隊搜集
　　李廣田整　理　雲南人民出版社　1978年2版
金湖之神（傣族敘事詩選）　岩林翻譯　中國民間文藝出版社
　　1981
傣族古歌謠　岩溫扁　岩林譯　中國民間文藝出版社　1981
論傣族詩歌　祜巴勐著　岩溫扁譯　中國民間文藝出版社
　　1981
傣族歌謠集成　岩溫扁主編　雲南人民出版社　1989
傣族詩歌發展初探　王松著　中國民間文藝出版社　1983
阿鑾故事集　雲南少數民族文學資料第7輯　1980
厘　俸（傣族英雄史詩）　刀永明、薛賢、周鳳祥翻譯整理
　　雲南民族出版社　1987
傣族民間故事選　傅光宇等編　上海文藝出版社　1985
傣族民間故事　雲南人民出版社　1984
蘭嘎西賀（傣族英雄史詩）　蘇達萬著　曼章領、波帕應抄
　　岩溫扁翻譯　1981
蘭嘎西賀（整理本）　刀興平等翻譯整理　雲南人民出版社
　　1981
傣族民間敘事詩第一輯　西雙版納傣族自治州民委古籍研究室
　　編　1988
傣族民間敘事詩第二輯　西雙版納傣族自治州民委古籍研究室
　　編　1989
傣族文化　張公瑾著　吉林教育出版社　1986
傣族文化研究　張公瑾著　雲南民族出版社　1988

傣族簡史　雲南人民出版社　1986

傣　族　曹成章、張元慶著　民族出版社　1984

傣族史　江應樑著　四川民族出版社　1983

傣族文學簡史　王松等編著　雲南民族出版社　1988

傣族文學討論會論文集　中國民間文藝出版社　1982

西雙版納傣族社會綜合調查㈠　雲南民族出版社　1983

西雙版納傣族社會綜合調查㈡　雲南民族出版社　1984

傣族社會歷史調查（西雙版納之一）　雲南民族出版社　1983

傣族社會歷史調查（西雙版納之二）　雲南民族出版社　1983

傣族社會歷史調查（西雙版納之三）　雲南民族出版社　1983

傣族社會歷史調查（西雙版納之四）　雲南民族出版社　1983

傣族社會歷史調查（西雙版納之五）　雲南民族出版社　1983

傣族社會歷史調查（西雙版納之六）　雲南民族出版社　1984

傣族社會歷史調查（西雙版納之七）　雲南民族出版社　1985

傣族社會歷史調查（西雙版納之八）　雲南民族出版社　1985

德宏傣族社會歷史調查㈠㈡　雲南人民出版社　1984

思茅、玉溪、紅河傣族社會歷史調查　雲南人民出版社　1985

臨滄地區傣族社會歷史調查　雲南人民出版社　1986

貝葉文化論　王懿之、楊世光編　雲南人民出版社　1990

民族神話文學書目：

博物志　晉・張華著　四庫全書本

蠻　書　唐・樊綽著　武英殿本

酉陽雜俎　唐・段成式著　四庫全書本

諸蕃志　宋· 趙汝适著　台北市台灣銀行印行　1961

溪蠻叢笑　宋· 朱輔著　說郛本

嶺外代答　宋· 周去非著　知不足齋叢書本

桂海虞衡志　宋· 范成大著　叢書集成本

太平寰宇記　宋· 樂史著　四庫全書本

雲南志略　元· 李京著　說郛本

南夷書　明· 張洪著　四庫全書本

雲南通志　明· 李元陽編　四庫全書本

南詔野史　舊題昆明倪輅集　淡生堂抄本

游宦餘談　明· 朱孟震著　四庫全書本

滇　略　明· 謝肇淛著　四庫全書本

西園見聞錄　明· 張萱著　台北華文書局影印本　1968

滇海虞衡志　清· 檀萃輯　台北新文豐出版社　1985

中國民族史（上中下）　方國瑜主編　民族出版社　1990

百越民族史　陳國強等著　中國社會科學出版社　1988

百越民族文化　蔣炳釗等編著　學林出版社　1988

百越源流與文化　羅香林著　台北中華叢書委員會出版　1955

台灣高山族研究　陳國強著　上海三聯書店　1988

台灣土著文化藝術　劉其偉著　台灣雄獅圖書公司　1980

西南邊疆民族論叢　江應樑著　台北新文豐出版社　1978年影
　　印本

泰族僮族粵族考　徐松石著　香港世界書局　1963

中國邊疆民族與環太平洋文化　凌純聲著　台北聯經出版公司
　　1979

中國西南民族的歷史與文化　汪寧生著　雲南民族出版社
　　1989
中國西南與東南亞的跨境民族　申旭、劉稚著　雲南民族出版
　　社　1988
雲南少數民族研究文集　宋恩常著　雲南人民出版社　1986
雲南少數民族社會歷史調查資料匯編㈠　雲南人民出版社
　　1986
雲南少數民族社會歷史調查資料匯編㈡　雲南人民出版社
　　1987
雲南少數民族社會歷史調查資料匯編㈢　雲南人民出版社
　　1987
雲南少數民族社會歷史調查資料匯編㈣　雲南人民出版社
　　1987
雲南少數民族社會歷史調查資料匯編㈤　雲南人民出版社
　　1991
雲南民族民俗和宗教調查　雲南省編輯組　雲南民族出版社
　　1985
雲南民族文學資料集第13集（藏族民間故事）　雲南大學中文
　　系編　1979
雲南民族文學資料集第十八集（彝族史詩）　中國作家協會昆
　　明分會編　1963
雲南少數民族文學資料第1輯　中國社科院少數民族文學研究
　　所編印　1980
雲南少數民族文學資料第3輯　中國社科院少數民族文學研究

　　所編印　　1981

中國少數民族神話選　谷德明編　西北民族學院研究所　1983

中國少數民族神話（上下冊）　谷德明編　中國民間文藝出版
　　社　1987

中國少數民族神話傳說選　陶立璠、李耀宗編　四川民族出版
　　社　1985

中國少數民族風情錄　范玉梅等編著　四川民族出版社　1987

中國民間長詩選㈠㈡　上海文藝出版社　1980

中國少數民族民間長詩選　四川民族出版社　1985

中國少數民族文學（上中下）　毛星主編　湖南人民出版社
　　1981

中國民族民間文學（上下冊）　中央民族學院編　中央民族學
　　院出版社　1987

遮帕麻與遮米麻（阿昌族創世史詩）　藍克、楊智輝整理　雲
　　南人民出版社　1983

牡帕密帕（拉祜族創世史詩）　劉輝豪整理　雲南人民出版社
　　1979

創世紀（納西族創世史詩）　雲南麗江調查隊搜集翻譯整理
　　雲南人民出版社　1978

西南彝志選　貴州省民族研究所畢節地區彝文翻譯組　貴州人
　　民出版社　1982

彝族敘事長詩選　涅努巴西整理　雲南人民出版社　1984

普帕米（路南彝族敘事長詩選）　黃建民等翻譯　雲南民族出
　　版社　1988

彝族創世史—阿赫希尼摩　羅希吾戈、普學旺譯注　雲南民族
　　出版社　1990

梅葛（彝族創世史詩）　雲南楚雄調查隊搜集翻譯整理　雲南
　　人民出版社　1978

查　姆（彝族創世史詩）　郭思九、陶學良整理　雲南人民出
　　版社　1981

尼蘇奪節（彝族創世史詩）　孔昫等整理　雲南民族出版社
　　1985

洪水氾濫（彝族創世史詩）　雲南省少數民族古籍整理出版室
　　編　雲南民族出版社　1987

江格爾（蒙古族英雄史詩）　色道爾吉譯　人民文學出版社
　　1983

格薩爾王傳（貴德分章本）　王沂暖、華甲譯　甘肅人民出版
　　社　1981

納西族民間故事選　麗江地委宣傳部編　上海文藝出版社
　　1981

哈尼族民間故事選　劉輝豪、阿羅編　上海文藝出版社　1989

鄂溫克族民間故事選　王士媛等編　上海文藝出版社　1989

佤族民間故事選　尚仲豪等編　上海文藝出版社　1989

東鄉族保安族裕固族民間故事選　郝蘇民編　上海文藝出版社
　　1987

赫哲族民間故事選　王士媛等編　上海文藝出版社　1986

土家族民間故事選　歸秀文編　上海文藝出版社　1989

儸佬族民間故事選　包玉堂等編　上海文藝出版社　1988

高山族民間故事選　蔡鐵民編　上海文藝出版社　1987

傈僳族民間故事選　祝發清等編　上海文藝出版社　1985

水族民間故事選　祖岱年、周隆淵編　上海文藝出版社　1988

廣西苗族民間故事選　梁彬、王天若編　廣西人民出版社
　　1986

侗族民間故事選　楊通山等編　上海文藝出版社　1982

瑤族民間故事選　蘇勝興等編　上海文藝出版社　1980

彝族民間故事選　李德君、陶學良編　上海文藝出版社　1981

藏族民間故事選　中央民族學院少數民族語言文學系編　上海
　　文藝出版社　1980

蒙古族民間故事選　內蒙古語言文學歷史研究所編　上海文藝
　　出版社　1979

朝鮮族民間故事選　延邊民間文學研究會編　上海文藝出版社
　　1982

景頗族民間故事選　鷗鷗渤編　上海文藝出版社　1991

回族民間故事選　李樹江、王正偉編　上海文藝出版社　1985

哈薩克族民間故事選　銀帆編　上海文藝出版社　1986

黎族民間故事選　廣東民族學院中文系編　上海文藝出版社
　　1983

毛南族、京族民間故事選　袁鳳辰等編　上海文藝出版社
　　1987

水族民間故事　黔南文學藝術研究室編　貴州人民出版社
　　1984

景頗族民間故事　鷗鷗渤編　雲南人民出版社　1983

基諾族民間故事　雲南人民出版社　1988

怒族民間故事　葉世富、郭鴻才編　雲南人民出版社　1988

拉祜族民間故事　思茅地區文化局編　雲南人民出版社　1990

佤族民間故事　艾荻、詩恩編　雲南人民出版社　1990

獨龍族民間故事　段伶編　雲南人民出版社　1988

水族文學史　范禹主編　貴州人民出版社　1987

土家族文學史　彭繼寬、姚紀彭主編　湖南文藝出版社　1989

布依族文學史　田兵等主編　廣西民族出版社　1983

侗族文學史　《侗族文學史》編寫組　貴州民族出版社　1988

瑤族文學史　黃書光等編　廣西人民出版社　1988

藏族文學史　中央民族學院編著　四川民族出版社　1985

東巴文化論集　郭大烈、楊世光編　雲南人民出版社　1985東
　　巴文化論　郭大烈、楊世光編　雲南人民出版社　1991

中國創世神話　陶陽、鍾秀著　上海人民出版社　1989

中國神話　陶陽、鍾秀著　上海文藝出版社　1990

中國少數民族宗教與神話大詞典　學苑出版社　1990

中國大百科全書（宗教）　中國大百科全書出版社　1988

中國大百科全書（民族）　中國大百科全書出版社　1986

民族文學詞典　段寶林、祁連休主編　河北教育出版社　1988

黑暗傳（漢族創世史詩）　中國民間文藝研究會湖北分會編
　　1986

活態神話──中國少數民族神話研究　孟慧英著　南開大學出
　　版社　1990

中國神話研究　茅盾著　上海文藝出版社　1989年影印本

中國的神話世界（上下冊）　王孝廉著　台北時報出版公司
　　1987

古神話選釋　袁珂著　台北長安出版社　1986

神話研究　茅盾著　百花文藝出版社　1981

神話研究　黃石著　上海文藝出版社　1988

神話・禮儀・文學　陳炳良著　台北聯經出版公司　1986

神話・傳說・民俗　屈育德著　中國文聯出版公司　1988

諸神的起源　何新著　三聯書店　1986

史詩探幽　潛明茲著　中國民間文藝出版社　1986

神話學的歷程　潛明茲著　北方文藝出版社　1989

英雄與太陽——中國上古史詩的原型重構　葉舒憲著　上海社
　　會科學院出版社　1991

中國文化的精英—太陽英雄神話比較研究　蕭兵著　上海文藝
　　出版社　1989

昆崙文化與不死觀念　杜而未著　台北學生書局　1977

中國古史的傳說時代　徐旭生著　坊間本　1958

神話與詩　聞一多著　坊間本

巫風與神話　巫瑞書等主編　湖南文藝出版社　1988

神話新探　中國少數民族文學學會編　貴州人民出版社　1986

神話與民族精神　謝選駿著　山東文藝出版社　1986

中國少數民族神話論文選　田兵、陳立浩編　廣西民族出版社
　　1984

貴州神話史詩論文集　潘定智等編　貴州民族出版社　1988

神與神話　王孝廉、吳繼文主編　台北聯經出版公司　1988

從比較神話到文學　古添洪、陳慧樺編　台北東大圖書公司
　　1977

中國古典神話流變考　張振犁著　上海文藝出版社　1991

鍾敬文民間文學論集　鍾敬文著　上海文藝出版社　1985

說俗文學　曾永義著　台北聯經出版公司　1980

牛郎織女研究　洪淑苓著　台灣學生書局　1988

民間故事的比較研究　劉守華著　中國民間文藝出版社　1986

中國識寶傳說研究　程薔著　上海文藝出版社　1986

中國大百科全書（中國文學）　中國大百科全書出版社　1986

白話文學史上卷　胡適著　台北胡適紀念館　1966

中國小說史略　魯迅著　人民文學出版社　1975

古典小說散論　樂蘅軍著　台北純文學出版社　1976

中國美學史　李澤厚、劉綱紀著　中國社會科學出版社　1984

朱光潛美學文集第五卷　朱光潛著　上海文藝出版社　1989

悲劇精神與民族意識　邱紫華著　華中師範大學出版社　1990

文學概論　張建著　台北五南圖書公司　1983

文化人類學　林惠祥著　台灣商務印書館　1981年第7版

林惠祥人類學論著　林惠祥著　福建人民出版社　1981

人類學導論　宋光宇編譯　台北桂冠圖書公司　1977

東方佛教文化　羅照輝、江亦麗著　江西人民出版社　1986

佛本生故事選　黃寶生等譯　人民文學出版社　1985

佛典·志怪·物語　王曉平著　江西人民出版社　1990

山海經—神話的故鄉　李豐楙編著　台北時報出版公司
　　1987

1987

楚辭新探　蕭兵著　天津古籍出版社　1988

楚辭與神話　蕭兵著　江蘇古籍出版社　1987

楚辭文化　蕭兵著　中國社會科學出版社　1990

楚辭學論文集　姜亮夫著　上海古籍出版社　1984

天問正簡　蘇雪林著　台北廣東出版社　1974

屈原與九歌　蘇雪林著　台北廣東出版社　1974

楚文化研究　文崇一著　台北東大圖書公司　1990

中國古文化　文崇一著　台北東大圖書公司　1990

中國青銅器時代　張光直著　台北聯經出版公司　1983

中國青銅器時代（第二集）．　張光直著　台北聯經出版公司
　　1990

中國西南民族考古　張增祺著　雲南人民出版社　1990

雲南青銅文化論集　雲南省博物館編　雲南人民出版社1991

一個充滿爭議的文化生態體系——雲南刀耕火種研究　尹紹亭
　　著　雲南人民出版社　1991

民族服飾：一種文化符號——中國西南少數民族服飾文化研究
　　鄧啓耀著　雲南人民出版社　1991

雲南史料目錄概說（全三冊）　方國瑜著　北京中華書局
　　1983

中國西南歷史地理考釋（上下冊）　方國瑜著　北京中華書局
　　1987

少數民族民俗資料（上中下）　全國民俗學少數民族民間文學
　　講習班編　1983

雲南少數民族婚俗誌　楊知勇、秦家華、李子賢編選　雲南民
　　族出版社　1983

雲南少數民族生葬誌　楊知勇、秦家華、李子賢編選　雲南民
　　族出版社　1988

中國地方志民俗資料匯編（西北卷）　丁世良、趙放主編　書
　　目文獻出版社　1989

中國地方志民俗資料匯編（華北卷）　丁世良、趙放主編　書
　　目文獻出版社　1989

中國地方志民俗資料匯編（東北卷）　丁世良、趙放主編　書
　　目文獻出版社　1989

中國地方志民俗資料匯編（西南卷）　丁世良、趙放主編　書
　　目文獻出版社　1991

永寧納西族的母系制　嚴汝嫻、宋兆麟著　雲南人民出版社
　　1983

共夫制與共妻制　宋兆麟著　上海三聯書店　1990

生育神與性巫術研究　宋兆麟著　文物出版社　1990

生殖崇拜文化論　趙國華著　中國社會科學出版社　1990

母體崇拜——彝族祖靈葫蘆溯源　劉小幸著　雲南人民出版社
　　1990

中國古代巫術宗教的起源和發展　梁釗韜著　中山大學出版社
　　1989

論原始宗教　蔡家麒著　雲南民族出版社　1988

中國巫術　張紫晨著　上海三聯書店　1990

夢的迷信與夢的探索　劉文英著　中國社會科學出版社　1989

信念的活史：文身世界　徐一青、張鶴仙著　四川人民出版社
　　1988

原始文化研究　朱狄著　三聯書店　1988

圖騰藝術史　岑家梧著　上海文藝出版社　1988影印本

原始人心目中的世界　張福三、傅光宇著　雲南人民出版社
　　1986

南方陸上絲路　徐冶、王清華、段鼎周著　雲南民族出版社
　　1987

中印文學關係源流　郁龍余編　湖南文藝出版社　1987

印度文學　柳無忌著　台北聯經出版公司　1982

梵語文學史　金克木著　人民出版社　1980

羅摩衍那初探　季羨林著　外國文學出版社　1979

呂思勉讀史札記（上下冊）　呂思勉著　上海古籍出版社
　　1982

胡適文存　胡適著　台北洛陽圖書公司　無出版年月

中國文學研究　西諦著　台北明倫出版社　無出版年月

陳寅恪先生文集　陳寅恪著　台北里仁書局　1981

雲南民居　雲南省設計院編　中國建築工業出版社　1986

外文譯著書目：

羅摩衍那（童年篇）　蟻垤（Valmiki）著　季羨林譯　人民
　　文學出版社　1980

羅摩衍那（阿逾陀篇）　蟻垤（Valmiki）著　季羨林譯　人
　　民文學出版社　1981

羅摩衍那（猴國篇） 蟻垤（Valmiki）著 季羨林譯 人民文學出版社 1982

羅摩衍那（美妙篇） 蟻垤（Valmiki）著 季羨林譯 人民文學出版社 1983

羅摩衍那（戰鬥篇） 蟻垤（Valmiki）著 季羨林譯 人民文學出版社 1984

羅摩衍那（後篇） 蟻垤（Valmiki）著 季羨林譯 人民文學出版社 1984

臘瑪延那 瑪哈帕臘達 孫用譯 人民文學出版社 1978年2版

印度兩大史詩 糜文開譯 台灣商務印書館 1967

摩訶婆羅多 廣博仙人（Veda Vyasa）著 拉嘉覿帕拉查理（C‧Rajagopalachari）改寫 唐季雍翻譯 台北中國瑜伽出版社 1985

摩訶婆羅達（劇本） 法‧尚‧克勞德‧卡里耶爾（Jean-Claude Carriere）著 林懷民譯 台北時報出版公司 1990

五卷書 季羨林譯 台北彌勒出版社 1983

原始宗教與神話 W‧施密特著 蕭師毅、陳祥春譯 上海文藝出版社 1987年影印本

人論 德‧卡西爾（Ernst Cassirer）著 甘陽譯 上海譯文出版社 1986

金枝 英‧弗雷澤（J.G.Frazer）著 徐育新等譯 中國民間文藝出版社 1987

原始文化　英·愛德華·泰勒（E.B.Tylor）著　連樹聲譯
　　上海文藝出版社　1992

希臘的神話與傳說　德·斯威布（Gustav Schwab）著　楚圖南
　　譯　人民文學出版社　1988

希臘羅馬神話故事　愛笛斯·赫米爾敦（Edith Hamilton）著
　　宋碧雲譯　台北志文出版社　1986

太陽之歌──世界各地創世神話　美·雷蒙德·范·奧弗編
　　毛天祐譯　中國人民大學出版社　1989

世界古代神話　美·塞·諾·克雷默（Samuel Noal Kramernnn）
　　著　魏慶征譯　華夏出版社　1989

神話的詩學　蘇·葉·莫·梅列金斯基著　魏慶征譯　北京商
　　務印書館　1990

世界各民族歷史上的宗教　蘇·謝·亞·托卡列夫著　魏慶征
　　譯　中國社會科學出版社　1985

比較神話學　德·麥克斯·繆勒（Max Müler）著　金澤譯
　　上海文藝出版社　1989

夢的解析　奧·佛洛伊德（Sigmund Freud）著　賴其萬譯
　　台北志文出版社　1973

圖騰與禁忌　奧·佛洛伊德（Sigmund Freud）著　楊庸一譯
　　台北志文出版社　1975

巫術科學宗教與神話　英·馬林諾夫斯基（B.Malinowski）著
　　李安宅譯　中國民間文藝出版社　1986

原始思維　法·列維·布留爾（Levy-Bruhl,Lucién）著　丁
　　由譯　北京商務印書館　1987

性心理學　英·靄理士（Havelock Ellis）著　潘光旦譯注　三聯書店　1987

婚床—世界婚俗　美·布雷多克（Joseph Braddock）著　王秋海等譯　三聯書店　1986

悲劇的超越　卡爾·雅斯貝爾斯（Karl Jaspers）著　亦春譯　北京工人出版社　1988

悲劇的誕生　尼采（F.W.Nietzsche）著　劉崎譯　台北志文出版社　1971

世界民俗學　阿蘭·鄧迪斯（Alan Dundes）編　陳建憲、彭海斌譯上海文藝出版社　1990

世界民間故事分類學　美·斯蒂·湯普森（Stith Thompson）著　鄭凡等譯　上海文藝出版社　1991

馬可波羅行紀　馬可波羅（Marco Polo）著　馮承鈞譯　上海商務印書館　1936

神話學入門　日·大林太良著　林相泰等譯　中國民間文藝出版社　1988

騎馬民族國家　日·江上波夫著　張承志譯　光明日報出版社　1988

中國古代文化の研究　日·加藤常賢著　二松學舍大學出版社　1980

照葉樹林文化の道　日·佐佐木高明著　日本放送出版協會　1982

栽培植物と農耕の起源　日·中尾佐助著　岩波書店　1966

單篇論文：

中國的江流兒故事　胡萬川著　漢學研究第八卷一期　1990年
　6月

試論傣族的感生故事　鹿憶鹿著　漢學研究第八卷一期　1990
　年6月

中國古籍中的女神　謝選駿著　民間文學論壇1988年1期

中國的古代神話　杰克波德（D·Bodde）著　程薔譯　民間文
　藝集刊第二集　上海文藝出版社　1982

關於葫蘆神話　季羨林著　民間文藝集刊第五集　上海文藝出
　版社　1984

西洪水神話中的葫蘆　楊長勛著　民間文藝集刊第六集　上海
　文藝出版社　1984

中國人信仰的蛇　英·丹尼斯·趙著　王驤、方柯譯　民間文
　藝集刊第七集　上海文藝出版社　1985

羽衣故事的背景　君島久子著　劉曄原譯　民間文藝集刊第八
　集　上海文藝出版社　1986

哈尼族神話中的不死藥與不死觀　史軍超著　民族文學研究
　1989年2期

洪水神話新考──兄妹婚與生殖信仰　張銘遠著　民族文學研
　究1990年2期

論英雄神話中的血親婚原型　蘇·E·梅列金斯基著　馬昌儀
　譯　民族文學研究1990年3期

血親婚　蘇·T·列維通著　劉方譯　民族文學研究1990年3期

從考古發現試探我國栽培稻的起源演變及其傳播　楊式挺著
　　　農史研究第2輯　1982
中國稻作起源的幾個問題　陳文華著　農業考古1980年第2期
亞洲稻的起源和稻作圈的構成　渡部忠世著　熊海堂譯　農業
　　　考古　1988年第2期
"干欄"考　吳治德著　貴州民族研究1989年1期
釋"干"——兼證侗族族稱族源　張民著　貴州民族研究1990
　　　年3期
從"盤古之謎"到中國原始創世神話之謎　葉舒憲著　民間文
　　　藝季刊　1989年2期
原生態神話與次生態神話　劉城淮著　民間文藝季刊1990年2
　　　期
關於《羅摩衍那》的中國文獻及其價值　趙國華著　社會科學
　　　戰線　1981年4期
孫悟空形象原型研究綜述　朱迎平著　文史知識　1985年8期
再探歷史時期的中國野象分布　文煥然著　思想戰線1990年5期
傣族古籍中的象　莫水著　思想戰線　1990年5期
傣族創世神話與百越族群　王松著　山茶1986年4期
論《蘭戛西賀》與《羅摩衍那》　岩峰著　山茶1986年4期
女媧蛇身探源　石沉著　民間文學1986年1期
金沙江竹娘的傳說——藏族傳說與《竹取物語》　君島久子著
　　　民間文學論壇1983年3期
"機智人物故事"筆記——試論其欺騙性　鈴木健之著　賴育
　　　芳譯民間文學論壇1984年2期

馬王堆漢墓飛衣帛畫與楚辭神話· 南方民族神話比較研究 林
　　河、楊進飛著 民間文學論壇1985年3期

越人對蛇的崇拜源流考略 林蔚文著 民間文學論壇1986年3
　　期

兄妹婚神話的象徵 蔡大成著 民間文學論壇1986年5期

文化英雄論析——印第安神話中的獸人時代 馬昌儀著 民間
　　文學論壇1987年1期

南陽漢畫像石中的伏羲女媧 程健君著 民間文學論壇1989年1
　　期

布依族干欄建築與稻作文化 黎汝標著 民間文學論壇1990年3
　　期

橋—— 一種生殖崇拜的巫術象徵 張銘遠著 民間文學論壇
　　1991年1期

《羅摩衍那》對傣族敘事長詩的影響 楊麗珍著 雲南師範大
　　學學報 1986年3期

征戰與女人——試論傣族英雄史詩 鹿憶鹿著 戰爭與中國社
　　會之變動論文集 淡江大學中文系編 台灣學生書局
　　1991

難題求婚——從西南少數民族談起 鹿憶鹿著 高雄師大《第
　　一屆中國民間文學國際學術會議》論文 1991年12月

娥并與桑洛——傣族的祝英台與梁山伯 鹿憶鹿著 中央日報
　　1989年 1月2日第17版

敦煌古藏文《羅摩衍那》殘本介紹 王堯、陳踐翻譯 西藏研
　　究1983年第1期

《羅摩衍那》在中國　季羨林著　中國比較文學1986年第3期

西遊記祖本考的再商榷　杜德橋著　新亞學報第六卷二期
　　1964

蒙古史詩中的起死回生和痊癒母題　德·W.海希西著　王步濤
　　譯　民族文學譯叢第二輯　中國社科院少數民族文學研
　　究所編　1984

ヒルコ神話·ヒノカグッチ神話と中國　鐵井慶紀著　日本中
　　國學會報第二十五期

國家圖書館出版品預行編目資料

傣族敘事詩研究

／鹿憶鹿著. -- 初版，-- 臺北市：
臺灣學生，民85
　面：　公分
參考書目：面
ISBN 957-15-0756-3(精裝).
ISBN 957-15-0757-1(平裝)

　1.傣族

536.2821　　　　　　　　　　　　　　　85005518

傣族敘事詩研究　　　（全一冊）

著 作 者：鹿　　　憶　　　鹿
出 版 者：臺 灣 學 生 書 局
發 行 人：丁　　　文　　　治
發 行 所：臺 灣 學 生 書 局
　　　　　臺 北 市 和 平 東 路 一 段 一 九 八 號
　　　　　郵 政 劃 撥 帳 號 〇 〇 〇 二 四 六 六 八 號
　　　　　電　話：三 六 三 四 一 五 六
　　　　　傳　真：三 六 三 六 三 三 四
本書局登
記證字號：行政院新聞局局版臺業字第一一〇〇號
印 刷 所：常 新 印 刷 有 限 公 司
　　　　　地　址：板橋市翠華街 8 巷 13 號
　　　　　電　話：九 五 二 四 二 一 九

定價　精裝新臺幣四〇〇元
　　　平裝新臺幣三三〇元

中 華 民 國 八 十 五 年 六 月 初 版

81903　　　　版權所有·翻印必究
ISBN　957-15-0756-3（精裝）
ISBN　957-15-0757-1（平裝）

臺灣 學生書局 出版
中國文學研究叢刊

①詩經比較研究與欣賞　　　　　　　　裴　普　賢　著
②中國古典文學論叢　　　　　　　　　薛　順　雄　著
③詩經名著評介　　　　　　　　　　　趙　制　陽　著
④詩經評釋（二冊）　　　　　　　　　朱　守　亮　著
⑤中國文學論著譯叢（二冊）　　　　　王　秋　桂　編
⑥宋南渡詞人　　　　　　　　　　　　黃　文　吉　著
⑦范成大研究　　　　　　　　　　　　張　劍　霞　著
⑧文學批評論集　　　　　　　　　　　張　　　健　著
⑨詞曲選注　　　　　　　　　　　　　王　熙　元　等編著
⑩敦煌兒童文學　　　　　　　　　　　雷　僑　雲　著
⑪清代詩學初探　　　　　　　　　　　吳　宏　一　著
⑫陶謝詩之比較　　　　　　　　　　　沈　振　奇　著
⑬文氣論研究　　　　　　　　　　　　朱　榮　智　著
⑭詩史本色與妙悟　　　　　　　　　　龔　鵬　程　著
⑮明代傳奇之劇場及其藝術　　　　　　王　安　祈　著
⑯漢魏六朝賦家論略　　　　　　　　　何　沛　雄　著
⑰古典文學散論　　　　　　　　　　　王　熙　元　著
⑱晚清古典戲劇的歷史意義　　　　　　陳　　　芳　著
⑲趙甌北研究（二冊）　　　　　　　　王　建　生　著
⑳中國兒童文學研究　　　　　　　　　雷　僑　雲　著
㉑中國文學的本源　　　　　　　　　　王　更　生　著
㉒中國文學的世界　　　　　　　　　　前　野　直　彬　著
　　　　　　　　　　　　　　　　　　龔　霓　馨　譯
㉓唐末五代散文研究　　　　　　　　　呂　武　志　著
㉔元白新樂府研究　　　　　　　　　　廖　美　雲　著
㉕五四文學與文化變遷　　　　　　　　中國古典文學
　　　　　　　　　　　　　　　　　　研究會主編